教育实习导论

主　编:拓梅梅　党雪真　归阳阳
副主编:温馥榕　金得华　高　娜
参　编:王　冰　汪　潇　杨　婷

東南大學出版社
SOUTHEAST UNIVERSITY PRESS
·南京·

内容简介

本书是介绍教育专业实习实践的综合性图书，书中深入剖析了教育实习的目标、意义、准备阶段、实施内容、过程记录以及案例分析，全面覆盖了学前教育、小学教育的多个层面。它不仅强调了理论与实践的结合，还注重心理素质与职业态度的培养。通过丰富的案例分析与反思总结，深化学生对教育工作的理解，提升教学设计与实施能力，同时引导学生规划未来教育职业发展路径，为其成为优秀的教育工作者奠定坚实基础。

图书在版编目(CIP)数据

教育实习导论 / 拓梅梅，党雪真，归阳阳主编.
南京 ：东南大学出版社，2025.8. — ISBN 978-7-5766-1814-3

Ⅰ. G424.4

中国国家版本馆 CIP 数据核字第 202495QW53 号

策划编辑：邹　垒　　责任编辑：褚　婧　　责任校对：张万莹　　封面设计：毕　真　　责任印制：周荣虎

教育实习导论

Jiaoyu Shixi Daolun

主　　编：拓梅梅　党雪真　归阳阳
出版发行：东南大学出版社
出 版 人：白云飞
社　　址：南京市四牌楼 2 号　邮编：210096　电话：025-83793330
网　　址：http://www.seupress.com
经　　销：全国各地新华书店
排　　版：南京布克文化发展有限公司
印　　刷：南京玉河印刷厂
开　　本：787 mm×1092 mm　1/16
印　　张：10.5
字　　数：250 千
版 印 次：2025 年 8 月第 1 版第 1 次印刷
书　　号：ISBN 978-7-5766-1814-3
定　　价：48.00 元

本社图书如有印装质量问题，请直接与营销部联系(电话：02583791830)。

Preface

前 言

教育实习作为师范教育课程的重要组成部分，恰如一座坚实的桥梁，紧密连接着理论学习与教学实践。对于小学教育专业和学前教育专业的学生而言，这不仅是踏入教育职业生涯的关键一步，更是实现专业成长的实战演练。在真实的教育场景里，学生能够将平日所学的教育理论知识逐步转化为切实可行的教学实践能力，切身感悟教育教学所蕴含的独特魅力与重重挑战，从而为日后顺利踏上工作岗位筑牢根基。

本书经过精心编排，共分为三个部分七个章节，致力于为学前教育专业与小学教育专业的学生提供全面、系统且兼具实用性的教育实习指南。本书内容涵盖实习前至关重要的准备环节，实习过程中核心的教学实践、班级管理等关键任务，实习结束后的总结反思以及长远的职业规划考量，竭尽全力提供详尽且具有高度可操作性的指引与建议。

本书系众多编写者携手合作之成果。拓梅梅、党雪真与归阳阳三位老师拟定编写提纲初稿，而后全体编者通过全面且深入的研讨，最终形成定稿。具体分工如下：主编拓梅梅（第一章）、党雪真（第二章）、归阳阳（第三章）；副主编温馥榕（第四章）、金得华（第五章）、高娜（第六章）；王冰、汪潇、杨婷（第七章）。全书由拓梅梅统稿与定稿。

在编撰本书的过程中，编写团队充分考量了学前教育与小学教育各自鲜明的特点与多样化的需求。学前教育阶段着重于幼儿身心的全方位发展以及游戏与活动的科学设计和组织开展，小学教育阶段则注重于学科知识的系统性传授以及学习习惯的养成教育。鉴于此，书中既囊括了适用于两大专业的通用实习指导准则与方法，又融入了针对各自专业特性的具体案例剖析与实践策略，以便学生能够更具针对性地开展实习筹备与实践操作。

通过对本书的研读，同学们将全面掌握教育实习的各个环节与任务细节，深入学习行之有效的教学方法以及班级管理技巧，能够精准观察、深入分析并巧妙引导不同年龄段的幼儿或学生，逐步培育教育研究意识与能力，与此同时，深刻领悟教师职业所承载的重大责任与神圣使命，持续提升自身的教育素养与专业精神境界。

在开启阅读本书之际，我们衷心期望每位同学都能达成以下目标：深切领会教育实习的目的与深远意义，牢固树立正确的教育理念；娴熟掌握必备的教育教学技能，切实增强解决实际问题的能力；学会自我反思与客观评价，持续改进并优化自身的教学方法；培育良好的职业道德与强烈的社会责任感，努力成为学生心目中的卓越教师典范。

请铭记，每一次实习皆为全新的起点，更是难能可贵的学习契机。愿你们在这段充满挑战与机遇的旅程中收获丰硕成果，不仅能够成长为一名出色的教师，更能化身孩子们成长道路上永远熠熠生辉的引路人。

期待本书能成为同学们教育实习征程中的得力伙伴，伴随大家积累丰富经验，顺利开启成为优秀幼儿教师或小学教师的成功之路，在广袤无垠的教育天地中绽放绚烂光彩，为祖国基础教育事业的蓬勃发展贡献自己的力量与智慧。

Contents

目 录

模块一 教育实习概述

模块二　实习案例分析

模块三 实习总结与展望

模块一

教育实习概述

第一章

实习准备

一、实习目标与意义

(一) 实习目标设定

1. 知识与技能目标

(1) 学科知识深化与应用

教育实习为师范生提供了一个把大学所学的学科专业知识应用于实际教学场景的平台。例如，对于数学专业的实习生来说，在大学课堂中学习了抽象的数学理论，如高等代数中的线性变换、数学分析中的极限理论等，在实习中他们需要将这些知识转化为适合中小学生认知水平的内容，如通过生活中的实例来讲解函数的概念，用简单的几何图形帮助学生理解空间向量。这一过程不仅加深了实习生对学科知识本身的理解，还锻炼了他们将复杂知识简单化、形象化的教学转化技能。

对于教育专业的实习生而言，大学期间系统学习了教育学原理、教育心理学、课程与教学论等丰富的教育理论知识。在实习过程中，这些理论知识将找到实践的土壤。在教育学原理方面，他们学到了教育的本质、目的以及教育与社会发展的关系等内容。实习时，他们会参与到学校的整体教育规划中，尽管只是协助角色，但能深刻理解学校的教育目标是如何与社会需求相契合的。比如，观察学校组织的各类活动，分析其背后是如何体现全面发展的教育目的，如何培养符合社会发展需求的人才。教育心理学的知识在实习中更是无处不在。他们学习过不同年龄段学生的认知发展理论、学习动机的激发方式以及学习迁移的原理等。当面对学生的学习行为时，他们可以运用这些知识进行分析。例如，若发现部分学生对某一学科缺乏兴趣，他们会依据学习动机理论，尝试通过设置有趣的情境、给予及时的反馈等方式来重新激发学生的内在动力。在设计教学方法时，他们会根据认知发展阶段选择合适的方式。比如，对于小学生多采用直观形象的教学材料，因为这个阶段学生的具体形象思维占主导；而对于中学生，则可以适当增加抽象逻辑思维训练的内容，这都是基于教育心理学中对学生认知发展的研究。课程与教学论的知识让实习生在参与课程设计和教学实施时有了理论依据。他们知道课程目标如何确定、课程内容怎样选择和组织。在实习学校，他们可能会参与校本课程的开发或协助修改现有课程。在教学过程中，他们能运用教学方法的多样性，根据不同学科和学生特点选择合适的教学方法。如在语文写作课上，采用小组互评、范文赏析等方法提高学生的写作能力；在科学实验课中，运用探究式教学法，让学生在自主探究中学习科学知识。通过实习，教育专业的实习生能将所学理论与实践深度融合，进一步优化教育教学实践，同时也使自己对教育专业知识的理解更加深刻和全面，为未来的教育职业生涯奠定坚实的基础。

(2) 教学方法的掌握与创新

实习生需要学习和实践多种教学方法，如讲授法、讨论法、演示法、探究法等，如图1-1所示。

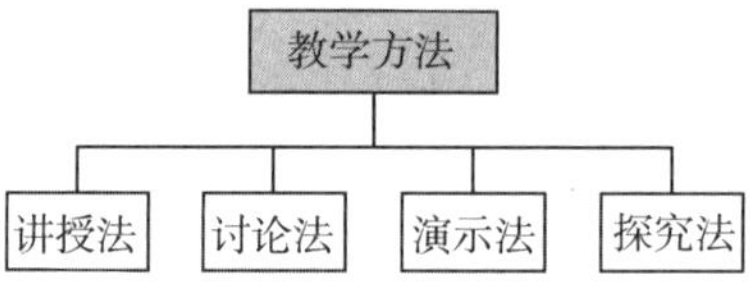

图1-1　教学方法

讲授法是最基本的教学方法之一。对于实习生而言，要掌握这一方法并非易事。首先，在语言组织方面需要精心雕琢。实习生应使用简洁明了的词汇和句式，避免过于复杂或生僻的表述。例如，在讲述历史事件时，不能使用晦涩难懂的学术语言，而应将复杂的历史背景和过程用通俗易懂的方式呈现出来。其次，在逻辑连贯上，要构建清晰的框架。比如在讲解数学公式的推导时，从已知条件出发，逐步展示每一步的推理过程，使学生能跟上思路。为了吸引学生的注意力，可以采用多种技巧。在讲解文学作品时，可以通过讲述一些与作品相关的趣闻轶事作为开场，激发学生的兴趣；在讲解过程中，适当运用一些生动的比喻，如将小说中的人物关系转化为具象化的人际关系网络，让学生更易理解。

讨论法能激发学生的思维和主动性。实习生在运用讨论法时，要做好充分的准备。一是确定合适的讨论主题。主题应具有一定的开放性和挑战性，但又不能超出学生的能力范围。比如在政治课上讨论“网络对青少年的影响”，这个话题与学生生活密切相关，且有多种观点可以探讨。二是组织好讨论的过程。实习生要引导学生积极发言，鼓励不同观点的碰撞。在讨论过程中，要注意平衡每个学生的参与度，避免个别学生主导讨论而其他学生被边缘化的情况。例如，可以通过小组讨论的形式，让每个学生都有机会表达自己的想法，然后每组推选代表进行全班交流。

演示法能让抽象的知识变得直观。在科学课程中应用广泛，如物理、化学实验的演示。除了传统的现场演示实验外，结合多媒体动画演示能进一步增强效果。在教授物理中物体的运动原理时，仅通过现场演示小球的滚动可能不够清晰，而利用动画演示可以展示物体在不同受力情况下的运动轨迹、速度变化等细节。在生物课上，演示细胞的分裂过程时，通过多媒体动画可以将微观的过程放大并动态呈现，帮助学生更好地理解。同时，实习生在演示过程中要注意引导学生观察重点，并及时解释演示过程中的关键现象和原理。

探究法能培养学生的自主探究能力和创新思维。实习生在运用时要设计合理的探究问题和情境。在地理课上探究当地的生态环境问题时，可以先让学生观察周围的自然环境，归纳他们发现的问题，如河流污染、植被破坏等。然后引导学生通过查阅资料、实地调查、采访等方式收集信息，分析问题产生的原因和可能的解决方案。在这个过程中，实习生要作为指导者，在学生遇到困难时给予适当的提示和帮助，但避免过度干预，让学生充分发挥自主探究的能力。

通过实习期间对这些教学方法的实践和探索，实习生可以深入了解每种方法在不同学科、不同教学内容以及面对不同学生群体时的适用情况。例如，对于基础知识的讲解，讲授法可能更高效；对于培养学生的思维能力和合作精神，讨论法和探究法更具优势；而对于一些抽象概念或复杂现象的理解，演示法效果显著。实习生可以根据实际情况灵活组合和改进这些方法，以达到最佳的教学效果。

(3) 课程设计能力的提升

课程设计是教学实施前的重要环节。实习生在实习前需要对课程标准、教材内容和学生的认知发展水平进行分析，然后设计出合适的教学方案。在这个过程中，他们要考虑教学目标的确定、教学重难点的把握、教学环节的安排以及教学资源的利用等。例如，在设计一节阅读课的教案时，实习生要根据课程标准对学生阅读能力的要求，选择合适的文本，确定如理解文章主旨、分析人物形象等教学目标。然后设计导入环节激发学生兴趣，如通过播放与文本相关的视频片段、在阅读过程中安排不同层次的问题引导学生思考、在总结环节让学生分享自己的感悟。通过多次的课程设计实践，实习生的课程设计能力会得到显著提升。

2. 教育对象理解目标

(1) 了解学生的身心发展特点

不同年龄段的学生具有不同的身心发展特征。在学前教育阶段(3—6 岁)，儿童以直观形象思维为主，注意力难以长时间集中，对游戏化的学习方式更感兴趣。例如，在幼儿园的数学活动中，通过玩拼图、搭积木等游戏可以让幼儿在轻松愉快的氛围中学习形状和数量的概念。而小学阶段的学生(6—12 岁)正处于从具体形象思维向抽象逻辑思维过渡的时期，他们的注意力稳定性有所提高，但仍然需要生动有趣的教学方法来吸引他们。实习生需要通过观察、交流等方式了解这些特点，动态调整教学策略：在小学低年级(1—3 年级)的语文课堂上，可以多采用故事、儿歌等形式开展教学；对于高年级学生(4—6 年级)，可以适当增加一些有挑战性的讨论话题。

(2) 关注学生的个体差异

学生具有个体差异性，具体表现在学习能力、学习风格、兴趣爱好等方面。在实习中，实习生要学会关注这些差异，实施个性化教学。认知心理学研究显示，视觉型学习者对图片、图表等视觉信息更敏感；而听觉型学习者，更喜欢通过语言输入学习。例如，在英语教学中，可以为视觉型学习者提供更多的单词卡片、英语绘本;为听觉型学习者安排更多的听说练习和英语歌曲欣赏。同时,学生在学习能力上也有差异,对于学习困难的群体,实习生要给予更多的关心和帮助,参照最近发展区理论为他们制定个性化学习方案,调整作业难度等。

3. 教育情境适应目标

(1) 熟悉学校的教育教学环境

学校是教育实习的主要场所,实习生需要尽快熟悉学校的各种环境,包括校园布局、教学设施、规章制度等。了解校园布局可以帮助实习生更高效地组织学生活动,如带领学生到实验室、操场等不同场地开展课程。熟悉教学设施,如多媒体设备、实验仪器等的使用方法,能够确保教学活动的顺利进行。同时,遵守学校的规章制度,如作息时间、请假制度等,是实习生融入学校教育教学环境的基本要求。

(2) 融入学校的教育文化氛围

每所学校都有其独特的教育文化氛围,这种氛围体现在学校的办学理念、教师团队的协作方式、师生关系等方面。实习生要积极融入这种氛围,与学校的教育理念保持一致。例如,有些学校注重素质教育,强调学生的全面发展,在这样的学校实习,实习生就要在教学中注重培养学生的综合素质,不仅关注学业成绩,还要关注学生的兴趣爱好、品德修养等方面的发展。同时,与同事建立良好的合作关系,积极参与学校的集体备课等教研活动,也是融入学校教育文化氛围的重要途径。

(二) 实习对专业发展的重要性

1. 理论与实践的桥梁搭建

(1) 教育理论的检验与完善

教育实习是检验教育理论有效性的重要途径。在大学的教育课程中,实习生学习了众多的教育理论,如建构主义学习理论、行为主义学习理论等。通过教学实践,他们可以观察这些理论在实际教学中的应用效果。例如,根据建构主义理论,学生是知识的主动建构者,教师应该为学生提供丰富的学习情境和协作机会,实习生可以在课堂上尝试组织小组合作学习活动,让学生通过讨论、交流来解决问题。如果这种教学方式能够提高学生的学习积极性和学习效果,那么就验证了建构主义理论在这一教学情境中的有效性。同时,如果在实践中发现理论与实际情况存在偏差,实习生可以进一步思考如何对理论进行完善或改进。

(2) 实践经验对理论理解的深化

实践经验可以加深实习生对教育理论的理解。例如,在学习教育心理学中关于"学习动机与学习效果的关系理论"时,实习生可能只是从书本上了解到内部动机和外部动机对学习的不同影响。但在实习中,当他们通过奖励机制(外部动机)激发学生的学习兴趣,或者通过激发学生对知识本身的好奇(内部动机)来促进学习时,他们会更深刻地体会到动机理论在教学中的具体表现和作用。这种基于实践的理解能够让实习生更好地运用理论指导未来的教学工作。

2. 专业认同感的增强

(1) 体验教师角色的价值

在实习过程中,实习生有机会亲身体验教师的角色,感受到教师工作的意义和价值。

当看到学生在自己的教导下取得进步——无论是知识的增长、技能的提升，还是学习态度的转变——这种育人成效都会带来极大的满足感。例如，当一位实习老师帮助一个原本对数学有恐惧心理的学生克服困难，逐渐对数学产生兴趣并在考试中取得进步时，实习老师会深刻体会到自己的付出是有价值的，这种体验会增强他们对教师这一职业的认同感。

(2) 明确职业发展方向

实习让实习生更清楚地了解教师职业的各个方面，包括教学工作、班级管理、学校管理等，从而帮助他们明确自己的职业发展方向。有些实习生可能在实习中发现自己对教学工作充满热情，希望在学科教学领域深入发展，确立成为一名优秀的学科骨干教师的发展目标；有些实习生可能对学生的思想教育和班级管理更感兴趣，进而考虑未来从事班主任或德育工作相关的职业发展路径。通过实习，实习生可以根据自己的兴趣和优势，对职业发展有更清晰的规划。

3. 专业能力的综合提升

(1) 教学能力的全方位发展

实习涉及教学的各个环节，从备课、上课、作业批改到课后辅导，实习生在这个过程中能够全面提升自己的教学能力。备课环节要求实习生深入研究教材、分析学情，制定符合课程标准及学生认知规律的教学计划；上课环节则锻炼他们的课堂组织能力、语言表达能力、师生互动能力等；作业批改可以让实习生掌握学生的学习情况，及时调整教学策略；课后辅导环节则体现了实习生针对学生个体差异进行个性化教学的能力。例如在上课过程中，实习生要学会根据学生的课堂反应调整教学节奏，妥善处理突发情况，如学生提出预设以外的问题或课堂秩序出现问题等。通过不断地实践和反思，实习生的教学能力会得到全方位的提升。

(2) 教育研究能力的初步培养

在实习中，实习生会遇到各种各样的教育问题，这些问题为他们开展教育研究提供了素材。他们可以通过观察、调查等方法收集数据，分析问题产生的原因，并尝试提出解决方案。例如，实习生可能发现某个班级学生的阅读积极性不高，他们可以通过问卷调查了解学生的阅读兴趣和习惯，分析可能影响阅读积极性的因素，如阅读材料的选择、阅读指导方法等，然后尝试改进阅读教学方法，如引入更多有趣的阅读材料、开展多样化的阅读活动，并观察这些措施的效果。这种对教育问题的研究实践可以初步培养实习生的教育研究能力，为他们未来从事教育研究工作奠定基础。

二、实习前的知识储备

(一) 教育理论与实践的结合

1. 经典教育理论的实践转化

(1) 夸美纽斯的教育思想

扬·阿姆斯·夸美纽斯(1592—1670)是17世纪捷克著名的民主主义教育家、教育理论家和实践家，西方近代教育理论的奠基人，被誉为“教育学之父”。其教育思想对后世产生了极其深远的影响。夸美纽斯提出了班级授课制和直观性教学原则等重要教育思想。在实习中,实习生可以将班级授课制的理念应用于实际教学组织。例如,在设计课程时要考虑到班级学生的整体学情,合理安排教学内容和教学进度,以适应大多数学生的认知水平。基于直观性教学原则,实习生可以在课堂上充分利用教具、实物、多媒体等手段,让学生通过直观的感知来理解抽象的知识。比如在生物课上,通过展示动植物标本、模型或播放相关的视频,帮助学生认识生物的形态结构和生理功能。

(2) 杜威的教育理论实践

约翰·杜威(1859—1952),美国著名教育家、哲学家,被誉为实用主义哲学集大成者,也是机能主义心理学与现代教育学的创始人之一。他曾在美国密歇根大学、芝加哥大学、哥伦比亚大学等世界知名大学任教,被视为 20 世纪最伟大的教育改革者之一。杜威主张"教育即生活""做中学"等教育理念。实习生可以在实践中设计一些与生活实际紧密联系的教学活动。例如,在社会课上让学生分组调查社区的环境问题,并提出解决方案,通过实践活动学习社会知识并提升解决问题的能力。同时,根据"做中学"的理念,在科学实验课上,鼓励学生自己动手操作实验仪器,观察实验现象,记录数据,通过亲身体验来理解科学原理。

2. 现代教育理论的应用指导

(1) 多元智能理论的实践意义

根据加德纳提出的多元智能理论,每个人都具有多种智能,如语言智能、逻辑-数学智能、空间智能、身体-运动智能、音乐智能、人际智能、自我认知智能和自然观察智能等。实习生在教学中可以采用多元化的教学方法来发展学生的不同智能。比如在语文教学中,可以通过演讲、写作等活动发展学生的语言智能;数学课中通过数学游戏、逻辑推理问题来培养逻辑-数学智能;在体育课上,设计各种体育活动来锻炼学生的身体-运动智能;在艺术课上,开展音乐欣赏、立体绘画等活动激发音乐智能和空间智能。同时,教师可以通过多样化的评价方式来关注学生不同智能的发展,而不是仅仅以考试成绩来衡量学生。

(2) 建构主义学习理论的实践路径

建构主义学习理论强调学生在已有知识经验的基础上主动建构知识。实习生在教学中可以为学生创造丰富的学习情境,引导学生利用已有的知识来理解新的知识。例如,在历史教学中,在讲解某一历史事件时,可以让学生先回顾相关历史背景知识,再通过阅读史料、观看历史纪录片等方式构建新认知。在课堂讨论中,鼓励学生分享自己的观点,通过与同学的交流和碰撞,进一步完善自己的知识建构。教师在这个过程中扮演"引导者"的角色,通过提问、资源提供等方式支持学生探索,帮助学生解决在知识建构过程中遇到的问题。

(二) 学前教育与小学教育的衔接

1. 学习内容的衔接

(1) 知识的递进与拓展

从学前教育到小学教育,学习内容在知识层面上有一定的递进关系。例如,在数学方面,学前阶段儿童主要通过数手指、玩玩具等方式认识简单的数字和形状;而小学低年级则开始系统地学习数的运算和简单的几何图形知识。实习生需要了解这种知识的递进过程，在学前教育阶段可以通过游戏等方式为儿童打下良好的数学感知基础；在小学教育阶段则可以利用学前的知识经验，引导学生进一步学习更复杂的数学知识。在语文方面，学前儿童通过听故事、唱儿歌等方式培养语言感知能力，小学阶段则要在此基础上进行识字、写字、阅读和写作等结构化教学。实习生要注重将学前的语言启蒙与小学的语文教学有机结合，如在小学低年级语文课堂上，可以通过讲述学前阶段听过的故事来引出新的汉字，让学生在熟悉的情境中学习。

（2）课程整合与过渡

为了更好地促进学前教育与小学教育的有效衔接，需要对课程进行整合。在幼儿园大班和小学低年级，可以开展一些过渡性课程。例如，科学课程可以设计一些既包含学前阶段对自然现象的观察和探索内容，又涉及小学阶段初步科学知识讲解的课程。比如以“四季的变化”为主题，在幼儿园阶段可以让儿童观察不同季节的自然景色变化，用绘画、手工等方式表现出来；在小学阶段，可以进一步讲解四季形成的原因，涉及地球公转等科学知识。通过这种课程递进设计，可以帮助儿童顺利从学前教育过渡到小学教育。

2. 学习习惯的培养与衔接

（1）注意力与时间管理

学前儿童的注意力集中时间较短，一般在 15～20 分钟，而小学标准课时为 40 分钟。在学前教育阶段，实习生可以通过游戏等方式逐渐延长儿童注意力集中的时长，如开展一些有趣的拼图游戏、手工制作活动，让儿童在活动中逐渐学会专注。在小学教育阶段，实习生要根据学生注意力的特点，合理安排教学内容和教学环节，可以在一节课中穿插一些小活动来缓解学生的疲劳，保持他们的注意力。同时，要培养学生的时间管理能力，从学前阶段的简单日程安排（如午睡时间、游戏时间等）过渡到小学阶段的课程表时间管理，让学生学会合理安排学习和休息时间。

（2）自主学习与规则意识

在学前教育阶段，儿童的学习更多地依赖教师和家长的引导，而小学教育则要求学生具有一定的自主学习能力。在幼儿园，实习生可以通过设置一些简单的自主选择游戏区域、自主选择学习材料等活动，培养儿童的自主意识。到了小学阶段，要进一步引导学生学会独立完成作业、预习和复习等自主学习活动。同时，小学教育有更严格的规则要求，如课堂纪律、校园行为规范等。在学前阶段，实习生可以通过日常的活动规则（如排队洗手、有序玩玩具等）培养儿童的规则意识，为小学阶段的学习生活做好准备。

三、心理素质与职业态度准备

（一）应对挑战与压力的心理建设

1. 实习中常见的挑战与压力源

实习中常见的挑战与压力源，如图 1-2 所示。

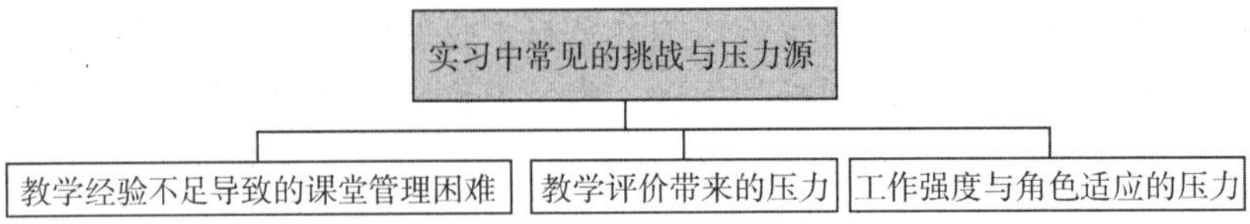

图 1-2　实习中常见的挑战与压力源

(1) 教学经验不足导致的课堂管理困难

对于实习生来说,教学经验匮乏是面临的主要问题之一。在真实的课堂中,可能会出现学生违反纪律、不积极参与学习等情况。例如,在讲解重要知识点时,部分学生可能在下面交头接耳或者做小动作,影响课堂秩序。实习生可能会因为不知道如何有效地处理这种情况而感到焦虑和压力。同时,对于不同性格和学习水平的学生,如何采用合适的教学方法来吸引他们的注意力和激发他们的学习兴趣也是一种挑战。

(2) 教学评价带来的压力

实习期间,实习生的教学表现会受到指导教师、学校领导以及学生的评价。这些评价对于实习生的实习成绩和未来的职业发展都有重要影响。例如,指导教师可能会指出实习生在教学方法、教学设计等方面存在的不足,实习生往往会对这些评价非常在意,担心表现不佳影响实习结果,从而产生心理压力。此外,学生对教学的反馈也会给实习生带来压力,如果学生对教学内容或教学方式不满意,实习生则需要面对如何改进的问题。

(3) 工作强度与角色适应的压力

实习期间,实习生需要承担一定的教学工作量,同时可能还要参与班主任工作或学校的其他活动,工作强度较大。而且从学生到教师的角色转变也需要一个适应过程。实习生需要在短时间内适应教师的工作节奏、责任要求等。例如,在备课过程中,要花费大量的时间和精力来准备高质量的教学内容,同时还要处理学生的矛盾、与家长沟通等问题,这种高强度的工作和角色的快速转变可能会让实习生感到压力巨大和身心疲惫。

2. 心理调适的策略与方法

心理调适的策略与方法如图 1-3 所示。

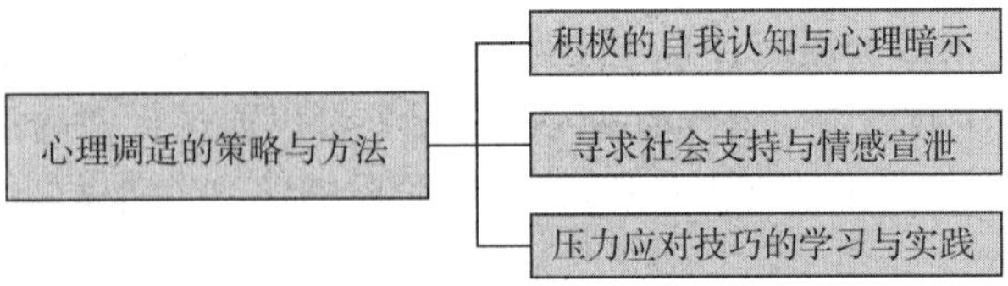

图 1-3　心理调适的策略与方法

(1) 积极的自我认知与心理暗示

实习生要树立正确的自我认知,在实习过程中遇到困难是正常的。他们可以通过积极的心理暗示来增强自信心,比如每天对自己说“我可以在实习中不断进步”“我有能力应对这些挑战”。同时,要客观地分析自己的优点和不足,在面对困难时,充分发挥自己的优势,逐步改进不足之处。例如,如果实习生在语言表达方面有优势,那么可以在课堂上充分利用这一优势来吸引学生;如果在课堂管理方面比较薄弱,可以向有经验的教师请教,学习相关技巧，并相信自己可以逐步掌握。

(2) 寻求社会支持与情感宣泄

实习生在遇到压力和挑战时，不要独自承受，可以寻求社会支持。一方面，可以向指导教师、实习同伴寻求帮助和建议。指导教师具有丰富的教学经验，他们可以为实习生提供宝贵的指导和应对策略。实习同伴可能也面临着类似的问题，大家可以相互交流、分享经验，共同克服困难。另一方面，实习生也可以与家人、朋友倾诉自己的烦恼，通过情感宣泄来缓解压力。家人和朋友的关心和鼓励可以给予实习生心理上的支持，让他们在面对挑战时更有勇气。

(3) 压力应对技巧的学习与实践

实习生可以学习一些压力应对技巧，如深呼吸、放松训练、时间管理等。当感到压力较大时，可以通过深呼吸来放松身体平复自己的情绪。在时间管理方面，应当合理安排备课、上课、批改作业等教学工作，避免工作任务堆积导致压力过大。同时，要学会劳逸结合，在实习之余安排适当的休闲活动，如运动、阅读、听音乐等。

(二) 培养专业、热情与耐心的职业态度

1. 专业态度的内涵与重要性

(1) 对教育专业知识的尊重与持续学习

教育领域知识不断更新和发展，作为教师，需要对专业知识保持敬畏之心。实习生应认识到教育理论、教学方法、学科知识等每一个方面都有着深厚的学术内涵和实践价值。例如，教育心理学的新研究成果可能会为教学实践带来新的启示，像关于学习动机的最新理论可以帮助教师更好地激发学生的学习热情。实习生要建立终身学习意识，不能满足于大学课堂所学，要持续关注教育领域的前沿研究、新的课程标准和教材变化等。这种对专业知识的尊重和持续学习的态度是专业态度的基础，它确保教师的教学始终基于科学的依据和先进的理念。

(2) 对教学工作的严谨性与责任心

教学活动是一项严谨的工作，每一个环节都关乎学生的成长和发展。在备课环节，实习生要严谨地分析教材内容的逻辑结构，准确把握教学重难点。例如，在教授物理中的力学原理时，要确保对概念、公式的理解准确无误，对例题的选择要具有典型性和针对性。在上课过程中，要认真观察学生的反应，对学生的问题给予准确的引导。批改作业时，要仔细检查学生的解题思路和步骤。这种严谨性体现了教师对教学工作的高度责任感，因为教师的每一个决策和行动都可能影响学生对知识的掌握和学习态度。

2. 热情态度的激发与保持

(1) 对学生成长的期待与关注

实习生对教学工作的热情首先源于对学生成长的期待。当看到学生们天真无邪的脸庞和对知识渴望的眼神时，使命感油然而生。关注学生的点滴进步是持续激发热情的重要源泉。比如，当一个原本内向的学生在课堂上勇敢地举手发言，或者一个学习困难的学生经过努力在某一次测试中取得了进步，这些瞬间都能让实习生感受到教育的神奇力量，从而激发他们对教学工作的热爱。实习生要善于发现学生的这些闪光点，让自己的热情

在学生的成长中不断被点燃。

(2) 对教育事业意义的深刻理解

深刻理解教育事业的意义是保持热情的关键。教育是培养人的事业，它关乎社会的发展、民族的未来。实习生要认识到自己所从事的工作是在为社会培养有知识、有道德、有责任感的社会主义接班人。每一个学科知识的传授、每一次品德教育的开展都在塑造学生的灵魂。例如，历史课上可以让学生了解国家的发展历程和民族精神，从而培养学生的民族认同感和爱国主义情怀；在道德与法治课上，可以引导学生树立正确的价值观，使他们成为有良好品德的人。这种对教育宏观意义的理解可以让实习生在面对日常教学中的困难时，依然保持对教育事业的热情。

3. 耐心的培养与实践

(1) 面对学生个体差异的包容与引导

学生在学习能力、学习速度等方面存在着显著的个体差异性。有些学生可能很快就能掌握新知识，而有些学生则需要更多的时间和指导。实习生需要有足够的耐心去包容这些差异。例如，在数学教学中，对于那些理解能力稍差的学生，不能因为他们回答问题慢或者作业错误多而责备他们。相反，要耐心地分析他们的问题所在，是基础知识不扎实还是解题方法没掌握，然后给予个性化的辅导。可以通过额外的练习、单独讲解等方式帮助他们逐步提高。这种对学生个体差异的耐心包容和引导体现了教师的教育伦理和职业素养。

(2) 在反复教学情境中的坚持与乐观

教学过程中，有些知识点可能需要反复讲解，学生才能理解。比如在英语语法教学中，一些复杂的时态结构可能需要多次举例、练习，学生才能够熟练运用。实习生在这种反复的教学情境中要保持耐心，不能产生厌烦情绪。每一次讲解都是一次新的机会，要相信通过不断的努力，学生最终能够掌握知识。同时，面对学生在行为习惯等方面的反复问题，如个别学生总是违反课堂纪律时，也要保持耐心，建立“预警-干预-强化”机制，积极地引导和教育，帮助学生逐步改正。这种在反复情境中的坚持和乐观是耐心态度在教育实践中的重要体现。

总之，在教育实习准备阶段，心理素质与职业态度的准备对于实习生来说至关重要。它不仅影响实习生在实习期间的表现，更会对他们未来的教育职业生涯产生深远的影响。只有具备良好的心理素质和积极向上的职业态度，实习生才能更好地应对实习中的各种挑战，为学生的成长和教育事业的发展贡献自己的力量。

参考文献

[1] 夸美纽斯. 大教学论[M]. 傅任敢，译. 北京：教育科学出版社，1999.

[2] 虞永平. 学前教育学[M]. 苏州：苏州大学出版社，2001.

第二章

实习内容与要求

一、学前教育实习

（一）参与幼儿日常教学活动

1. 教学活动类型与目标

学前教育的日常教学活动形式多样，包括健康、社会、语言、艺术、科学等领域。每个领域都有其独特的教育目标，如图 2-1 所示。

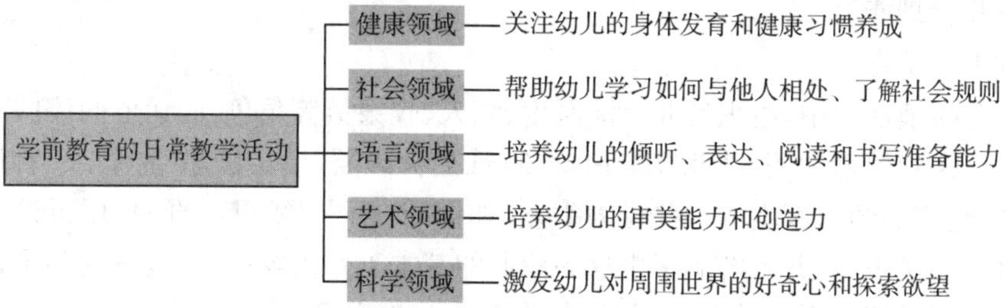

图 2-1　学前教育的日常教学活动

（1）健康领域

开展模仿小动物走路的体育游戏对于幼儿走、跑、跳等基本动作能力的发展具有显著促进作用。例如，模仿小兔子跳时，幼儿需双脚并拢，膝盖微微弯曲，像小兔子一样向前跳跃。这种模仿游戏能让幼儿在轻松愉快的氛围中学习正确的跳跃姿势和动作技巧。教师在游戏中要注意观察幼儿的动作,及时纠正不正确的姿势,如有的幼儿可能会双脚分开跳或者跳得过高或过低,教师要给予指导,确保幼儿的动作规范;可以通过设置障碍增加游戏的趣味性,如让幼儿模仿小动物跳过障碍物,提高他们的动作协调性和灵活性;模仿其他小动物走路也能锻炼幼儿不同的动作能力,比如模仿小鸭子走路,幼儿要半蹲身体,左右摇摆,这可以锻炼他们的腿部肌肉力量和平衡能力,模仿小猫走路,要轻轻抬脚、慢慢放下,锻炼幼儿的脚步控制能力和身体的柔韧性。这些多样化的体育游戏可以全面发展幼儿的走、跑、跳等基本动作能力,为他们今后的身体发育和运动技能发展奠定基础。

除了模仿小动物走路的游戏,教师还可以组织其他形式的体育游戏来进一步锻炼幼儿的综合动作能力。例如,玩"老鹰捉小鸡"的游戏时,"小鸡"们要在"母鸡"的保护下快速奔跑、躲闪,这不仅锻炼了幼儿的奔跑能力,还培养了他们的反应能力和身体协调性;在玩"扔沙包"游戏时,幼儿需要运用手臂的力量投掷沙包,同时要准确地瞄准目标,这可以锻炼上肢力量和手眼协调能力。通过这些丰富多样的体育游戏,幼儿的身体动作能力得到全面提升,同时幼儿也能享受到运动的乐趣。

讲解洗手、刷牙等卫生知识是帮助幼儿养成良好个人卫生习惯的关键。在洗手方面,教师可以通过儿歌与动作示范相结合的方式教幼儿正确的洗手步骤。例如,边唱"手心搓搓,手背搓搓,手指缝里搓一搓……"边示范洗手的动作,让幼儿跟着学习。教师要强调洗手的时间和重点部位,包括手心、手背、手指缝、指甲等都要清洗干净,告诉幼儿洗手可以去除手上的细菌,预防生病。对于刷牙,教师可以利用牙齿模型向幼儿展示正确的刷牙方法,如上下刷牙、每个牙齿面都要刷到等。同时,通过故事、图片等形式向幼儿讲解不刷牙的危害,会产生蛀牙、牙痛等问题,让幼儿明白保持口腔卫生的重要性。

培养幼儿良好生活习惯的范畴不局限于卫生习惯,建立规律的作息时间对幼儿的身体发育和健康成长也至关重要。教师可以通过日常活动安排,让幼儿养成按时起床、睡觉、吃饭等习惯。在午睡环节,通过营造安静、舒适的睡眠环境,帮助幼儿建立良好的午睡习惯。此外,培养幼儿的自理能力也是健康习惯的一部分,如自己穿衣、脱衣、整理玩具等。教师可以通过示范、鼓励等方式,让幼儿逐渐学会自己的事情自己做,提高他们的独立性和自我管理能力。

(2) 社会领域

在角色扮演活动中,组织幼儿扮演医生、病人、收银员等角色,能让他们体验不同的社会角色。以医疗情境为例,幼儿穿上白大褂,戴上听诊器,模仿医生给"病人"看病。在这个过程中,他们会学习医生的一些行为举止,如询问"病人"哪里不舒服、用听诊器听心跳等。通过扮演医生,幼儿了解了医生这一职业的基本工作内容,同时也感受到了帮助他人的快乐。对于扮演病人的幼儿,他们能体会到生病时的不舒服和需要他人关心的感觉。当幼儿扮演收银员时,他们会站在收银台前,拿着扫码枪模仿扫描商品,计算价格,收款找零等。这让幼儿了解到收银员的工作流程和责任,如要准确计算价格、找对零钱,还要对顾客有礼貌。通过这些不同角色的扮演,幼儿对社会角色有了更直观的理解,初步构建每个职业都有其特定的工作内容和社会价值的认知框架。

角色扮演活动通常需要幼儿之间相互合作才能完成。在医疗场景中,"医生""护士""病人"之间需要进行交流和配合。"医生"要询问"病人"的病情,"护士"要协助"医生"进行检查和治疗，“病人”要向“医生”描述自己的症状。此过程能提高幼儿的语言表达能力和沟通技巧。例如，幼儿需要用礼貌用语“您好”“请问”“谢谢”等，同时要清晰地表达自己的想法。在商店角色扮演中，“收银员”和“顾客”之间也要进行交流，“顾客”要告诉“收银员”需要购买的商品，“收银员”要回答商品的价格和收款情况。通过这些互动，幼儿学会了如何与他人进行有效的沟通和合作，培养了社会交往能力。

在角色扮演活动中，幼儿还能学习到各种社会规则。以餐厅角色扮演为例，幼儿要了解餐厅的用餐规则，如先点菜，后用餐，用餐时要保持安静，不能大声喧哗，使用餐具要文明等。扮演服务员的幼儿要遵守服务规则，如及时为顾客点菜、上菜，要保持微笑和礼貌。在这个过程中，幼儿明白在不同的社会场景中有不同的规则需要遵守，这些规则能让社会生活更加有序。

(3) 语言领域

在幼儿语言发展过程中，倾听能力是基础。教师生动讲述绘本故事《猜猜我有多爱你》时，运用丰富的语调、表情和肢体动作来吸引幼儿的注意力。例如，在描述大兔子和小兔子相互表达爱意的情节时，教师会用温柔的声音和夸张的手势，让幼儿沉浸其中。这样的讲述方式能引导幼儿专注于故事内容，从而逐渐提高他们的倾听能力。同时，教师可以通过提问来检查幼儿的倾听效果，如“小兔子是怎么向大兔子表达爱的?”，这促使幼儿在听故事时更加认真，学会捕捉关键信息。

当故事讲述结束后，鼓励幼儿复述关键情节是锻炼语言表达能力的重要环节。对于年龄较小的幼儿，他们可能只能简单地重复几个词语或短句，如“小兔子/张开/手臂”。教师要给予肯定和鼓励，采用“阶梯式补全法”逐步引导他们完整地复述。随着幼儿能力的提升，教师可以要求他们更详细地描述，比如“小兔子把手臂张开，开得不能再开，说‘我爱你有这么多’”。这种复述活动不仅能提高幼儿的语言组织能力，还能增强他们的自信心，让他们更愿意在众人面前表达自己。此外，在日常活动中，教师也可以创造各种表达的机会，让幼儿分享自己的想法、经历等，进一步促进表达能力。

利用识字卡片进行汉字启蒙是为幼儿阅读做准备的有效方法。识字卡片上的汉字通常是与幼儿生活密切相关且形象直观的，如“人”“口”“手”等。教师可以通过展示卡片，向幼儿讲解汉字的字形解析、语音对应和语义关联。比如，展示“人”字卡片时，告诉幼儿这个字就像一个正在站立的人。同时，将识字与生活中的事物联系起来，加深幼儿的理解，如指着教室里的人说“这就是‘人’”。通过反复练习，幼儿能够逐渐认识一些常见汉字，为日后的阅读打下基础。此外，教师还可以利用绘本故事书，在讲述过程中指出书中出现的已学汉字，让幼儿在情境中强化记忆。

在书写准备阶段，初期教师应遵从三阶训练体系，可以先从简单的涂鸦、画线条等活动入手，锻炼幼儿肩肘关节的控制能力。中期可以引导幼儿进行一些简单的笔画练习，如横线、竖线、弧线等。在练习过程中，教师要注意纠正幼儿的握笔姿势和书写坐姿。后期结合识字卡片，让幼儿从简单的汉字开始摹写，如“一”“二”“十”等。通过这些活动，幼儿逐渐熟悉书写的感觉，为正式的书写学习做好准备。

(4) 艺术领域

教幼儿唱简单的儿歌《小星星》，这是培养音乐感知的经典曲目。教师首先应让幼儿熟悉歌曲的旋律，可以通过播放音乐音频或自己清唱的方式，让幼儿反复聆听。在幼儿对旋律有了一定的印象后，教师再逐句教唱歌词。在教唱过程中，需注意发音的准确性和对节奏的把握。例如，"一闪一闪亮晶晶"这句歌词，要引导幼儿清晰地唱出每个字，并且感受每个字的时长和音高变化。同时，教师可以通过一些有趣的方式帮助幼儿记忆歌词，如用手势表示星星闪烁的动作，配合歌词的演唱。当幼儿熟悉了《小星星》的歌词后，教师可以为幼儿准备一些简单的打击乐器，如木鱼、沙锤、手铃等让他们用打击乐器为歌曲伴奏。根据歌曲的节奏，引导幼儿用不同的乐器敲击出相应的节奏。比如，在歌曲的强拍上，可以用木鱼敲击，在弱拍上可以用沙锤轻轻晃动。通过这种方式，幼儿能够更加直观地感受歌曲的节奏变化，同时也能训练他们的节奏感和协调能力。此外，教师还可以鼓励幼儿尝试不同的乐器组合和敲击方式，发挥他们的创造力，为歌曲打造出独特的伴奏效果。

绘画是幼儿美术活动的重要形式之一。在绘画过程中，幼儿可以自由地表达自己的想法和情感。例如，教师可以以"我的家"为主题，让幼儿进行绘画创作。幼儿可以根据自己的记忆和想象，画出自己家的房子、家人、家具等。教师在这个过程中，引导幼儿选择合适的颜色（如用蓝色画天空，用绿色画草地），并指导他们运用不同的绘画工具（如画笔、油画棒、水彩笔等），感受不同工具画出的线条和色彩效果。同时，教师要尊重他们的创意表达，不要过分强调绘画的技巧和规范性，让幼儿充分发挥想象力。

手工制作对于锻炼幼儿的手部精细动作和空间感知能力具有重要作用。以用彩纸制作花朵为例，教师首先向幼儿展示制作步骤：幼儿需要用剪刀剪出花瓣的形状，这要求他们掌握正确的握剪姿势和剪纸技巧，如沿着画好的线条剪，不能剪歪；然后将剪好的花瓣用胶水粘贴在一起，组成花朵的形状。在这个过程中，幼儿要控制胶水的用量和涂抹位置，将花瓣准确地粘贴。通过这样的手工制作活动，幼儿不仅锻炼了手部肌肉的灵活性，还提高了对形状、色彩的感知和搭配能力，同时培养了耐心和细心。

（5）科学领域

观察盐在水中的溶解现象是一个简单而有趣的科学小实验。教师首先准备一杯水和一些盐，让幼儿观察盐的外观特征（如是白色的、细小的颗粒）。然后将盐慢慢倒入水中，引导幼儿仔细观察其变化。幼儿会看到盐的颗粒逐渐消失，此时教师可以通过适时提问"盐去哪里了？"以激发思考。在这个过程中，教师可以让幼儿用小勺子搅拌水，加快盐的溶解速度，并观察搅拌对溶解的影响。通过这个小实验，幼儿不仅能初步了解溶解这一现象，同时也培养了观察力和科学思维能力。除了盐的溶解实验，还可以进行其他类似的实验，如糖的溶解、小苏打在醋中的反应等。这些实验都能激发幼儿对科学现象的好奇心，让他们在亲身体验中学习科学知识。在实验结束后，教师可以和幼儿一起讨论实验结果，引导他们尝试用自己的语言描述所观察到的现象，进一步强化他们的科学思维。

认识不同的动植物是幼儿科学教育的重要内容。以观察金鱼的生活习性为例，教师可以在教室里设置一个金鱼缸，让幼儿近距离观察金鱼。教师首先引导幼儿观察金鱼的外形特征，如金鱼有大大的尾巴、红红的身体、鼓鼓的眼睛等；然后观察金鱼的游动方式——金鱼在水中自由自在地游来游去，教师可以通过问幼儿"金鱼是怎么游泳的？"来引导他们注意金鱼尾巴和鳍的摆动规律。同时，教师可以和幼儿一起讨论金鱼的生活需求，如需要洁净的水、食物等。在这个过程中，幼儿不仅学会了观察生物的方法，还能了解生物与环境的关系，培养他们对动植物的喜爱之情和保护意识。

此外，教师还可以带幼儿到户外观察花草树木、昆虫等，让他们更广泛地接触自然界的生物，拓展科学视野。在观察过程中，教师可以引导幼儿记录自己的发现，如用画画的方式画出所看到的动植物，进一步加深他们对生物的认识。

2. 实习生的角色与任务

实习生要根据教学内容准备相应的教具。例如，在科学小实验中，准备盐、水、杯子等实验材料；在美术活动中，则准备彩纸、剪刀、胶水等手工材料。要确保材料的安全性和适宜性，针对幼儿可能接触到的尖锐物品（如剪刀），应选择儿童专用的安全工具。

在教学过程中，实习生可以协助教师引导幼儿参与活动。例如，在语言故事讲述中，当教师提问时，实习生可以鼓励那些比较害羞的幼儿举手回答问题；在音乐活动中，需帮助幼儿正确使用打击乐器，引导他们感受节奏的变化。

实习生要仔细观察每个幼儿在教学活动中的表现，包括参与度、兴趣点、学习困难等。若发现某个幼儿对活动不感兴趣（如在绘画活动中不愿意动笔），实习生应及时与教师沟通，分析原因——可能是幼儿对主题不感兴趣或是缺乏自信，继而尝试调整教学方法，如提供更多的绘画主题选择或者给予更多的鼓励和指导。

（二）协助组织幼儿游戏活动

1. 游戏活动的重要性与类型

游戏在学前教育领域中犹如璀璨的明珠，其价值远远超越了娱乐本身，对幼儿的身心发展有着全方位、深层次的积极影响。

益智游戏堪称幼儿智力成长的“魔法钥匙”。以拼图游戏为例，每一块拼图都是一个小小的挑战。幼儿在拼图过程中，首先要运用观察力仔细分辨拼图块的形状和图案细节。他们会留意拼图块边缘的曲线、直线、角度，以及颜色分布、图案元素等特征。这种观察是一种主动的且有目的的探索行为，就像小侦探在寻找线索一样。当幼儿开始尝试将拼图块组合时，其空间思维能力就开始发挥作用了。他们需要在脑海中构建出完整图案的样子，想象每一块拼图在整体中的位置。例如拼动物图案时要思考动物的身体轮廓、四肢的位置关系，从而判断哪块拼图应该放在哪里才能使图案完整。拼图过程也是逻辑思维的锻炼过程。幼儿需要通过不断尝试不同的拼图块组合，分析、推理来判断哪种组合是正确的，如果一块拼图与周围的拼图块在图案或形状上不匹配，他们就需要重新调整思路，这种试错和调整的过程能够有效提升幼儿解决问题的能力。积木搭建游戏同样是幼儿智力发展的重要“训练场”。在搭建过程中，幼儿要根据自己的想法选择合适的积木。比如搭建一座高楼时，需要考虑不同形状积木的稳定性：长方体的积木的承重性可能更适合作为大楼的支柱；而三角形的积木具有稳定性可以用于搭建屋顶。这就需要幼儿运用空间思维来规划建筑的结构。在搭建过程中，幼儿还要运用逻辑思维来保证建筑的平衡和稳固，每添加一块积木，都需要考虑它对整体结构的影响，这类似于解决一个复杂的逻辑谜题。此外，积木游戏对幼儿的手眼协调能力是一种很好的训练。他们的眼睛需要准确地定位目标位置，同时协调手部肌肉精确地控制积木的移动和放置，通过反复练习，手眼协调能力得到不断提升。

角色扮演游戏和合作性游戏为幼儿开启了社交能力发展的大门。在“娃娃家”这样的角色扮演游戏中,幼儿们仿佛置身于一个小小的社会场景。当幼儿扮演爸爸、妈妈或宝宝等角色时,他们需要通过语言来表达自己的想法和需求。例如,扮演妈妈的幼儿可能会说:“宝宝饿了,我要去做饭啦。”扮演爸爸的幼儿可能回应:“那我来照顾宝宝吧。”这种简单的对话就是幼儿学习沟通的开始。在准备“做饭”的过程中,幼儿们需要协商做什么饭、需要哪些道具,这就涉及协商合作的能力。他们可能会讨论:“我们做蛋糕吧,需要一个碗来装面粉。”“那我去找碗,你去找面粉。”通过这样的交流,幼儿们学会了如何与同伴分工合作,共同完成一项任务。在合作性游戏中,幼儿之间的社交互动更加复杂和深入。比如,在小组合作搭建大型积木城堡的过程中,每个幼儿都有自己的角色和任务,但这些任务又相互关联。有的幼儿负责搬运积木,他们需要听从负责设计的幼儿的指挥,将合适的积木运到指定位置。在这个过程中,如果出现积木不够或者某个位置需要特殊形状积木的情况,幼儿们需要互相沟通,调整策略。例如,负责搬运的幼儿可能会说:“我们没有三角形的积木了,怎么办?”其他幼儿可能会一起想办法,比如从其他地方寻找或者尝试用其他形状的积木代替。这种合作游戏让幼儿深刻体会到团队合作的重要性,同时也提高了他们的沟通能力、协商能力和解决冲突的能力。

游戏是幼儿情感世界的“避风港”和“展示台”。以“医院打针”游戏为例,打针对于许多幼儿来说是一件令他们感到恐惧的事情。在游戏中,他们可以通过扮演医生或病人的角色来应对这种恐惧情绪。当幼儿扮演医生时,他们会模仿医生的冷静和专业,拿起注射器(玩具注射器)。这种角色赋予他们一种力量感,让他们感觉自己不再是那个害怕打针的小孩。而扮演病人的幼儿,在经历打针的模拟过程中,会逐渐发现打针并没有那么可怕,因为在游戏中他们可以控制这个过程。通过这种方式,幼儿们不仅释放了内心的恐惧情绪,还在游戏中获得了克服恐惧的经验。同样,在日常生活中,幼儿们会有各种各样的情绪,无论是快乐、悲伤、愤怒还是兴奋,都可以在游戏中找到表达的方式。比如,当幼儿在游戏中赢得比赛或者完成一项任务时,他们会通过欢笑、跳跃等方式表达快乐;当他们在游戏中遇到困难或者“失败”时,可能会表现出短暂的沮丧,但随后在继续游戏的过程中,他们会逐渐调整情绪,学会面对挫折。这种情感的表达和宣泄在游戏中得到自然的发展,有助于幼儿形成健康的情绪管理能力。

体育游戏是幼儿身体锻炼和运动能力发展的活力源泉。像“老鹰捉小鸡”和“跳房子”这样的经典游戏,具有丰富的教育价值。在“老鹰捉小鸡”游戏中,幼儿们在欢快的追逐中身体得到了全面的锻炼。扮演“老鹰”的幼儿需要迅速启动、快速奔跑,他们的腿部肌肉在奔跑过程中得到充分的拉伸和力量训练。为了抓住“小鸡”,“老鹰”需要不断调整奔跑的方向和速度,这对他们的身体灵活性和平衡能力是一种挑战。而扮演“小鸡”的幼儿们则要紧紧跟随在“母鸡”身后,在奔跑和躲闪的过程中,他们的反应能力得到了极大的锻炼。他们需要时刻关注“老鹰”的动向,迅速做出身体反应,如向左或向右躲闪、突然蹲下等。这种快速反应能力的训练对于幼儿应对突发情况和提高身体协调性有着重要意义。

“跳房子”游戏是对幼儿跳跃能力和身体控制能力的专项训练。游戏中,幼儿需要按照规定的顺序和方式在画好的格子里跳跃。单脚跳环节要求幼儿用一只脚支撑身体重量,准确地跳进每个格子,这对幼儿的单脚平衡能力和腿部力量是一种考验。在这个过程中，幼儿需要控制身体重心，保持稳定的跳跃节奏，避免摔倒。双脚跳环节则更注重幼儿双脚的协调配合能力，他们要准确地控制跳跃的距离和力度，使双脚能够同时落在目标格子内。通过"跳房子"游戏，幼儿的跳跃能力、身体协调性和平衡能力都能得到有效提升，为他们今后的身体发展和运动技能学习奠定坚实基础。

建构游戏为幼儿创造了一个自由发挥想象力和创造力的空间，是培养幼儿空间感知能力和创新思维的理想途径。积木搭建是建构游戏中常见的形式，幼儿可以凭借自己的想象，将一块块积木组合成各种各样的物体。在搭建过程中，幼儿对空间的理解不断深化。他们会尝试不同的搭建方法，如搭建高楼时，会思考如何让高楼更稳固：是使用更多的支柱，还是改变积木的排列方式？这种思考过程让幼儿逐渐掌握物体的空间结构和稳定性之间的关系。例如，当他们发现底层积木面积越大，高楼就越稳定时，就对空间概念有了更直观的认识。同时，积木搭建游戏鼓励幼儿发挥创造力。他们可以根据自己的喜好和想象，搭建出独一无二的作品。比如，有的幼儿可能会搭建一个充满科幻色彩的宇宙飞船，里面有各种奇特的装置和造型。这种创造性的表达能够激发幼儿的创新思维，让他们在游戏中体验到创造的乐趣。

建构性活动如玩沙、玩水等同样具有独特的教育价值。在玩沙游戏中，沙子的柔软性和可塑性为幼儿提供了无限的创作可能。幼儿可以用小铲子将沙子堆成各种形状的小山丘、城堡，或者挖掘出深深的沟渠。在这个过程中，他们的想象力得到了充分的发挥。幼儿可以根据自己的想象，用沙子构建一个神秘的沙漠王国——里面有高大的城堡、曲折的道路和隐藏的宝藏。玩沙游戏不仅培养了幼儿的空间感知能力，还让他们感受到了材料的特性和变化。玩水游戏也有类似的教育价值。幼儿可以利用各种容器和玩具在水中进行建构和探索。例如，他们可以用塑料杯搭建水上城堡，观察水的流动对城堡形状的影响；或者用小船模型在水中进行运输游戏，体验浮力的作用。这些建构游戏让幼儿在轻松愉快的氛围中获得学习和成长的机会。

表演游戏是幼儿走进故事世界、展现自我的舞台，对幼儿的语言表达、情感理解和表演能力有着显著的提升作用。以《白雪公主》的表演为例：在表演准备阶段，幼儿需要深入理解故事内容，包括故事的情节发展、角色之间的关系以及每个角色的性格特点。正式表演时，幼儿们通过模仿角色的语言、动作和表情来展现自己对故事的理解。扮演白雪公主的幼儿会努力模仿白雪公主的温柔善良，用甜美的声音和优雅的动作来塑造形象。例如，她会轻柔地说："亲爱的小动物们，你们好呀！"同时做出亲切地抚摸小动物的动作。扮演小矮人的幼儿们则需要展现出不同的性格特点，有的活泼好动，有的憨厚老实。他们会通过说话的语速、语调以及走路的姿势等方面表现角色的差异。在这个过程中，幼儿的语言表达能力得到了很好的锻炼。他们不仅需要准确地说出角色的台词还需要注意语音语调的变化以使表演更加生动形象。而扮演皇后的幼儿会用一种傲慢、凶狠的语气说："魔镜魔镜，谁是世界上最美丽的女人？"这种对不同角色语气的模仿有助于幼儿掌握语言的多样性和表现力。同时，幼儿在表演过程中所做动作对幼儿的身体表现力和情感表达能力是一种很好的锻炼。他们需要通过肢体动作和面部表情来传达角色的情感和状态，如白雪公主的悲伤快乐，小矮人们的勤劳善良，皇后的愤怒嫉妒等。通过表演游戏，幼儿不仅加深了对故事的理解，还在语言表达、情感表达和表演能力等方面得到了全面的发展。

2. 实习生在游戏活动中的组织与指导

游戏准备工作是游戏活动顺利开展的重要保障，实习生在协助教师准备过程中需要细心周到，关注每一个细节。

在体育游戏准备阶段，场地安全是重中之重。实习生应像一名严谨的安全检查员一样，对游戏场地进行全面细致的检查。首先，要检查地面状况，确保地面平整，没有坑洼、凸起或裂缝。同时，要留意地面上是否有石头、树枝、玻璃碎片等尖锐物品，并及时清理干净。对于游戏场地周围的环境，要检查是否存在可能对幼儿造成碰撞危险的物体，如桌椅、栏杆、墙壁等。如果场地附近有这些物体，要确保它们与游戏区域有足够的安全距离，或者设置警示标识，以提醒幼儿注意。此外，还要根据体育游戏的类型和参与幼儿的数量，合理规划场地空间。例如，在进行“老鹰捉小鸡”这类追逐游戏时，要保证有足够宽敞的场地，避免幼儿在奔跑过程中过于拥挤而发生碰撞。如果是在室内进行体育游戏，要确保室内通风良好，温度适宜，为幼儿创造一个舒适安全的游戏环境。

建构游戏的材料准备至关重要。在积木搭建游戏中，实习生要确保有足够数量和种类的积木。积木的形状要多样化，应包括正方体、长方体、三棱柱、圆柱体、圆锥体等几何形体，大小也要有不同规格，以满足幼儿在搭建过程中的各种创意需求。对于不同年龄段的幼儿，可以有针对性地准备积木。比如，小班幼儿（3—4 岁），可以使用较大、颜色鲜艳、形状简单的积木，这样便于他们抓握和操作，也更容易引起他们的兴趣；大班幼儿（5—6 岁），则可以增加一些更复杂形状和更小尺寸的积木，以激发他们的创造力和挑战欲。在玩沙、玩水等建构游戏中，要准备丰富的沙具和水具。沙具可以包括各种形状的小铲子、小桶、模具等，这些工具可以让幼儿更好地塑造沙子的形状。例如，带有不同图案的模具可以让幼儿轻松地制作出各种造型的沙堡。水具可以有塑料杯、水车、小船等，幼儿可以利用这些工具在水中进行探索和建构游戏。在准备这些材料时，要确保它们的质量安全，没有锐利边角，材料的材质要环保无毒，避免对幼儿造成伤害。

表演游戏的道具准备需要更多的创意和细心。实习生要根据表演游戏的故事内容精心制作或收集道具，帮助幼儿更好地融入角色。以《白雪公主》为例，制作白雪公主的服装时要选择柔软、舒适、颜色鲜艳的布料，制作出漂亮的裙子和带有宝石装饰的皇冠，让幼儿穿上后能感受到白雪公主的魅力。小矮人的服装可以用棕色或彩色的布料制作帽子和带有补丁的衣服，体现小矮人勤劳质朴的特点。同时，要准备相应的道具，如白雪公主的梳子、镜子，小矮人的锄头、矿车，皇后的魔镜等。这些道具可以通过购买、手工制作或收集废旧物品改造等方式获得。在制作或收集道具时，可以让幼儿参与其中，如一同绘制服装上的图案、装饰道具等。这样不仅能增加幼儿对游戏的期待和兴趣，还能培养他们的动手能力和创造力。在准备道具时，要注意道具的大小要适合幼儿使用，避免过大或过小，以免影响表演体验或造成安全隐患。

在游戏开始前，清晰、准确地向幼儿讲解游戏规则并进行示范，是游戏活动有序开展的关键环节。实习生需要运用生动有趣、简单易懂的方式，让幼儿轻松理解游戏规则和玩法。

在讲解跳房子游戏规则时，实习生可以先激发幼儿的兴趣，比如：“小朋友们，今天我们要一起玩一个超级好玩的跳房子游戏，就像小兔子在森林里跳来跳去一样有趣哦！”然后，开始详细讲解游戏规则："看，地上有这些画好的格子，这就是我们要跳的'房子'啦。我们要从这里开始跳，用单脚跳到第一个格子里。"讲解时，实习生应站在起跳点，示范单脚跳进第一个格子，并展示正确的姿势，包括膝盖微微弯曲以保持平衡、身体微微前倾、眼睛注视前方等。同时，向幼儿强调："跳的时候要注意哦，不能踩到格子的线，就像我们走在小路上不能踩到路边的花草一样。"接着继续讲解："然后，我们要跳过这个格子，用双脚跳到下一个格子里，就像这样。"在示范双脚跳时，实习生要展示双脚同时起跳、同时落地，并且保持身体稳定的动作。示范过程中，动作要缓慢、清晰，让幼儿能够清楚地看到每一个步骤。讲解完一轮后，可以邀请一两个幼儿一起参与示范，让其他幼儿更直观地观察。对于年龄较小的幼儿，可能需要多次重复示范，并鼓励他们模仿练习，直到他们理解并掌握基本的跳法。在幼儿练习过程中，实习生要在旁边给予指导和鼓励，及时纠正他们的错误姿势。

在角色扮演游戏中，明确每个角色的任务和行为规范需要更加详细和生动的讲解。以"餐厅"游戏为例，实习生可以通过创设情境的方式开始讲解："小朋友们，今天我们要开一家神奇的餐厅啦！在这个餐厅里，有很多重要的人哦。"然后，开始介绍每个角色："首先是服务员。服务员就像我们的小天使一样，要站在餐厅的门口，当有顾客来的时候，要微笑着说'欢迎光临'，然后带着顾客到空的座位上，再把菜单递给顾客。顾客看了菜单点菜后，服务员要把菜单送到厨房给厨师哦。厨师呢，就像一个魔法师，他要根据菜单上的菜名，用这些玩具食物（展示玩具食物）做出美味的饭菜，做好后交给服务员。顾客呢，要坐在座位上，开开心心地看菜单、点菜，然后等着服务员上菜，吃完后要付钱哦。"在讲解过程中，可以通过简单的动作模仿来展示每个角色的行为，例如模仿服务员热情地迎接顾客、鞠躬、递菜单，模仿厨师炒菜、装盘，模仿顾客看菜单、点菜、吃饭、付钱等动作。讲解完后，可以让幼儿们自由选择角色，然后进行简单的模拟练习，让他们在实践中进一步熟悉角色的任务和行为规范。在幼儿练习过程中，实习生要在旁边观察，及时给予指导和帮助，让幼儿们更好地理解和扮演自己的角色。

在讲解游戏规则和示范过程中，实习生要注意语言的生动性和趣味性。可以使用形象的比喻和夸张的动作来吸引幼儿的注意力。比如，在讲解"老鹰捉小鸡"游戏时，可以说："小朋友们，我们现在要变成小动物啦！有一只超级厉害的老鹰（做出老鹰飞翔的动作），它很饿，想要来抓我们这些可爱的小鸡（做出小鸡啄米的动作）。我们要紧紧跟在鸡妈妈（做出母鸡保护小鸡的动作）后面，不能让老鹰抓住哦！"同时，在示范老鹰捉小鸡的动作时，可以做出一些夸张的奔跑和扑抓动作，让幼儿感受到游戏的紧张和刺激。这样的讲解和示范方式能够更好地激发幼儿对游戏的兴趣，同时也能让他们更清楚地理解游戏规则和玩法。

在游戏过程中，实习生应对幼儿进行引导与安全保障。游戏过程中，实习生要扮演好引导者和守护者的角色——既要鼓励幼儿积极参与游戏，充分发挥游戏的教育价值，又要时刻保障幼儿的安全，确保游戏活动顺利进行。

对于那些在游戏中不太主动的幼儿，实习生需要给予特别的关注和鼓励。在体育游戏中，如果发现有幼儿站在一旁观望，不敢参与，实习生可以走过去亲切地和他交流："亲爱的小朋友，你怎么不去和大家一起玩呀？是不是有点担心呢？没关系的，这个游戏很有趣呢，老师陪你一起试试吧。”然后拉着幼儿的手，带着他慢慢加入游戏。比如在“老鹰捉小鸡”游戏中，可以让他先站在“母鸡”身后较安全的位置，感受游戏的氛围，同时鼓励他跟着大家一起跑和躲闪。当他逐渐适应后，再引导他更积极地参与。在建构游戏里，如果有幼儿不知道如何开始搭建，实习生可以蹲下来轻声询问：“宝贝，你是不是还没想到要搭什么呀？没关系，我们可以一起想想哦。你看，这里有好多积木，我们可以搭一个你喜欢的东西，比如小动物的家怎么样？”然后和幼儿一起讨论搭建的方案：用什么形状的积木做房子的墙，用什么做屋顶。在表演游戏中，若有幼儿害羞不敢表演，实习生可以温柔地鼓励：“亲爱的，你不用害怕哦。你看，这个角色很有趣呢，你可以先试着说一句台词，或者做一个小动作，你喜欢哪个角色呀？老师和你一起试试。”可以先从简单的台词开始，帮助幼儿克服心理障碍，让他们感受到表演的乐趣，从而积极参与其中。

保障幼儿在游戏中的安全是至关重要的职责。在体育游戏中，实习生要像敏锐的安全卫士一样，时刻关注幼儿的动作。例如，在玩“老鹰捉小鸡”时，要提醒幼儿保持适当的距离，避免互相推挤。如果发现有幼儿跑得太快或者方向失控，要及时大声提醒：“宝贝，慢一点，注意安全，不要撞到其他小朋友哦！”同时，要注意观察游戏场地周围的情况，防止幼儿撞到障碍物。在建构游戏中，要特别警惕幼儿吞食小零件的危险。对于一些较小的积木或沙具配件，要提前教育幼儿不能将其放入口中。在游戏过程中，如果发现有幼儿有这种行为倾向，要立即制止，并耐心地告诉他们：“这个东西不能吃哦，吃了会肚子疼的，我们要用它来玩游戏呢。”同时，要检查游戏材料是否有损坏或产生小碎片的情况，及时清理或更换。在游戏过程中，幼儿之间可能会出现冲突，比如在合作搭建积木城堡时，有的幼儿想搭高一点，有的幼儿想搭大一点，双方可能会产生争执。这时，实习生要迅速介入，引导他们协商解决问题。可以先让双方冷静一下，然后说：“小朋友们，我们来一起想想办法吧。我们可以先把城堡搭大一点，然后再慢慢搭高，这样我们的城堡就又大又高啦，你们觉得怎么样？”或者引导幼儿尝试分工合作，比如一部分幼儿负责搭大，一部分幼儿负责搭高，最后再把两部分组合起来。通过这种方式，让幼儿学会在游戏中尊重他人的想法，通过沟通和协商解决问题，培养他们的社交能力和合作精神。

游戏结束后的总结与整理环节对于幼儿的成长同样具有不可忽视的作用，它是对游戏活动的升华和延续。

游戏结束后，实习生要和幼儿们一起围坐下来，营造一个轻松愉快的氛围，引导幼儿回顾游戏过程。例如，在体育游戏“老鹰捉小鸡”结束后，实习生可以问幼儿：“小朋友们，今天的‘老鹰捉小鸡’游戏好玩吗？你们在游戏里有没有什么特别有趣的事情想和大家分享呀？”有的幼儿可能会兴奋地回答：“我觉得当老鹰很刺激，我差一点就抓住小鸡了！”有的幼儿会说：“我当小鸡的时候，跑得好快，老鹰都抓不到我。”通过这种分享，幼儿们可以再次回味游戏中的快乐，同时也能锻炼他们的语言表达能力和记忆力。在建构游戏结束后，可以让幼儿们展示自己搭建的作品，并引导他们介绍：“你搭的是什么呀？你是怎么搭出来的呢？”幼儿们会自豪地分享自己的创意和搭建过程，比如：“我搭的是一个超级大的城堡，我用了好多大的积木做城墙，还用三角形的积木做了屋顶呢。”在表演游戏结束后，可以问幼儿：“你扮演的角色感觉怎么样呀？你最喜欢哪个部分呢？”幼儿可能会回答：“我扮演白雪公主，觉得很漂亮，我最喜欢和小矮人一起跳舞的部分。”这样的分享能加深幼儿对游戏角色的理解和体验，同时促进幼儿之间的情感交流。

引导幼儿整理游戏材料是培养他们自理能力和良好习惯的重要途径。在积木搭建游戏结束后，实习生需要和幼儿一起将积木放回原位。可以一边整理一边说："我们要把积木送回家啦，就像我们自己玩完玩具要回家睡觉一样哦。"鼓励幼儿们参与到整理过程中，比如可以让他们按照积木的形状或颜色分类整理。对于年龄小的幼儿，可以给予更多的指导和帮助，如："你看，这个正方体的积木应该放在这个盒子里，我们把它放回去吧。"在玩沙、玩水游戏结束后，要引导幼儿清理场地，把沙具、水具清洗干净并放回原处。可以和幼儿一起完成这些工作，并告诉他们："我们要把沙具洗干净，这样下次玩的时候它们还是干干净净的哦。"在表演游戏结束后，要和幼儿一起整理服装和头饰，告诉他们要爱护道具，把它们整齐地挂起来或放在专门的收纳箱里，比如："我们要把白雪公主的裙子叠好放起来，这样下次其他小朋友还可以穿它来表演呢。"

通过这种游戏结束后的总结与整理工作，幼儿不仅能够从游戏中得到更多的收获，还能逐渐养成良好的生活习惯和自理能力，为他们今后的学习和生活打下坚实的基础。同时，这也有助于培养幼儿的责任感，让他们明白自己对游戏环境和材料负有维护和整理的责任，使游戏活动形成一个完整的教育闭环，促进幼儿全面发展。在这个过程中，实习生要始终保持耐心和积极的态度，以鼓励和表扬的方式引导幼儿完成总结与整理工作，让他们在轻松愉快的氛围中养成良好的习惯。

(三) 观察与评价幼儿发展

1. 观察幼儿发展的维度与方法

幼儿发展的维度如表 2-1，观察方法如表 2-2。

表 2-1　幼儿发展维度

维度	内容
身体发展	观察幼儿的身高、体重、身体协调性、大肌肉和小肌肉动作发展等。可以通过日常活动中的表现来观察，如幼儿在走、跑、跳时的姿势和速度，判断大肌肉发展情况；或通过使用画笔、剪刀、勺子等工具时的精细动作表现，了解小肌肉发展水平。例如，观察幼儿能否用勺子准确地将食物送到嘴里，能否用画笔流畅地画出简单的线条。
认知发展	包括感知觉、注意力、记忆力、思维能力等方面。在感知觉方面，可观察幼儿对颜色、形状、声音等的辨别能力。比如，在艺术活动中，观察幼儿能否准确区分红色和绿色、圆形和方形；在注意力方面，可注意幼儿在教学活动或游戏中的专注时间，如在听故事时是否能集中注意力 10～15 分钟；在记忆力的观察中，可以通过让幼儿复述之前学过的儿歌、故事内容来进行；在思维能力方面，则可从幼儿在解决问题过程中的表现来判断，如在拼图或搭建积木时的思考方式。
语言发展	关注幼儿的语言表达、倾听理解和阅读准备能力。倾听理解能力可通过日常对话和故事讲述活动来观察，看幼儿是否能理解教师或同伴的话语，能否根据指令做出正确的反应；语言表达能力可通过观察幼儿在回答问题、讲述故事、与同伴交流时的语言流畅性、词汇量和语法运用情况来判断。例如，观察幼儿能否用完整的句子表达自己的想法，是否会使用一些新学的词汇。
情感与社会性发展	观察幼儿的情绪表达、自我意识、与同伴和成人的交往能力等。在情绪表达方面，注意幼儿在不同情境下的情绪反应，如在遇到困难时是表现出沮丧，还是积极寻求帮助；在自我意识方面，可以从幼儿对自己的评价和对自己物品的管理中体现，如幼儿是否知道自己的性别、年龄，能否整理自己的玩具；在交往能力方面，观察幼儿在游戏和集体活动中与同伴的互动情况，如是否主动与他人分享玩具、是否能友好地协商解决冲突。

表 2-2　观察方法

方法	内容
自然观察法	在幼儿的日常活动中，如游戏、教学、生活环节，不进行任何干预地观察幼儿的行为表现。这种方法能获取最真实的信息，但需要观察者有足够的耐心和敏锐的观察力。
事件取样法	事先确定要观察的特定事件，如幼儿之间的冲突解决过程、合作游戏中的分工情况等，当这些事件发生时进行观察记录。
时间取样法	将观察时间划分为若干个相等的时间段，在每个时间段内观察幼儿的特定行为是否出现，如每隔5分钟观察一次幼儿的注意力集中情况。

2. 幼儿发展评价的意义与实施

幼儿发展评价有助于教师和家长了解幼儿的发展水平和发展趋势，为教育教学活动提供依据。它可以帮助教师发现幼儿的优势和不足，从而及时调整教育策略，促进幼儿的全面发展。例如，如果教师通过评价发现某个幼儿在语言表达方面发展较慢，可以有针对性地增加语言训练活动；对于在社交方面表现突出的幼儿，可以提供更多的领导机会，进一步培养其社交能力。同时，评价结果也可以让家长更好地了解自己的孩子，加强家园合作，共同促进幼儿成长。

评价的实施包括以下几方面：第一，根据幼儿发展的各个维度，制定具体的评价指标。例如，在身体发展方面，设定大肌肉动作发展的评价指标包括走、跑、跳的速度和协调性，小肌肉动作发展的指标包括手部精细动作的准确性和灵活性。在认知发展方面，注意力评价指标可设定为不同类型活动中的专注时间长度等。第二，可以使用观察记录表、发展检查表、幼儿作品分析等评价工具。观察记录表用于记录幼儿在日常活动中的行为表现；发展检查表是根据评价指标列出幼儿各项发展的情况；幼儿作品分析（如对幼儿的绘画、手工作品进行分析）可了解其创造力、空间感知能力等的发展水平。第三，将评价结果及时反馈给教师和家长。教师根据结果调整教学计划和活动安排，家长根据结果在家中给予相应的支持和引导。例如，如果评价结果显示幼儿在数学认知方面需要加强，教师可以在教学中增加数学启蒙活动，家长则可以在家中通过玩简单的数学游戏来辅助幼儿学习。

（四）一日生活活动组织

1. 一日生活活动的环节与目标

一日生活活动的环节与目标如表 2-3。

表 2-3　一日生活活动的环节与目标

时间环节	目标
入园与晨检	这是一日生活的开始环节，目标是让幼儿顺利从家庭过渡到幼儿园环境，同时确保幼儿的身体健康。在入园时，教师和实习生要热情迎接幼儿，让他们感受到温暖和安全。晨检内容包括检查幼儿的身体状况，如测量体温、查看口腔和手部等部位是否有异常，以及检查幼儿是否携带危险物品，如小珠子、尖锐的玩具等，以保障幼儿在园期间的安全。

续表

时间环节	目标
早餐与晨谈	早餐环节要培养幼儿良好的饮食习惯，如安静就餐、不挑食、自己使用餐具等。晨谈是促进幼儿语言表达和社交互动的重要环节，教师可以引导幼儿分享自己的心情、前一天的趣事，或者讨论当天的活动安排，以激发幼儿的兴趣和提高他们的参与度。
教学活动	根据幼儿园的课程安排，开展不同领域的教学活动，通过教学活动促进幼儿在语言、艺术、科学、健康、社会等方面的发展。
游戏活动	游戏活动环节为幼儿提供了自由玩耍和发展的机会，通过各种类型的游戏，满足幼儿的娱乐需求，同时促进其身心全面发展。
午餐与午睡	午餐环节要继续培养幼儿良好的饮食习惯，包括正确使用餐具、细嚼慢咽、不浪费食物等。午睡对幼儿的身体发育和下午的精力恢复非常重要，教师要营造安静、舒适的午睡环境，帮助幼儿养成良好的午睡习惯，如按时入睡、保持正确的睡姿等。
午点与户外活动	午点为幼儿提供能量补充，户外活动则能让幼儿呼吸新鲜空气、锻炼身体，提高身体协调性和适应能力。户外活动可以包括体育游戏、散步、观察自然等。
离园准备与离园	在离园前，教师和实习生要帮助幼儿整理衣物、收拾个人物品，并引导他们回顾一天的活动，鼓励幼儿与同伴分享收获。离园时，要确保幼儿安全地交给家长，与家长简单沟通幼儿当天的情况。

2. 实习生在一日生活活动组织中的职责

实习生在一日生活活动组织中的职责包括协助教师维持秩序、关注幼儿个体需求和参与环境创设与整理三方面。

首先，在一日生活的各个环节中，秩序的维持至关重要，实习生是教师的得力助手。早餐和午餐时间，是培养幼儿良好生活习惯的重要时刻。实习生要引导幼儿排队取餐，让他们明白排队是一种公平有序的方式。在排队过程中，提醒幼儿保持安静、不推挤，培养他们的耐心和自律。就餐时，督促幼儿安静进食，这不仅有助于消化，也能营造一个良好的就餐环境，让每个幼儿都能舒适地用餐。午睡环节同样需要细心维护秩序。实习生要帮助幼儿脱衣服，动作要轻柔耐心，确保幼儿不会着凉；为幼儿盖好被子，保证他们温暖舒适。在午睡期间，要不断巡视，注意幼儿的睡眠状态。如果有幼儿说话或者乱动，要轻声提醒，让他们安静下来，避免打扰其他正在睡觉的幼儿，保证午睡环境的安静。

其次，每个幼儿都是独特的，他们可能有各种各样的特殊需求。在进餐时，食物过敏问题不容忽视。实习生需要提前了解哪些幼儿对特定食物过敏，在分餐过程中仔细留意，防止意外发生。对于午睡困难的幼儿，可能需要更多的安抚。有的幼儿可能会因为陌生环境或者其他原因而难以入睡，实习生可以坐在床边，轻拍他们，轻声哼一些摇篮曲，给予他们足够的安全感，帮助他们放松心情，尽快入睡。同时，密切关注幼儿的情绪变化也是实习生的重要职责。幼儿的情绪表达可能比较直接，他们可能因为玩具被抢、与小伙伴发生争执或者身体不适而不开心。实习生要敏锐地察觉到这些情绪变化，一旦发现幼儿有异常情绪，要及时与教师沟通。如果是小问题，可以当场解决，比如安慰因为玩具被抢而难过的幼儿，并引导幼儿学会分享和协商；如果是身体不适等严重情况，则要协助教师采取相应的措施。

最后，环境对于幼儿的成长有着潜移默化的影响，实习生要积极参与环境创设。在教室里，可将幼儿的作品张贴在显眼的位置，这不仅是对幼儿创造力的肯定，还能增强他们的自信心和归属感。摆放适合幼儿阅读的图书时，要选择色彩鲜艳、内容简单有趣的书籍，放在幼儿容易拿到的地方，激发他们的阅读兴趣。在活动结束后，整理工作必不可少。让幼儿一起整理玩具和图书，能帮助他们养成良好的习惯。在整理玩具时，引导幼儿将不同类型的玩具分类放好，如积木放在积木筐里，拼图放在拼图盒里，以培养他们的自理能力。对于图书，要教导幼儿轻拿轻放，按照编号或者类别放回书架，让他们懂得爱护环境和物品，珍惜自己的学习和娱乐资源。

二、小学教育实习

（一）观摩与辅助教学

1. 观摩教学

观摩教学的内容如表 2-4 所示。

表 2-4　观摩教学的内容

观摩方式	观摩内容	举例
教学流程观摩	观摩不同学科教师的课堂教学，了解小学教学的基本流程。包括导入环节，教师如何通过有趣的问题、故事、图片或视频等方式引起学生的兴趣，将学生带入学习情境。	在语文课堂上，教师可能会通过播放一段与课文主题相关的动画视频来导入新课，以吸引学生的注意力。在新知识讲解环节，实习生应观察教师如何清晰地呈现教学内容，关注其运用的教学方法和手段。例如，在数学课堂上，教师是通过教具演示、实例讲解还是小组讨论的方式让学生理解数学概念和公式。在练习巩固环节，注意教师布置的练习类型和难度，以及观察教师如何指导学生完成练习并及时反馈学生的学习情况。总结环节则要学习教师如何帮助学生梳理所学知识，强化重点，如通过提问、让学生自己总结等方式。
教学方法观摩	学习不同教师在教学中运用的多样化教学方法。例如，有的教师擅长运用启发式教学法，在课堂上通过不断地提问引导学生思考，培养学生的思维能力。	在科学课上，教师向学生提问："如果没有摩擦力，我们的生活会变成什么样？"以此激发学生对摩擦力这一概念的深入思考。还有的教师善于运用小组合作学习法，将学生分成小组共同完成一个项目或解决一个问题。在英语课上，教师可以让小组学生合作完成一个英语短剧的表演，这有助于提高学生的英语听说能力和团队协作能力。同时，要重点观摩教师如何根据不同的教学内容和学生的反应灵活调整教学方法。
师生互动观摩	观察师生之间的互动模式，包括教师如何提问、如何回应学生的回答。好的教师会提出有层次的问题，从简单到复杂，引导不同水平的学生参与回答。	在课堂提问中，对于学习困难的学生，教师可能会提出一些基础性的问题，以增强他们的自信心；对于学有余力的学生，则会提出一些拓展性的问题，以激发他们的思维。教师回应学生回答时，会给予积极的肯定和鼓励，如"你的想法很独特，能不能再详细说说呢？"同时，也会对学生的错误回答进行引导和纠正，让学生明白自己的问题所在。

观摩方法包括全面观摩和重点观摩两类。例如，对整个课堂教学过程进行系统的观察和记录，应包括教学环节、教学方法、师生互动、时间分配等各个方面。可以使用课堂观摩记录表，将观察到的内容详细记录下来，并在课后进行分析总结。此外，根据自己的实习需求和关注点，有针对性地观摩某一个或几个方面。如果自己在教学方法上比较薄弱，可以重点观察不同教师的教学方法运用；如果对师生互动感兴趣，则可着重记录师生之间的交流情况。

2. 辅助教学

辅助教学的形式有以下几种：

①协助教师批改作业是辅助教学的常见形式之一。通过批改作业，实习生可以了解学生对知识的掌握情况，发现学生在学习过程中存在的问题。例如，在批改数学作业时，实习生可以统计学生在某一道题上的错误率，分析是因为知识点没掌握，还是因计算粗心导致的。同时，可以在作业上写下评语，给予学生反馈，如“你的解题思路很清晰，如果计算再细心一点就更好了”。

②协助教师维持课堂秩序，帮助学生集中注意力。在课堂上，实习生可以关注那些容易走神或调皮的学生，通过眼神、手势等方式提醒他们认真听讲。如果发现学生之间出现小的纠纷，如争抢文具等，可以及时调解，避免影响课堂教学。

③针对学习有困难的学生进行个别辅导。例如，在语文阅读辅导中，帮助学生理解课文内容，分析句子结构，提高阅读能力；对于英语学习困难的学生，可以陪他们练习发音，讲解单词和语法知识。

辅助教学可以让实习生更深入地了解教学工作的实际情况，增强他们对教学环节的熟悉程度。通过批改作业和辅导学生，实习生能直接接触到学生的学习问题，为今后的独立教学积累经验。同时，参与课堂管理能锻炼实习生应对突发情况和维持良好教学环境的能力。这种实践经验对于实习生理解教学的复杂性和多样性有着重要意义，使他们明白教学不仅仅是知识的传授，还包括对学生学习状态的关注、班级秩序的维护等多方面内容。在这个过程中，实习生可以与学生建立良好的关系，赢得学生的信任，这有助于他们在后续的实习教学中更好地开展工作，因为学生更愿意接受他们的指导和教育。此外，辅助教学还能让实习生从教师的角度审视整个教学过程，了解教师在教学准备、课堂实施和课后反馈等各个阶段的工作重点和难点，从而更全面地为自己的独立教学做好准备。

(二) 设计与实施小学课程教案

教案设计的步骤与要点如表 2-5 所示，教学过程设计如表 2-6 所示。

表 2-5 教案设计的步骤与要点

设计步骤	设计要点
教材分析	深入研究教材内容，明确教学目标和教学重难点。例如，在设计小学数学关于“三角形内角和”的教案时，要分析教材中对这一概念的引入方式以及相关知识点的呈现顺序。要了解三角形内角和是三角形的一个重要性质，其重点在于让学生理解并掌握“三角形内角和为 180 度”这一结论；难点可能在于如何引导学生通过自主探究来验证这一结论，尤其是对于不同类型三角形内角和的理解。
学情分析	考虑学生的已有知识水平、学习能力和兴趣爱好。对于小学阶段的学生而言，他们已经对三角形有了初步的认识，但对于内角和的概念可能比较陌生。需要了解学生的思维特点：这个阶段的学生以形象思维为主，抽象思维正在逐步发展。所以在设计教学过程中要多采用直观的教学方法，如通过剪纸、拼接三角形的角等活动，让学生在动手操作中感受三角形内角和。同时，要考虑学生的个体差异——不同学生在数学学习能力上有高低之分，在设计练习环节时要注意分层，满足不同层次学生的学习需求。
教学方法选择	根据教材和学情，选择合适的教学方法。可以采用探究式教学法，引导学生自主探究三角形内角和。例如，让学生先猜测三角形内角和是多少度，然后通过“量一量、剪一剪、拼一拼”等活动进行验证。也可以结合讲授法，在学生自主探究的基础上，教师对重点知识进行总结和讲解，确保学生理解充分。同时，可以利用多媒体手段辅助教学，通过动画演示不同类型三角形内角和的验证过程，让学生更直观地理解这一概念。

表 2-6　教学过程设计

过程	设计要点
导入环节	设计有趣的导入方式，引起学生的学习兴趣。例如，可以展示一些生活中含有三角形的物体图片，如三脚架、屋顶等，然后提问："同学们，三角形除了形状特点外，还有什么隐藏的秘密？"从而引出三角形内角和的话题。
新授环节	按照选定的教学方法展开新知识的教学。在探究三角形内角和时，组织学生分组进行活动：每个小组准备不同类型的三角形（锐角三角形、直角三角形、钝角三角形），让学生用量角器测量每个角的度数并相加，然后尝试用剪拼的方法将三个角拼成一个平角，从而得出"三角形内角和为 180 度"的结论。教师在学生活动过程中巡视指导，及时给予帮助。
练习环节	设计有针对性的练习题，巩固所学知识。练习题可以包括基础题，如直接计算给定三角形中未知角的度数；提高题，如根据三角形内角和的性质解决一些实际问题，如求出等腰三角形中顶角或底角的度数；拓展题，如让学生探究四边形内角和是多少度，引导学生运用三角形内角和的知识进行推导。
总结环节	引导学生回顾本节课所学内容，包括三角形内角和的结论、探究方法等。教师对重点知识和学生的表现进行总结评价，强化学生的记忆。
作业布置	布置适量的课后作业，作业形式可以多样化，如书面作业、实践作业等。书面作业可以是完成课本上的练习题；实践作业可以是让学生回家后用不同的方法再次验证三角形内角和，并向家长演示。

教案实施过程中的注意事项有如下几方面：

①时间把控。严格按照教学设计的时间安排进行教学，确保各个教学环节能够顺利完成。在实施过程中，要注意每个环节的时间分配，避免出现前松后紧或前紧后松的情况。例如，在导入环节不要花费过多时间，以免影响后面新授环节和练习环节的进度；同时，如果在新授环节学生探究活动比较顺利，可以适当缩短时间，为练习和拓展环节留出更多时间。

②学生反馈。密切关注学生在课堂上的反应和表现，根据学生的反馈及时调整教学策略。如果发现大部分学生对某个知识点理解困难，如在探究三角形内角和的剪拼方法时遇到问题，教师要及时停下来，重新讲解或示范；如果学生对练习中的某个题目普遍感到困惑，要及时进行指导和解释。

③课堂氛围营造。保持积极活跃的课堂氛围，鼓励学生积极参与课堂活动。在教学过程中，可通过表扬、奖励等方式激发学生的学习积极性。例如，当学生提出独特的想法或成功完成探究任务时，可给予小贴纸、小红花等奖励，以增强学生的自信心和成就感。同时，要妥善处理课堂上可能出现的突发情况（如学生之间的争吵、设备故障等），确保课堂教学的正常进行。

（三）与小学生互动交流技巧

1. 语言沟通技巧（图 2-2）

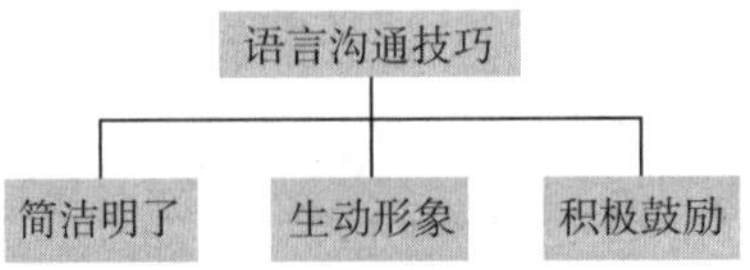

图 2-2　语言沟通技巧

小学生正处于知识积累和思维发展的阶段,其理解能力尚在成长之中。因此,在与他们交流时,使用简洁直白的语言至关重要。简洁的语言能确保信息准确、快速地传达,避免因复杂表述造成的理解障碍。以科学知识讲解为例,在阐述太阳与地球的能量关系时,简单的“太阳给我们光和热”这种表述方式,符合小学生的认知水平。相比之下,“太阳是一个巨大的能量源,它以光和热的形式为地球提供能量”过于复杂,其中“巨大的能量源”“提供能量”等表述对于小学生来说可能是生僻概念。此外,在交流过程中,语速适中也是关键。如果语速过快,学生可能来不及处理听到的信息,导致信息遗漏或误解。适中的语速就像给学生提供了一个缓冲地带,让他们有充足的时间在脑海中解析话语的含义,更好地理解交流内容。

小学生往往对生动有趣的事物充满好奇和兴趣,运用富有表现力的语言能极大地吸引他们的注意力。比喻、拟人等修辞手法就像是一把神奇的钥匙,能打开学生理解抽象知识的大门。在讲解植物生长过程时,将种子比作“小睡袋”,把种子发芽生长描述成“小生命从睡袋中醒来并努力向上钻”的过程,这种表述把原本看不见、摸不着的植物生长原理具象化了。学生可以借助对“睡袋”和“醒来”这一情景的熟悉感,更好地想象种子内部的变化以及发芽的动力。这样的语言技巧不仅使知识变得容易理解,还能增强学生的记忆效果。因为生动的描述在他们的脑海中形成了鲜明的画面,而这些画面与知识内容紧密相连,当他们回忆起这些画面时,相应的知识也能被轻松唤起。

积极鼓励的语言在小学生的学习和成长过程中扮演着重要角色。它就像阳光和雨露,滋养着学生的自信心。当学生鼓起勇气举手回答问题时,哪怕答案并不准确,给予肯定是非常必要的。“你能勇敢地举手回答问题,这很棒!”这句话着重强调了学生积极参与的态度,让他们知道勇敢尝试是被认可的。如果答案正确,“你的回答非常正确,你真聪明!”这种直接的赞扬能让学生感受到成功的喜悦,进一步激发他们的学习动力。而当答案不完全正确时,“你的想法很有创意,不过我们可以再思考一下这个地方……”这种回应方式既保护了学生的积极性和创造性,又引导他们继续深入思考。这种积极的语言反馈形成了一个良性循环,不断激发学生的学习兴趣,提高他们在课堂中的参与度,让他们更愿意主动与教师和同学交流,积极探索知识。

2. 非语言沟通技巧

非语言沟通技巧如图 2-3 所示。

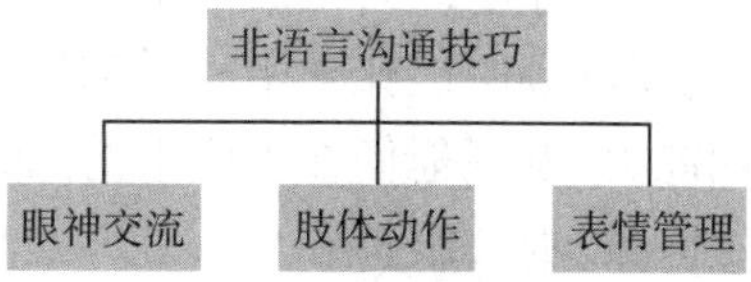

图 2-3 非语言沟通技巧

眼神交流是一种强大的沟通工具,在与小学生的互动中具有不可忽视的作用。保持与学生的眼神接触,能让他们切实感受到教师的关注,这种关注就像一种无形的力量,使他们在课堂上更加专注。在课堂巡视过程中,教师与每个学生短暂的眼神交汇,就像是在与他们进行一对一的对话。这种无声的交流传达出教师对每个学生的尊重,让他们意识到自己在教师眼中是重要的个体。例如，当教师提问某个学生时，温和而期待的眼神如同温暖的阳光，能驱散学生的紧张情绪，鼓励他们勇敢地表达自己的想法。相反，当发现有学生走神时，一个提醒的眼神则能不动声色地将他们的注意力拉回到课堂，这种方式比直接批评更加温和且有效，不会破坏课堂的和谐氛围，同时也维护了学生的自尊心。

适当的肢体动作是语言沟通的有力补充，能够增强信息传达的效果。在不同的课程场景中，肢体动作都有着独特的应用价值。在体育课上，肢体动作的指导作用尤为明显，可以清晰地向学生展示跑步、跳跃等动作的规范。比如，用手臂摆动的幅度和频率来示意跑步的节奏，用向上跳起的动作示范跳跃的高度和姿势。在语文课堂中，肢体动作可以帮助学生理解抽象的概念或重点内容。当讲解“高”这个字时，用手向上比画的动作，能让学生更直观地感受到字的含义所对应的空间方向。此外，教师保持开放和友好的身体姿势也非常重要。双臂交叉可能会给学生一种距离感或威严感，而背对着学生则会让他们觉得被忽视。开放的姿势，如身体微微前倾、双臂自然下垂或微微张开，能传递出亲和力，让学生感到轻松和舒适，更愿意与教师进行互动。

表情是一种直观且感染力强的沟通元素，丰富而积极的表情能有效地拉近与小学生的距离。微笑作为最具亲和力的表情，就像一把万能钥匙，能打开学生的心扉。当学生在课堂上表现出色时，教师脸上露出惊喜和赞赏的表情，这种情感的传递比言语更加直接和强烈。学生能从教师的表情中感受到真诚的认可，这种认可会成为他们继续努力的动力。例如，当学生出色地回答了一个问题或者完成了一项任务时，教师灿烂的笑容就像一束光，点亮了他们的成就感。然而，当学生犯错时，教师严肃但不严厉的表情能够让学生意识到问题的严重性。微微皱眉、眼神中带有一丝严肃，这种表情传达出对不当行为的不赞同，但又不会让学生感到过度的恐惧或沮丧，引导他们自觉改正错误，维护良好的课堂秩序。

3. 倾听技巧

倾听技巧包括专注倾听和反馈倾听两部分。

专注倾听是与小学生有效沟通的基础，它体现了对学生的尊重，同时也是深入了解学生的重要途径。当学生发言时，教师停下手中的其他动作，全身心地投入倾听中，这一举动向学生传递出“你们的发言是有价值的”这一信息。在学生回答问题或分享经历的过程中，不中途打断他们是关键。因为每个学生都有自己的思维逻辑和表达方式，完整的表达能够展现出他们的思考过程。例如，在小组讨论后的汇报环节，学生可能会详细阐述他们讨论得出的观点和方法，教师的安静倾听能让学生感受到被信任，也有助于教师全面了解学生对知识的掌握程度和应用能力，发现他们在思维上的闪光点或存在的困惑，为后续的教学指导提供依据。同时，教师可以通过眼神和点头等方式与学生保持互动，让他们知道自己正在认真聆听。

反馈倾听是倾听过程的延续和升华，它能进一步加强师生之间的沟通效果。在学生发言结束后，及时给予反馈非常重要。通过重复学生的关键内容来确认理解，比如，“你是说你用这个方法解决了这个问题，对吗?”这种方式可以确保教师准确理解了学生的意思，避免产生误解。同时，对学生的发言进行评价和引导也是反馈倾听的重要环节。“你的想法很有趣，那你有没有想过还有其他的解决方法呢?”这样的反馈不仅认可了学生的思考成果，还激发了他们的探索欲望。这种积极的互动让学生感受到教师对他们的关注和重视，增强他们的自信心和表达意愿，更能促使他们在今后的交流中主动地分享自己的想法。

（四）班主任工作日常

班主任工作日常如图 2-4 所示。

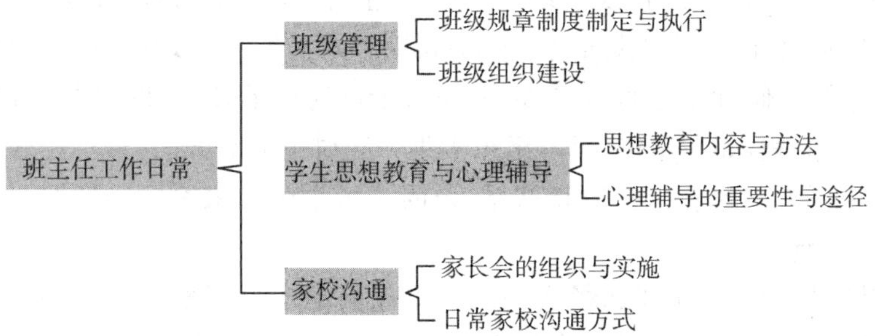

图 2-4　班主任工作日常

小学教育实习应当包括班主任日常的内容，有一项班主任实习或代理班主任的工作内容。这是实习生必须了解的内容。

班主任要根据学校的要求和班级学生的特点，制定一套完善的班级规章制度。这些制度包括课堂纪律、考勤制度、值日制度、奖惩制度等。例如，在课堂纪律方面，规定学生要按时上课、认真听讲、积极发言等，不得随意讲话或做小动作；考勤制度要求学生每天按时到校，如有特殊情况要提前请假；值日制度明确每个学生的值日任务，如打扫教室卫生、擦黑板等。在执行制度过程中，要做到公平公正，对遵守制度的学生给予表扬和奖励，对违反制度的学生进行适当的批评和教育。例如，每周评选出“纪律之星”“值日小能手”等，对表现优秀的学生颁发奖状或小奖品；对于违反纪律的学生，根据情节轻重进行谈话、罚站等教育措施，但要注意方式方法，避免伤害学生的自尊心。

组建和培养得力的班干部队伍，这是班级管理的重要环节。通过民主选举或教师指定的方式，选拔有责任心、有组织能力的学生担任班干部，如班长、学习委员、纪律委员、劳动委员等。明确每个班干部的职责：班长负责协助班主任全面管理班级工作；学习委员组织学习活动、收发作业；纪律委员维护课堂和课间纪律；劳动委员安排班级卫生工作等。定期召开班干部会议，了解班级情况，指导班干部如何开展工作，培养他们的管理能力。同时，通过班级活动增强班级凝聚力，如组织班级拔河比赛、文艺汇演等，让学生在活动中感受到集体的力量，培养他们的团队合作精神和集体荣誉感。

对小学生进行思想教育，包括道德教育、价值观教育、爱国主义教育等。在道德教育方面，通过日常行为规范的教育，培养学生诚实守信、尊重他人、乐于助人等良好品德。例如，在课堂上教育学生要尊重老师的劳动成果，认真听讲；在生活中，鼓励学生帮助有困难的同学。价值观教育可以结合故事、课文等内容进行，如通过讲解《司马光》的故事，让学生明白聪明勇敢、乐于助人是一种优秀的品质。爱国主义教育可以利用每周一的升旗仪式、重大节日等契机，向学生介绍国家的历史、文化，培养学生的爱国情怀。在教育方法上，可以采用主题班会、品德课、社会实践等多种形式。主题班会中可以围绕某个主题，如“文明礼貌伴我行”，让学生通过讨论、表演等方式加深对道德规范的理解；品德课上系统地传授道德知识和价值观；社会实践如参观博物馆、纪念馆等，可让学生亲身感受国家的历史文化，激发爱国情感。

小学生在成长过程中可能会遇到各种各样的心理问题，如学习压力、人际关系问题、家庭环境影响等。班主任要关注学生的心理健康，及时进行心理辅导。当发现学生情绪异常、成绩突然下降等情况时，要主动与学生沟通，了解他们的内心想法。心理辅导可以通过个别谈话、团体辅导等方式进行。个别谈话针对有特殊心理问题的学生，在安静、舒适的环境中，让学生倾诉自己的烦恼，班主任给予针对性的建议和安慰；团体辅导可以针对一些普遍性的问题，如考试焦虑等，组织学生一起讨论应对方法，分享经验，缓解心理压力。同时，班主任要与家长保持密切联系，及时了解学生在家庭中的情况，共同为学生的心理健康保驾护航。

家长会是家校沟通的重要途径之一。班主任要定期组织家长会，一般每学期至少召开一次。在家长会前，要做好充分的准备工作，包括准备班级工作报告、学生成绩分析、学生作品展示等资料。班级工作报告要涵盖班级管理情况、学生学习情况、班级活动开展情况等内容；学生成绩分析要客观、详细，不仅要呈现成绩数据，还要分析学生的进步和不足；学生作品展示可以包括学生的绘画、作文、手工等，让家长全面了解学生在学校的表现。在家长会过程中，要营造轻松、和谐的氛围：先向家长介绍班级整体情况，然后与家长共同探讨教育问题，听取家长的意见和建议。例如，可以组织家长讨论如何提高学生的学习兴趣、如何培养学生的良好习惯等话题。同时，要留出时间让家长提问，并解答家长的疑惑。

除了家长会，班主任还要通过多种日常沟通方式与家长保持联系。班主任可以利用电话、微信等通讯方式，及时向家长反馈学生的在校情况，如突出表现、突发问题等。对于学生在学校取得的进步，如在比赛中获奖、考试成绩进步等，班主任应及时告知家长，让其一起分享喜悦，同时鼓励家长在家中给予学生肯定和奖励；对于学生在学校出现的问题，如与同学发生冲突、违反纪律等，要与家长沟通，共同商讨解决办法。此外，班主任还可以通过家访深入了解学生的家庭环境和成长背景，与家长面对面交流以增进家校之间的信任与理解。家访时要注意方式方法，尊重家长的意见和家庭隐私，以关心学生成长为出发点，与家长建立良好的合作关系。

三、教育调查实习

（一）开展教育调查实习

1. 教育调查的目的与意义

教育调查实习旨在深入了解教育领域的现状、问题和发展趋势，为教育决策、教育实践和教育研究提供依据。通过调查，可以了解学校的教育教学质量、教师的教学水平和职业发展需求、学生的学习情况和身心发展特点、家庭教育对学生的影响等多方面的信息。例如，通过对某所小学的教育调查，可以了解该校学生的数学学习成绩分布情况，分析影响学生数学学习的因素(如是教师教学方法问题、学生自身学习能力问题还是家庭辅导不足等)。

教育调查对于改进教育教学工作具有重要意义。它可以帮助教育行政部门制定更科学合理的教育政策。例如,根据调查结果发现某地区师资短缺或教育资源不均衡的问题,从而采取相应的措施(如加大师资培训力度、调配教育资源等)。对于学校而言,调查结果可以指导学校调整教学管理策略、改进课程设置、优化教师培训方案等。在教师层面,教师通过参与教育调查,能够更好地了解学生的需求和教育现状,从而改进自己的教学方法和教育实践。同时,教育调查也是教育研究的重要基础,为教育理论的发展和创新提供丰富的实践素材。

2. 教育调查的类型与范围

教育调查的类型包括以下四种。

(1) 现状调查

现状调查是教育调查中一种基础且重要的类型,它犹如一面镜子,清晰地映照出当前教育领域特定现象或问题的实际面貌。以某地区小学的信息技术教育现状调查为例,其涉及的范围广泛且内容细致。

在信息技术硬件设施配备方面,调查内容包括学校计算机的数量与配置是否满足教学需求。比如,计算机的处理器性能、内存大小是否能够流畅运行教学软件;显示器、键盘、鼠标等硬件设备是否完好且数量充足,以保证每个学生在课堂上都有机会实践操作。此外,还要考察网络环境,包括校园网的带宽、稳定性,是否覆盖所有教学区域,这关系到学生在学习过程中获取网络资源、进行在线学习和互动的可能性。

对于教师的信息技术教学能力调查,会涉及教师对信息技术相关知识的掌握程度,如是否熟悉常用的办公软件、教学软件(PowerPoint、Photoshop、编程软件等)的操作方法,以及教师是否具备利用信息技术设计教学方案的能力,例如能否将多媒体资源有效整合到课程中,通过视频、动画等形式增强教学内容的趣味性和直观性。此外,教师是否掌握信息技术教学的方法和技巧,如在机房上课时对学生的管理和指导方法,如何引导学生利用网络资源进行自主学习等,都是调查的重点。

学生的信息技术课程学习效果调查则从以下维度展开。一方面,通过考试成绩来衡量学生对信息技术知识和技能的掌握情况,如计算机基础知识、软件操作技能等方面的得分情况。另一方面,观察学生在实际操作中的表现,如能否熟练运用所学软件完成特定的任务,如制作简单的演示文稿、图形设计或编写简单的程序。同时,还要了解学生对信息技术课程的兴趣和态度,通过问卷或访谈的方式询问学生对课程的兴趣度、实用性认知,以及他们在学习过程中遇到的困难和期望等。通过这样全面的现状调查,可以准确把握该地区小学信息技术教育的真实水平,清晰地呈现出其中存在的优势和问题,为后续的教育决策和改进措施提供有力依据。

(2) 相关性调查

相关性调查在教育研究中具有重要意义,它致力于揭示两个或多个变量之间的内在联系,为教育实践提供有价值的参考依据。以学生的学习兴趣与学习成绩之间的相关性调查为例,这一过程需要严谨的数据收集和科学的分析方法。

在收集学生的学习兴趣数据时，要设计详细且合理的问卷或访谈提纲。对于不同学科的喜爱程度，可以采用量表形式，让学生在一定的分值范围内（如 1～5 分）评价自己对语文、数学、英语、科学等学科的兴趣程度。同时，还可以询问学生喜欢或不喜欢某学科的原因，例如是因为教师的教学风格、学科内容本身的吸引力，还是其他因素等。此外，通过观察学生在课堂上的参与度、主动提问的频率、课后自主学习该学科的时间等行为，也可以侧面反映他们对学科的兴趣。

学习成绩数据的收集则相对直接，主要通过学校的考试成绩记录。但为了更全面地分析，不仅要关注期末考试成绩，还应包括平时的测验、作业完成情况等。对于一些综合性的学科成绩评估，可以将不同类型的考核成绩按照一定的权重进行综合计算。

在运用统计分析方法时，首先要对数据进行整理和预处理。例如，检查数据的完整性和准确性，对异常值进行处理。然后，可以通过计算相关系数（如皮尔逊相关系数）来确定学习兴趣与学习成绩之间是否存在相关性。如果相关系数接近＋1，则表明两者呈正相关，即学习兴趣越高，学习成绩越好；如果接近－1，则为负相关，意味着学习兴趣越高，成绩反而越低（这种情况在正常教育情境中较为少见）；如果相关系数接近 0，则说明两者之间基本不存在线性相关关系。通过这种深入的相关分析，教育者可以判断是否可以通过培养学生的学习兴趣来有效提高学习成绩。如果存在正相关，就可以进一步研究如何激发和提高学生在各个学科上的学习兴趣，从而为教育教学方法的改进和课程设计提供合理的指导方向。

（3）发展调查

发展调查就像一部教育领域的成长纪录片，聚焦教育现象或对象在特定时间跨度内的动态演变，为教育者提供了一幅教育发展的全景图。以某批学生从一年级到六年级的学习能力发展跟踪调查为例，这是一个长期且系统的研究过程。

在不同年级的学习能力变化趋势调查中，针对语文学习能力方面，识字量是一个重要的观测指标。一年级从简单汉字学习开始，随着年级的升高，学生需要掌握的汉字数量和难度逐渐增加。可以通过定期的识字测试、阅读材料中的生字统计等方式来记录学生识字量的变化。同时，语文的阅读理解能力也在不断发展，通过分析学生对不同类型、不同难度文本的理解程度，如能否准确回答阅读理解题目、能否概括文章主旨、理解文中的修辞手法等，来追踪其在阅读理解方面的能力提升。

在数学学科的学习能力方面，计算能力是关键因素之一。从一年级的简单加减法运算，到高年级的乘除法、四则混合运算以及更复杂的数学计算，观察学生的计算速度和准确性的变化。此外，数学思维能力的发展也不容忽视，如空间观念、逻辑推理能力等。通过一些专门设计的数学测试题，如几何图形的识别与分析、数学问题的逻辑推导等，来评估学生在这些方面的能力变化。

对于影响发展变化的因素分析，是发展调查的重要内容。从学校教育角度来看，教学方法的改变、课程内容的深度和广度的调整都可能对学生的学习能力发展产生影响。例如，在数学教学中，从低年级的直观教学法逐渐过渡到高年级的抽象思维培养方法，这种教学策略的变化会影响学生的数学学习能力发展。家庭环境因素也至关重要，家长对孩子学习的支持和参与程度，如是否陪伴孩子学习、是否提供丰富的学习资源等，都可能与学生的学习能力发展相关。社会环境因素同样不可忽视，比如社会对文化教育的重视程度、周围同学的学习氛围等，都可能在一定程度上影响学生的学习能力发展。通过这样全面的发展调查，可以为教育教学在不同阶段的调整提供科学依据，确保教育过程与学生的发展规律相契合。

(4) 原因调查

原因调查如同教育领域的侦探工作，旨在抽丝剥茧地找出教育现象或问题背后的真正原因，为解决问题提供精准的靶点。以某所学校学生产生厌学现象的原因调查为例，需要从多个层面进行深入剖析。

从学校教育的角度来看，教师的教学方法是一个关键因素。调查要关注教师是否采用了单一、枯燥的教学模式，例如单纯地讲解教材内容而缺乏互动性和趣味性。教师是否能够根据学生的个体差异进行因材施教，对于学习能力不同的学生是否有针对性的教学策略，这也会影响学生的学习积极性。教学内容的难度设置是否合理也是重要方面：如果内容过于简单，学生可能会觉得缺乏挑战而失去兴趣；如果内容太难，又会让学生产生挫败感。此外，学校的评价体系也可能对学生的学习态度产生影响，如过度强调考试成绩而忽视了学生的综合素质发展和学习过程中的努力，有可能导致部分学生因压力过大或缺乏成就感而产生厌学情绪。

家庭教育因素对学生的学习态度有着深远的影响。家长的教育观念是重要考察内容：例如，家长是否只看重成绩而忽略了孩子的兴趣爱好和身心健康发展。教育方式也不容忽视——是鼓励式教育、严厉批评式教育还是放任不管的方式，这些不同的教育方式都会在学生心中留下不同的影响。此外，家长对孩了学习的参与度同样关键，具体表现为是否积极与孩子沟通学习情况、是否帮助孩子解决学习中遇到的困难等，这些行为都会影响孩子对学习的热情。

社会环境因素在学生厌学现象中也扮演着重要角色。社会舆论对学习的评价和态度可能会影响学生的价值观。例如，社会上一些“读书无用论”等负面观点可能会干扰学生的学习信念。此外，学生所处社会环境，如社区文化、娱乐设施等，如果存在过多吸引学生注意力的娱乐因素，而缺乏对学习的正面引导，也可能导致学生对学习的兴趣降低。通过这样全面、深入的原因调查，可以准确找出导致学生厌学的主要原因，从而为学校、家庭和社会共同采取针对性的措施来解决这一问题提供依据。

教育调查的范围包括以下两种。

(1) 学校内部调查

学校内部调查是对学校这个教育微观世界的全面审视，涵盖了学校运行和发展的各个关键方面。

在教学质量调查方面，教师的教学方法是核心观测指标之一。调查要考察教师是否灵活运用多样化的教学方法(如启发式教学、探究式教学、小组合作学习等)。例如，在启发式教学中，教师是否善于通过提问、引导等方式激发学生的思维，并促使学生主动发现问题和解决问题。对于不同学科、不同类型的课程，教师观测指标中能否选择最合适的教学方法，如在实验科学课程中是否注重学生的动手操作和实验设计能力的培养，应作为关键评估要素。

教学效果的评估则包括多个维度。短期的教学效果聚焦于学生在当堂课或近期测验中的知识掌握情况;长期的教学效果则关注学生是否能够将所学知识应用到实际生活中,是否培养了学科素养和综合能力。学业成绩是教学效果的重要量化指标,但不是唯一指标,还需要结合学生的学习满意度来综合评估。学习满意度可以通过问卷或访谈的方式了解学生对教师教学内容、教学方法、教学态度等方面的评价,以及他们在学习过程中的情感体验,如是否感到有趣、有成就感等。

教师队伍调查对于学校的发展至关重要。教师的年龄结构影响着学校的活力和发展潜力:年轻教师可能更具创新精神和活力,而资深教师则有丰富的教学经验。学历结构反映了教师队伍的整体学术水平,不同学历层次的教师在知识储备和教学能力上可能存在差异。职称结构体现了教师的专业发展水平,高职称教师在教学研究和指导年轻教师方面可能发挥重要作用。此外,了解教师的专业发展需求也非常关键,通过调查可以发现教师在教学技能提升、学科知识更新、教育科研等方面的需求,从而为学校开展教师培训和专业发展活动提供依据。

学生管理调查涉及学校规章制度执行情况的检查。例如,学校的考勤制度是否严格执行,学生的迟到、早退、旷课等情况是否得到有效管理。对于学生的违纪情况,需分析违纪类型(如打架斗殴、作弊、违反课堂纪律等)及其频率,以及学校采取的处理措施和教育效果。心理辅导情况也是重要的调查内容,包括学校是否配备了专业的心理辅导教师,心理辅导设施是否完善,是否定期开展心理健康教育活动,学生在遇到心理问题时是否能够及时得到帮助和支持。

课程设置调查要全面评估课程体系的合理性。首先应关注课程的种类是否丰富多样,除了国家规定的基础课程外,是否开发了充足的校本课程和选修课程,以满足不同学生的兴趣和发展需求。其次需考察课程内容的合理性,具体需要从学科知识的系统性、前沿性和实用性等方面进行考察,例如科学课程是否及时更新了最新的科学研究成果,劳动课程是否与实际生活紧密结合。最后,课程时间安排是否科学也很重要,要考虑不同学科的课时分配是否合理,是否保证了学生有足够的休息和体育锻炼时间,以及课程之间的连贯性和协调性。

校园文化调查是对学校精神内核的探寻。学校的精神文化通过校训、校歌、校风等体现出来,这些元素是否深入人心,是否对学生和教师的价值观、行为准则产生积极影响。物质文化方面,应重点关注校园环境布置是否具有教育意义和美感,如校园的绿化、文化长廊、教室的布置等是否能营造良好的学习氛围。制度文化则包括学校的各种规章制度、奖励制度等,例如学校的奖励制度是否公平合理,是否能够激励学生积极向上、教师敬业奉献,这些都对学校的整体发展和教育质量有着重要影响。

(2) 学校外部调查

学校外部调查将视野拓展到学校之外的教育环境,揭示了影响学生教育的多元因素。

在家庭教育情况调查中,家长的教育观念是首要关注内容。不同的家长对教育有着不同的理解:有的家长认为教育是孩子通向成功的唯一途径,因此对孩子的学习成绩要求极高;而有的家长则更注重孩子的全面发展,包括品德、兴趣爱好、身心健康等方面。了解家长的教育观念可以帮助教育者更好地与家长沟通,共同促进孩子的成长。

教育方式也是影响家庭教育效果的关键因素之一。一些家长采用民主式的教育方式，尊重孩子的意见和选择，鼓励孩子自主学习和探索；有的家长则是专制式教育，为孩子制定严格的学习计划和行为准则，这种方式可能会压抑孩子的个性和创造力；还有些家长是放任型教育，对孩子的学习和生活缺乏关注和指导。家长对孩子学习的参与度也有很大差异，有的家长积极参与孩子的学习过程，每天与孩子一起学习、检查作业、参加家长会；而有的家长则由于工作繁忙或其他原因，很少关注孩子的学习情况。通过调查这些内容，可以分析家庭教育模式对孩子学习和发展的影响，为学校与家庭的合作教育提供参考。

社会教育资源的调查对于学生的全面发展具有重要意义。社区图书馆是学生获取课外知识的重要场所，调查需了解图书馆的藏书种类和数量是否丰富，是否适合不同年龄段的学生阅读，图书馆的开放时间是否方便学生借阅，以及图书馆是否经常开展阅读推广活动等。科技馆、青少年活动中心等场所为学生提供了实践和探索的平台，调查要关注这些场所提供的教育项目和活动的质量与多样性，以及对学生科学素养、创新能力培养的效果。例如，科技馆的展览是否具有趣味性和教育性，是否定期更新；青少年活动中心的兴趣班是否满足学生的需求，师资力量如何等。

社会舆论对学生职业理想的影响也是学校外部调查的重要内容之一。大众传媒在塑造学生的职业观念方面发挥着重要作用，通过电视、网络、报纸等媒体传播的信息，可能使学生对某些职业产生向往或排斥。例如，热门影视作品中对某些职业的美化或夸大可能会影响学生的职业选择倾向。社会观念对不同职业的评价也会影响学生，如对传统职业和新兴职业的认可度、对体力劳动和脑力劳动的价值判断等。此外，还要调查教育政策在基层学校的落实情况，包括政策是否得到正确执行、执行过程中遇到的困难和问题，以及政策实施所取得的成效。例如，某项教育改革政策在课程设置调整、评价体系改变等方面的落实情况，通过对这些情况的调查，可以为教育政策的进一步调整和完善提供有价值的反馈信息。

（二）教育调查计划

1. 确定调查主题

（1）选题来源

在教育实习过程中，实习生处于教育实践的一线，能够直接观察到学生的学习行为、态度以及教师的教学过程等。这些实际观察和思考是丰富的选题来源。比如，当实习生在日常教学中发现学生对某学科（如英语）的学习积极性不高时，就可以深入挖掘这一现象背后的原因。“影响英语学习积极性的因素调查”这一主题便应运而生。实习生可以从学生个体因素（如学习动机、认知策略）、教师教学因素（如教学方法、评估机制）、环境因素（如家庭氛围、社会对英语的价值认同）等多方面进行调查研究。

教育热点问题同样为选题研究提供了广阔的空间。以“双减”政策为例，这一政策对基础教育生态产生了深远影响。“双减”政策下小学生课余时间安排及对学习效果的影响是一个极具现实意义的选题。可以调查在“双减”后，小学生课余时间的分配情况，如用于阅读、户外活动、兴趣培养、完成作业等各部分时间的比例变化，以及这些变化如何影响他们在学校的学习成绩、学习兴趣、学习态度等方面的学习情况。

此外，教育研究选题还需重视指导教师的建议和学校的实际需求。指导教师凭借丰富的教学经验，能够精准定位当前学校教育中值得研究的问题。例如，当学校引入了一种新的教学方法“项目式学习法”，校方希望了解其在本校实施后的效果。那么，“项目式学习法在我校教学中的应用效果调查”就成为一个合适的选题。可以从教师对教学方法的掌握和运用情况、学生在学习过程中的参与度、学习成果等角度展开调查。

（2）选题原则

选题的针对性是确保调查研究有效性的关键。教育领域广泛而复杂，唯有聚焦具体问题或现象的选题才能使调查更有深度。像“小学教育问题调查”这样的选题过于宽泛，它涵盖了小学教育的各个方面，包括课程、教学、管理、师资等多维度，很难在有限的调查中全面深入地研究。而“小学高年级数学应用题解题困难原因调查”则聚焦于小学高年级数学应用题这一具体领域，研究方向明确。可以从学生的数学基础知识掌握情况、解题思维能力、教师教学中应用题讲解方法、教材中应用题的编排等具体因素展开针对性调查。

研究可行性是选题时必须考虑的因素。教育调查通常受限于实习时间、可利用资源以及实习生专业素养。例如，如果选择一个需要长期跟踪且涉及大量样本和复杂数据分析的选题，但实习时间只有短短几个月，可能无法完成。同时，如果选题需要使用一些特殊的研究设备或专业知识，而实习生无法获取或掌握，也会导致调查难以实施。因此，选题要确保在实习的时间和资源范围内，实习生能够运用自身能力完成数据收集、分析和报告撰写等工作。

学术创新性和实践价值是衡量选题质量的重要考量。一个好的选题应该能够为教育实践或研究提供新的视角或有意义的结论。例如，在众多关于传统教学方法效果的研究中，如果能从新的角度进行选题，或者针对当前新兴的教育现象进行调查，就能为教育领域带来新的发现。这些新的发现能够为教育者改进教学方法、制定教育政策、优化教育资源配置等提供有价值的参考，推动教育事业的发展。

2. 设计调查方案

（1）调查对象的确定

调查对象的科学抽样对于调查结果的可靠性和有效性至关重要。根据不同的调查主题，调查对象的范围和类型会有所不同。

当调查的是学校教学方法的效果时，教师和学生都是关键的调查对象。教师作为教学方法的实施者，他们对教学方法的理解、运用情况以及在实施过程中遇到的问题等方面的反馈是重要的调查内容。例如，教师可以提供关于新教学方法是否易于操作、是否能有效引导学生参与、是否有助于实现教学目标等方面的信息。学生作为教学方法的接受者，他们的学习体验、学习成果以及对教学方法的接受程度直接反映了该教学方法的效果。可以通过调查学生对新教学方法的兴趣、学习过程中的参与度、知识掌握程度和能力提升情况等来评估教学方法的优劣。

家庭教育对学生学习习惯的影响研究中，家长和学生则成为主要调查对象。家长在学生的学习过程中扮演着重要角色，他们的教育观念、教育方式以及对孩子学习的参与程度等因素都会影响孩子的学习习惯。通过对家长的调查,可以了解家庭环境中是否存在有利于培养良好学习习惯的因素,如是否为孩子提供安静的学习空间、是否有规律的学习时间安排等。同时,学生自身的学习习惯表现也是调查重点,包括学习的自觉性、注意力集中程度、预习和复习习惯等。

确定调查对象时要注意其代表性,以全面反映所研究问题的情况。以"小学生课外阅读情况调查"为例,由于家长在课外阅读的选择和引导方面起着重要作用,所以调查对象包括小学生及其家长。如果是针对某地区小学的情况进行调查,为了确保结果能准确反映该地区的整体状况,可以采用分层抽样的方法。比如,从城市和农村不同层次的学校中选取样本,综合考虑学校规模大小的差异,按照比例抽取样本学校,再从这些学校中随机抽取班级和学生作为调查对象。这种抽样策略可以涵盖不同经济发展水平、教育资源差异下的小学生课外阅读情况,使调查结果更具普遍性和科学价值。

(2) 教育调查方法

问卷调查是一种广泛应用的调查方法,其优势在于能够快速收集大量数据并广泛获取信息。在设计问卷时,需要精心考虑问题的设置。问题的清晰性是首要原则,以确保调查对象能够准确理解问题的含义。例如,应避免使用模糊不清的词汇或复杂的句子结构。逻辑性也很重要,问题之间应该有合理的逻辑顺序,使问卷形成一个连贯的整体。例如,在"小学生学习压力调查"的问卷中,可以先从一些基本信息问题开始,如"你在哪个年级""你所在的学校是城市还是农村"等,再逐步深入到与学习压力相关的问题,如"你每天完成作业大概需要多长时间""你觉得作业难度如何"等。同时,要避免引导性问题,以免影响调查对象的真实回答。问卷题型一般包括封闭式问题和少量开放式问题。封闭式问题如选择题、判断题等,便于统计和分析。例如,选择题"你对学习的兴趣:A. 非常感兴趣 B. 比较感兴趣 C. 一般 D. 不太感兴趣 E. 完全不感兴趣"。这种题型可以快速收集大量数据,并且数据处理相对简单。开放式问题则可以让调查对象自由表达观点,如"你觉得学习压力大的主要原因是什么",这种问题可以获取更丰富、深入的信息,但在分析时可能需要花费更多时间和精力。

访谈调查能够深入挖掘调查对象的想法和感受,获取详细且深入的信息。访谈形式分为个别访谈和集体访谈,二者各有其适用场景。在"教师职业倦怠调查"中,个别访谈是比较合适的方式。通过一对一的交流,可以询问教师在工作中的压力源(如教学任务繁重、学生管理困难、职业发展受限等因素),还可以了解他们的职业满意度(包括对工作环境、薪酬待遇、同事关系等方面的评价)。这种个别访谈能够让教师在相对私密、放松的环境中充分表达自己的真实想法和情感。对于"学生对学校社团活动的看法调查",集体访谈则是有效的方法。组织学生进行集体访谈,可以营造一个活跃的氛围,让学生们相互启发,分享参与社团活动的体验和建议。例如询问:"你在社团活动中最喜欢的环节是什么?""你认为社团活动对自己有哪些方面的帮助?""你对社团活动的组织和安排有什么意见?"在集体访谈中,调查者要注意引导访谈的方向,避免话题过于分散,确保能够围绕主题获取有价值的信息。

观察调查通过直接观察教育现象或行为来收集资料,为调查提供了直观的视角。观察法主要分为自然观察和参与式观察两种。自然观察法是在不干扰正常教育教学活动的情况下进行观察。例如，观察课堂教学中师生的互动情况时，调查者可以坐在教室的后排，安静地记录教师的教学行为和学生的反应。观察教师是如何提问、如何引导学生回答问题、采用了哪些教学方法来激发学生的兴趣和参与度，同时观察学生的参与情况，如主动举手回答问题的频率、注意力集中程度、与同学之间的小组合作表现等。这种观察方式能够真实反映课堂的自然状态。参与式观察则是调查者直接参与到教育活动中进行观察。比如在协助组织学校活动时，调查者可以在参与活动的过程中观察学生的行为表现。在运动会中，可以观察学生在比赛中的竞争意识、团队合作精神、面对胜利和失败的态度等；在文艺表演中，可以观察学生的表演能力、自信心、对艺术活动的兴趣等。这种观察方式能够让调查者更深入地了解学生在特定情境下的行为模式和心理特征。

测试调查主要用于测量学生的知识水平、能力水平等客观数据。在某学科新教学方法对学生成绩影响调查中，测试调查是一种重要的评估手段。可以在实施新教学方法之前，对学生进行一次学科测试，了解学生的初始水平。在新教学方法实施一段时间后，再次进行相同或类似难度的学科测试，对比两次成绩的变化情况。通过这种前后测试数据对比，可以量化评估新教学方法对学生学习成绩的影响。同时，测试内容可以不局限于知识的掌握，还可以包括对学生能力的测试。如在数学学科中，可以设置一些考查逻辑思维能力、解决问题能力的题目；在语文学科中，可以考查阅读理解能力、写作能力等。在选择调查方法时，要根据调查主题、对象和实际条件进行综合考虑。有时单一的调查方法可能无法全面准确地获取所需信息，可以多种方法结合使用。例如，在小学生心理健康状况调查中，可以先通过问卷调查了解学生的基本心理状况和一些常见的心理问题表现，再通过访谈调查深入了解部分有特殊心理状况学生的内心想法和经历，同时结合观察调查，观察学生在学校日常生活中的行为表现，从而更全面、深入地了解小学生的心理健康状况。

（3）调查内容的规划

调查内容的规划需要紧密围绕调查主题展开，确保全面、系统地涵盖与主题相关的各个方面。以小学生心理健康状况调查为例，调查内容应涵盖多个维度：在情绪状态方面，要关注学生是否经常感受到焦虑、抑郁、烦躁等负面情绪，以及是否体验过快乐、兴奋等积极情绪。可以通过询问学生“你最近一周内有没有感到特别难过或者开心的事情？”“当你遇到困难时，心情是怎样的？”等问题来了解。对于人际关系的调查，需包括学生与同学、老师、家长之间的关系。例如，可以询问“你在学校有没有好朋友？你们经常一起做什么？”“你和老师相处得怎么样？有没有什么话想和老师说？”“你觉得爸爸妈妈理解你吗？”等问题，以此了解学生在不同人际关系中的感受和体验。

自我认知也是重要的调查维度，涉及学生对自己的评价和自信心。比如可以问“你觉得自己是一个什么样的人？”“你对自己在学习和生活中的表现满意吗？”“当你遇到挑战时，你相信自己能克服吗？”等问题。应对压力的方式同样关键，通过“你在遇到困难时通常会怎么做？是自己努力解决、向别人求助还是逃避？”“如果考试没考好，你会怎么想和怎么做？”等问题来了解学生的压力应对模式。

每个维度都要设计具体的问题或观察指标，确保调查内容具有可操作性。这些问题和指标要能够准确反映所调查的内容，并且在实际调查中易于收集和分析数据。例如，在观察学生应对压力的方式时，可以通过观察学生在面临考试、比赛等压力情境下的行为表现，如是否紧张、如何调整情绪、采取何种行动等，同时结合问卷和访谈中的回答，综合评估学生的应对压力能力。

（4）调查时间安排

合理的调查时间安排是确保调查顺利进行的重要保障，一般将调查过程分为准备阶段、实施阶段和总结阶段。

准备阶段是调查的基础，需要完成多项重要工作。选题是首要任务，要根据选题原则确定合适的调查主题，这可能需要花费一定的时间进行思考和研究。设计调查方案包括确定调查对象、选择调查方法、规划调查内容等，这是一个系统而细致的过程，需要综合考虑各种因素以确保方案的科学性和可行性。同时，要准备调查工具，如设计问卷、编写访谈提纲等。这个阶段可能需要数周时间，具体时长取决于调查的复杂程度和调查者的经验。

实施阶段是收集数据的关键时期，根据调查规模的不同，这一阶段可能需要数周时间。在实施过程中，要按照设计好的调查方案进行操作：如果是采用问卷调查，要确保问卷的发放范围广泛且具有代表性，及时回收问卷；若进行访谈调查，要合理安排访谈时间和地点，与访谈对象进行充分沟通，确保获取高质量的访谈内容；观察调查则需要持续观察，准确记录观察到的现象和行为。此阶段可能会遇到调查对象不配合、数据收集困难等问题，因此需要预留一定的弹性时间来应对这些意外情况。

总结阶段是对调查结果进行整理、分析和撰写调查报告的阶段，大概需要数周时间。在这一阶段，要对收集到的数据进行整理和分类，例如对问卷数据进行编码和录入，对访谈内容进行文字整理。然后，运用合适的统计分析方法对数据进行分析，如计算频率、百分比、相关性等，以得出有意义的结论。最后，根据分析结果撰写调查报告，报告要清晰、准确地呈现调查目的、方法、结果和结论，为教育实践或研究提供有价值的参考。

3. 准备调查工具

（1）问卷设计

问卷的开头部分起着至关重要的作用，它是吸引调查对象参与调查的关键因素之一。简短而清晰的引言能够让调查对象了解调查的目的、意义和保密原则，从而提高配合度。例如，在小学生学习情况调查问卷的引言中，可以这样写："亲爱的同学，你好！我们正在进行一项关于小学生学习情况的调查，目的是了解大家在学习过程中的各种情况，以便我们更好地改进教育方法，提高大家的学习效果。你的回答将是完全保密的，请放心作答，感谢你的支持！"

问题的顺序安排要符合调查对象的思维逻辑和答题习惯。建议从简单易答的问题开始，逐渐过渡到复杂的问题。在小学生学习情况调查问卷中，先询问"你在哪个年级""你喜欢上学吗"等简单问题，能够让调查对象迅速进入答题状态，并且建立起对问卷的好感。随着问卷的推进，再提出"你觉得学习困难的科目有哪些？为什么？"等较复杂的问题。这样递进式的顺序可以避免调查对象一开始就因遇到难题而产生抵触情绪，保证问卷的顺利完成。

问卷的排版也不容忽视，要保证清晰易读，避免拥挤。合理的行距、字距以及适当的问题分组可以让调查对象轻松阅读和作答。例如，可以将同类问题放在一组，用小标题或空行隔开，使问卷结构更加清晰。

问卷的试测是问卷设计过程中不可或缺的环节。需选择与调查对象相似的群体进行试填，例如调查对象是某地区的小学生，可以选择该地区另一所学校的少量同年级学生进行测试。通过试测，可以检查问题是否清晰、是否存在歧义。比如，检查问题“你经常参加课外活动吗”中的“经常”一词是否使不同的学生有不同的理解，回答选项是否全面，是否涵盖了所有可能的情况。根据试测结果对问卷进行修改和完善，确保问卷的质量。

(2) 访谈提纲编写

访谈提纲要紧密围绕调查主题和访谈目的进行设计，针对不同类型的访谈对象，提纲的内容和侧重点应有所区别。

在新教师入职适应情况调查中，对于新教师这一访谈对象，访谈提纲应聚焦于他们在入职初期的个人体验和需求。可以设置以下问题“您在入职初期遇到的最大困难是什么？是教学内容的准备、课堂管理还是其他方面？”“您觉得学校的入职培训对您有帮助吗？哪些方面的培训您认为最有用，哪些还需要改进？”“在与同事和家长沟通方面，您有没有遇到什么问题？您是如何解决的？”等问题。这些问题能够深入了解新教师在适应新工作环境过程中的真实情况。

对于新教师的指导教师这一访谈对象，访谈提纲则更侧重于他们对新教师的观察和评价。例如，“您认为新教师在教学过程中最需要改进的方面是什么？是教学方法、教学设计还是其他？”“您觉得新教师在与学生沟通和建立良好师生关系方面做得怎么样？”“在您指导新教师的过程中，您发现他们普遍存在哪些问题？您有什么建议？”等问题。这样的访谈提纲能够从第三方的角度获取对新教师入职适应情况的客观评估。

访谈提纲要具有一定的开放性，允许访谈对象充分表达自己的想法，但也要注意引导方向。在访谈过程中，调查者可以根据访谈对象的回答进一步追问，以获取更详细、深入的信息，但要避免偏离主题，使访谈始终围绕调查目的展开。

(3) 观察记录表制定

观察记录表是观察调查的重要工具，它能够帮助调查者准确、系统地记录观察到的信息。观察记录表要明确观察的内容、时间、地点、观察对象等基本信息。

在观察课堂教学时，观察记录表可以详细涵盖教师的教学行为、学生的反应和教学环境等方面。对于教师的教学行为，可以记录教学方法（如讲授法、讨论法、演示法等）和提问方式（开放性问题或封闭式问题、提问的频率与针对性等）。例如，若教师采用讨论法，可以进一步记录讨论的组织形式、学生参与讨论的积极性等细节；在提问方式方面，记录教师提问是针对个体还是群体，以及问题的类型和难度，如是否为启发式问题等。

学生的反应包括参与度（主动回答问题频次、参与小组讨论的人数比例等）和注意力集中情况（是否有分心、做小动作的现象，以及出现此类情况的频率）。比如，可以通过观察学生眼神是否跟随教师、是否积极回应教师的互动来判断注意力情况。同时，也要记录学生在课堂中的情绪表现，如对课程内容是表现出兴奋、好奇，还是冷漠、厌烦。

教学环境方面，要记录教室布置（是否有利于教学活动开展，如座位排列方式、教学辅助设施的位置等）、设备使用情况（多媒体运行状态、教学辅助设施的利用率）。

观察记录可以采用多种方式。描述性记录能够详细地呈现观察到的现象，例如详细地记录某个学生在课堂上的表现："在讲解数学应用题时，小明同学主动举手发言，提出了一种独特的解题思路，随后积极参与小组讨论，与小组成员分享自己的想法，并在讨论过程中认真倾听他人意见，表现出较高的学习热情和合作精神。"行为频率记录则更侧重于对行为发生次数的统计，例如统计教师提问某个学生的次数、某种教学方法在一堂课中使用的频率等。将这两种不同的记录方式相结合，可以全面、客观地反映课堂教学的实际情况，为后续的分析提供丰富的数据资料。通过准确、详细的观察记录，调查者可以深入了解教育现象的实际发生过程，挖掘其中存在的问题和规律，为教育实践提供有价值的参考。

在制定观察记录表时，还需要考虑观察的可行性和可操作性。要确保记录内容不会过于繁杂，使调查者在观察过程中有能力及时、准确地完成记录。同时，要根据不同的观察情境和目的，对观察记录表进行适当的调整和优化。例如，观察课外体育活动时，观察记录表的内容需要围绕学生的运动技能表现、团队协作情况、运动中的安全意识等方面来设计，具体包括：学生参与的运动项目、在运动中的动作规范程度、与队友之间的配合默契程度、是否遵守活动规则和安全注意事项等信息。这样才能更好地适应不同的教育调查场景，获取针对性强、有价值的观察数据。

（三）教育调查报告

1. 调查报告的结构与内容

调查报告的结构与内容如图 2-5 所示。

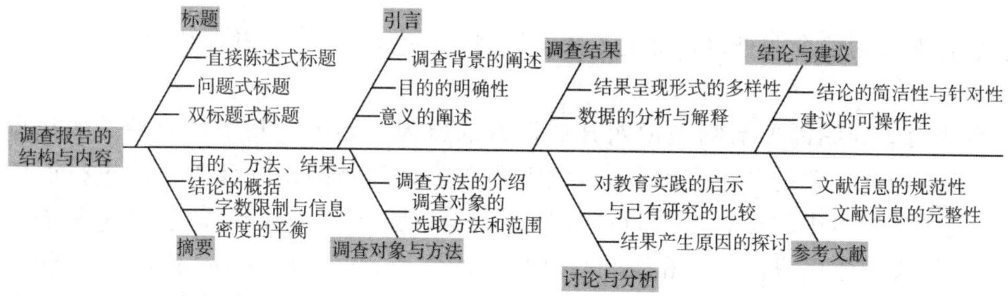

图 2-5　调查报告的结构与内容

（1）标题

标题是调查报告的"眼睛"，其重要性在于能迅速吸引读者的注意力并传达核心信息。

直接陈述式标题简洁明了地指出调查主题，让读者一眼就能知晓报告的大致方向。例如"小学生近视情况调查"，直接聚焦于小学生近视这一现象，使读者在看到标题时就对报告内容有了初步预期。这种标题形式在教育调查中广泛应用，尤其适用于那些目标明确、主题单一的调查，能够清晰地呈现研究问题的核心，不产生任何歧义。

问题式标题以提问的方式呈现，具有很强的启发性，能激发读者的好奇心。例如《如何提高小学生的课堂注意力——基于[学校名称]的调查》,不仅指出了调查的核心问题是小学生课堂注意力的提升,还暗示了调查是基于特定学校环境开展的。这种标题促使读者想要了解调查结果,寻找问题的答案,为报告增添了吸引力,同时也明确了调查的出发点和关注点。

双标题式标题将主标题和副标题相结合,主标题往往具有一定的艺术性或宏观性,副标题则对主标题进行具体阐释。例如《教育公平之路——[地区名称]义务教育资源均衡发展调查》,主标题"教育公平之路"突出了教育公平这一宏大主题,引发读者对教育公平相关问题的思考;副标题则将范围缩小到特定地区的义务教育资源均衡发展情况,使标题既有广度又有深度,更全面地涵盖了调查的内容和意义。

(2) 摘要

摘要如同调查报告的精华浓缩版,在有限的篇幅内传递关键信息。

摘要的内容需要精准涵盖调查的核心要素。以小学生课外阅读调查为例,首先阐述目的,即"本调查旨在了解小学生课外阅读现状",清晰地表明了调查的出发点;接着说明方法,"采用问卷调查和访谈相结合的方法,对[X]所小学的[X]名学生和家长进行调查",让读者了解数据的获取途径;然后呈现主要结果,"结果显示,多数学生课外阅读时间不足,阅读书籍类型单一",这是调查发现的核心问题;最后得出结论,"建议学校和家庭加强引导",为解决问题提供了方向。这种摘要的编写方式使读者无需阅读全文,就能快速掌握报告的关键要点,为只需了解大致情况的读者提供了便利。

摘要一般不超过 500 字,这就要求在有限的字数内高度凝练地表达丰富的内容。因此,每个句子都要承载重要信息,避免冗长和无关紧要的描述。例如在阐述结果时,应只选取最具代表性和重要性的数据和现象进行呈现,而不是罗列所有细节。同时,语言要简洁流畅,确保信息的传达准确无误,使摘要成为报告内容的高效"预览窗口"。

(3) 引言

引言部分为整个调查报告奠定了背景和理论基础,是引导读者理解调查意义的重要环节。

调查背景介绍需要清晰地说明开展调查的原因。如果是基于教育领域的热点问题,且调查与之相关的某一方面内容,就需要对热点问题的现状和重要性进行简要描述;若是源于实习中的观察,比如在实习过程中发现小学生在课间休息时普遍缺乏活力,从而引发对学生身体素质和课间活动情况的调查,则需详细描述观察到的现象;若基于学校的实际需求,例如学校希望了解新的课程改革在实施过程中的效果,就需要阐述学校改革的背景和目标。通过这些不同途径引出调查背景,能让读者明白调查的必要性和出发点。

调查目的要明确、具体,避免模糊不清。以"本调查的目的是探究小学生心理健康问题的现状及影响因素,为学校开展心理健康教育提供依据"为例,清晰地指出了是对小学生心理健康现状和影响因素的探究,并且明确了这一调查对于学校心理健康教育的指导意义。这样具体的目的设定为后续的调查方法选择、结果分析和建议提出都提供了明确的方向,避免调查过程中出现偏离主题的情况。

意义部分要深入剖析调查结果对教育实践、政策制定或理论研究的价值。对于教育实践而言，了解小学生心理健康状况有助于及时发现问题学生，进而采取针对性的心理辅导措施，这直接关系到学校教育质量的提高；从政策制定角度看，如果调查结果显示出某种教育现象具有普遍性，可能会促使教育部门制定相应的政策来加以改善；在理论研究方面，新的调查结果可以为教育心理学等相关理论的发展和完善提供实证依据，丰富和拓展教育理论的内涵。

(4) 调查对象与方法

此部分内容是调查报告科学性和可靠性的重要保障，详细介绍数据的来源和收集方式。

明确调查对象是确保调查结果具有代表性的关键。例如，“本次调查以[城市名称]的[X]所小学的三至六年级学生为调查对象，采用分层抽样的方法选取样本”，这里详细说明了调查对象的地域范围、学校数量、年级范围以及抽样方法。分层抽样方法考虑了不同层次因素对调查结果的可能影响，通过这种科学的抽样方式，可以使样本更准确反映总体情况。如果是针对不同类型学校（公立/私立）、不同地区（城市中心/郊区）的学生进行调查，分层抽样能够保证各个层次都有适当的比例被纳入样本，从而提高调查结果的准确性和可信度。

详细阐述所采用的调查方法，包括问卷调查、访谈调查和课堂观察等多种方法的具体实施情况。在问卷调查方面，“问卷调查共发放问卷[X]份，回收[X]份，有效问卷[X]份”，这些数据让读者了解问卷的发放范围和有效数据量，从而评估问卷结果的可靠性；对于访谈调查，要说明选取了哪些类型的访谈对象以及访谈的方式，这样可以体现访谈的全面性和针对性；课堂观察部分则要明确选取了[X]个班级的[X]节课堂进行观察记录，使读者清楚观察的范围和样本量。多种调查方法的综合运用可以从不同角度获取信息，相互印证和补充，更全面地了解调查对象的情况。

(5) 调查结果

调查结果是调查报告的核心所在，它是对调查数据的全面展示和深入分析。

通过文字、图表等多种形式呈现调查数据和分析结果，既能满足不同读者的理解需求又能适应复杂的数据内容。对于简单的数据或现象，可以使用文字进行描述。例如，在小学生学习习惯调查中，对于学习时间安排，可以这样描述：“调查发现，大部分小学生每天放学后花费 1～2 小时完成作业，其中高年级学生花费时间相对较长。”对于较为复杂的数据关系或大量的数据，则使用图表更具直观性。如用柱状图展示不同年级学生每天学习时间的差异，柱子的高度直观地反映了不同年级学习时间的长短对比；用饼图表示学生喜欢的学习方式的比例，各个扇形区域的大小清晰地呈现出每种学习方式在学生中的受欢迎程度。

在呈现数据的同时，要对数据进行深入分析，挖掘数据背后所反映的问题。例如，“从调查结果可以看出，随着年级的升高，学生每天的学习时间逐渐增加，但预习和复习的比例并没有相应提高，这可能暗示随着学业压力的增大，学生学习方法的合理性有待提高。”这种分析将数据与教育现象联系起来，通过对数据变化趋势的观察，提出对教育实践中可能存在问题的思考，为后续的讨论和建议提供依据，使读者不仅仅看到数据的表面，更能理解数据所蕴含的教育意义。

（6）讨论与分析

这部分是对调查结果的升华，通过深入探讨为教育实践提供更深入的见解。

对于调查结果，深入分析其产生的原因是关键。以小学生网络使用情况调查为例，如果结果显示部分小学生沉迷网络，那么需要从多个角度分析原因。从家庭角度来看，可能是家庭监管不力，家长对孩子使用网络的时间和内容缺乏有效管理；从网络自身特点分析，网络内容的吸引力强，特别是一些游戏和娱乐内容对小学生具有很强的诱惑力；从学校教育方面考虑，可能是学校网络安全教育不足，学生缺乏正确使用网络的知识和意识。通过这种多维度的原因分析，能够全面地理解教育现象产生的根源。

将本调查结果与已有研究进行对比，可以发现异同点，进一步丰富和深化对调查主题的认识。比如，“与[其他研究名称]的结果相比，本调查中发现小学生使用网络进行学习的比例较低，可能是由于本地区学校网络教学资源不足”。这种比较可以借鉴其他研究的成果和思路，同时也能突出本调查的独特之处，为教育研究领域的知识积累和理论发展做出贡献。

基于对结果的分析和与已有研究的比较，提出对教育实践的启示和改进建议。例如，“学校应加强网络安全教育，引导学生正确使用网络；家庭要加强对孩子上网时间和内容的监管”。这些建议具有很强的针对性和可操作性，直接指向解决调查中发现的问题，为教育者和家长在教育实践中提供具体的指导，有助于改善教育现状。

（7）结论与建议

结论与建议部分是调查报告的核心组成部分，为教育决策和实践提供直接的指导。

结论部分要简洁明了地总结调查的主要发现，直接回答调查最初提出的问题。例如，“本次调查得出结论：小学生心理健康问题不容忽视，家庭环境和学校教育对学生心理健康有着重要影响”。结论的表述不能含糊不清或过于复杂，要准确地提炼出调查结果的核心内容，确保读者清晰地了解调查的最终成果，避免产生误解。

建议部分根据结论提出针对性的建议和措施，要具有很强的可操作性。如“学校应加强心理健康教育师资队伍建设，定期开展心理健康课程和心理咨询活动；家长要注重营造良好的家庭氛围，加强与孩子的沟通”。这些建议具体明确，学校和家长能够清楚地知道如何去实施，能够直接应用到教育实践中，为解决教育问题提供有效的途径，真正发挥调查报告对教育实践的指导作用。

（8）参考文献

参考文献是对调查过程中引用其他文献资料的规范记录，体现了学术研究的严谨性。

参考文献的格式要规范和完整，一般包括作者、文献名称、出版单位、出版时间等信息。例如，“[1]张三. 小学生教育问题研究[M]. 北京：教育出版社，2020”。完整的文献信息便于读者查找和进一步阅读相关资料，同时也尊重了原作者的知识产权，使调查报告建立在科学、合法的引用基础上，确保研究的可信度和专业性。

2. 撰写调查报告的注意事项

（1）数据准确与客观

在数据收集过程中，要确保方法科学合理，避免数据遗漏或错误。例如，在问卷调查中，要保证问卷设计合理，问题清晰明确，避免产生歧义，从而使调查对象能够准确回答。

在发放问卷时，要注意样本的代表性和广泛性，确保涵盖不同类型的调查对象。数据整理过程中，要对回收的问卷、访谈记录等进行仔细检查，剔除无效数据（如回答不完整、明显随意作答的情况）。在分析数据时，要依据科学的统计方法，不能随意更改或歪曲数据。对于实验数据或观察数据，要按照既定的标准和流程进行处理，保证数据的原始性和真实性。

对数据的分析和解释要客观公正，不能受到个人偏见或先入为主观念的影响。例如，在分析学生成绩数据时，不能因为对某个班级或某个学生有主观印象而对数据进行不合理的解读。不能因为某个班级平时表现活跃就认为其成绩好是理所当然的，而应该依据科学的统计结果和教育理论进行分析。即使数据结果与预期不符，也不能为了迎合自己的观点而修改数据或强行解释，要尊重数据所反映的事实，以客观的态度从数据中挖掘教育现象的本质。

（2）语言简洁与规范

语言表达要简洁明了，确保报告易于阅读和理解。避免使用过于复杂或生僻的词汇和句子，特别是在阐述调查结果和建议时，要让读者能够轻松读懂。例如，将复杂的长句拆分成简单的短句，“在本次调查中，我们发现了一种在小学生群体中普遍存在的现象，那就是在学习过程中，他们对于具有趣味性的学习内容表现出更高的积极性，这种积极性会对他们的学习效果产生积极的影响”可以简化为“本次调查发现，小学生对趣味性学习内容积极性更高，且这种积极性对学习效果有积极影响”。减少不必要的修饰词和从句堆砌，使句子更加清晰直接，提高报告的可读性。

使用规范的教育学术语言和格式，确保报告的专业性。阐述教育概念时要准确无误，不能随意混淆或创造概念。例如，在教育心理学相关的调查中，要准确使用“学习动机”“认知发展”等专业术语，不能与其他类似概念混淆。在引用他人研究成果时要注明出处，遵循学术规范。无论是直接引用还是间接引用，都要按照规定的引用格式进行标注，这不仅体现了对原作者的尊重，也保障了报告的学术诚信。

（3）逻辑清晰与连贯

报告的各个部分之间要有清晰的逻辑关系，从引言到结论要环环相扣。引言部分提出问题；调查对象与方法部分阐述如何获取数据来解决问题；调查结果部分呈现数据；讨论与分析部分深入剖析结果；结论部分回答问题；建议部分提出解决问题的方法。每个环节都紧密相连，不能出现逻辑跳跃或脱节的情况。例如，在讨论部分分析结果产生的原因时，要与调查结果中呈现的数据和现象相对应，不能凭空猜测或脱离结果进行讨论。

在阐述调查结果、讨论分析和提出建议时，要遵循一定的逻辑顺序。可以按照重要性、相关性等顺序进行排列。例如，在调查结果中，先呈现最重要或最核心的数据和现象，然后再逐步展开其他相关内容。在讨论分析时，可以先从主要原因入手，再分析次要原因。在提出建议时，按照从学校到家庭、从宏观到微观等顺序排列，使报告内容层次分明，便于读者理解和接受。

（4）突出重点与特色

在报告中突出重点和特色能够增加报告的价值和吸引力。

首先，要明确调查的重点内容，并在报告中重点阐述，避免在一些无关紧要的细节上浪费过多篇幅。例如，如果调查的重点是小学生心理健康问题中的焦虑情绪，则报告中就要围绕焦虑情绪的调查结果、产生原因、对教育实践的启示等方面进行详细分析，而对于其他一些与焦虑情绪相关性较小的心理健康问题可以简要提及或略过。这种方式有助于读者快速抓住报告的核心，关注到最重要的信息。

其次，体现调查的特色可以使报告与众不同。调查方法的独特性是一个重要方面，比如在调查中采用了新的调查技术或方法，如利用新开发的教育数据分析软件对问卷数据进行分析，或者采用了特殊的抽样方法，都要在报告中重点强调。调查结果的新颖性也是特色之一，如果发现了与以往研究不同的结果，如在小学生学习习惯调查中发现了一种新的学习行为模式，要在报告中突出展示，并分析其可能产生的原因和意义，以增加报告的价值和吸引力。

3. 调查报告的审核与修改

(1) 内容审核

审核调查报告内容是否完整是确保报告质量的首要任务。要检查是否涵盖了调查背景、目的、方法、结果、讨论、结论和建议等必要模块，且每个部分均需充分地阐述。在背景部分，是否清晰地说明了调查的起因和相关背景信息；目的部分是否明确具体；方法部分是否详细介绍了调查对象、抽样方法、调查手段以及数据收集过程；结果部分是否完整呈现了所有相关变量的数据，是否通过合适的方式(文字、图表等)展示，并且对数据有一定的分析；讨论部分是否对所有重要结果都进行了深入分析，是否探讨了结果产生的原因、与已有研究的比较以及对教育实践的启示；结论部分是否简洁明了地总结了主要发现，是否准确回答了调查目的；建议部分是否根据结论提出了具有针对性和可操作性的建议。任何一个环节的缺失或不完善都可能影响读者对报告的理解和报告的应用价值。

对报告中的数据、引用内容和分析结果进行再次核对至关重要。数据是报告的核心支撑，要检查数据是否与原始调查资料一致，是否存在数据录入错误、计算错误等问题。对于引用的文献，要核实其准确性，包括作者、文献名称、出版单位、出版时间等信息是否正确，引用内容是否与原文相符，是否按照正确的引用格式进行标注。分析过程和结论必须基于正确的数据和合理的逻辑，对于一些关键数据，可以重新计算或验证其统计方法的正确性。例如，如果报告中通过计算平均数来得出某个结论，要检查平均数的计算方法是否正确，样本是否准确，防止因数据错误导致结论偏差，从而保证报告的科学性和可靠性。

(2) 语言润色

仔细检查报告中的语句，去除模糊、歧义或晦涩的表述是提高报告可读性的关键步骤。对于一些表意不明的句子，需要进行针对性修改。比如“这个现象在某种程度上可能和那些因素有关，不过也不能完全确定”，这种表述过于模糊，可改为“该现象可能与某些因素存在一定关联，但目前尚未完全确定”。对于有歧义的句子，如“老师和学生的家长对这个问题有不同看法，有的支持有的反对”，不清楚是老师与学生家长这两组人有不同看法，还是部分老师和学生家长持有不同看法，可修改为“老师与学生家长这两个群体对这个问题存在不同看法，有的支持，有的反对”。将复杂的句子简化，可使读者能更轻松理解报告内容，避免过多修饰词和从句堆砌。例如“在当前这种教育环境下，存在着一些学生在学习过程中由于受到多方面因素影响而出现学习困难的情况”可简化为“当前教育环境下，一些学生因多方面因素出现学习困难”。对于一些专业术语，如果目标读者可能不熟悉，需要适当解释。比如在提及“教育神经科学”时，可以简单说明“教育神经科学是一门融合了教育学、神经科学和心理学的交叉学科，旨在通过研究大脑的学习机制来改进教育实践”。

确保报告整体语言风格一致，无论是在引言部分的阐述还是在结论部分的总结，都应保持统一的学术性、专业性和简洁性。如果在引言部分使用了较为正式、学术的语言，在结论部分就不应突然出现口语化表述。例如，引言中写“本调查基于教育领域的前沿发展趋势以及实践中的迫切需求而开展”，结论部分就不应写成“所以呢，我们可以看出这个调查结果还是挺重要的”。要保证报告的严谨性，避免因风格不一致而让读者产生突兀感，影响报告的专业性和可信度。

(3) 结构调整

重新审视报告各部分之间的逻辑关系，检查从一个部分到另一个部分的过渡是否自然流畅。例如，在结果部分呈现了学生成绩与学习时间的关系数据后，讨论部分应紧接着对这种关系进行分析。若讨论部分先讨论了其他无关内容，就会使读者感到困惑。若发现某些内容的顺序不合理，影响了读者对报告的理解，应及时调整。比如，在分析小学生网络使用情况的调查结果时，若先讨论网络对学习的影响，再呈现学生上网时间和频率的数据，就不符合正常的逻辑顺序，应先呈现数据，再基于数据进行分析。通过优化逻辑连贯性，可使报告的思路更加清晰，便于读者更好地跟随作者的思维路径理解报告内容。

根据调查的核心问题和重要发现，对报告结构进行优化以突出重点。可以通过调整章节顺序、增加小标题或使用加粗、下划线等方式来强调关键内容。比如，如果调查发现“小学生课外阅读量对其语文成绩影响显著”是最重要的结果，那么可以将这部分内容放在更显著的位置，如在结果部分先呈现这一数据关系，在讨论部分围绕这一重点结果展开更深入的分析，在结论中重点强调这一发现，在建议部分针对如何提高课外阅读量提出更多具体建议。同时，可以在相关内容处增加小标题，如“课外阅读量对语文成绩的关键影响”，并对关键数据或语句加粗显示，帮助读者迅速抓住报告的重点，提高阅读效率。

4. 调查报告的呈现

以规范的文档形式呈现调查报告时，排版美观是重要的考量因素。选择合适的字体（如宋体、黑体等）、字号（标题用小三或四号字，正文用小四号字）和行距（1.5 倍行距或固定值 20 磅左右），能使报告易于阅读。可以通过添加图表编号、标题和说明来增强报告的清晰性，例如“图 1　小学生每天学习时间分布柱状图”，并在图下注明数据来源和图表所展示的内容。使用分页符将不同部分分开，设置页眉页脚（如在页眉显示报告标题，页脚显示页码）等方式来提高报告的专业性。如果需要提交纸质版报告，要确保页面整洁、清晰，打印质量良好，避免出现模糊、污渍或排版错乱等问题，给读者留下良好的第一印象。

当以电子文档形式（如 PDF、Word 等）传输报告时，要考虑文件大小和兼容性。对于包含大量图片或图表的报告，可以对文件进行优化，如在不影响图像质量的前提下，通过压缩图片等方式缩小文件大小，确保在不同设备（台式电脑、笔记本电脑、平板电脑、手机等）上都能快速打开和正常显示。此外，可以利用电子文档的超链接功能，方便读者在报告内快速导航。例如，在目录中设置超链接，点击每个章节标题就能直接跳转到相应内容处，在报告内部引用其他部分内容时也可以设置超链接，使读者能够便捷地查阅相关信息，提高阅读体验。

制作演示文稿（PPT）向他人展示调查报告时，PPT 的内容要简洁明了，突出重点。每页不宜有过多文字，避免出现大段的文字堆砌，可将重点内容以简洁的语句形式呈现。一般每行不超过 20 个字，每页以 6～7 行为宜。建议使用高质量的图表、图片和简洁的文字来展示调查结果和结论。例如，用柱状图展示数据对比时，要确保图表清晰、美观，颜色搭配协调，数据标签明显。在演示过程中注意控制节奏，根据内容的重要性和复杂程度合理分配时间，配合适当的讲解，使听众能够理解报告的核心内容。讲解时要生动形象，与 PPT 内容紧密结合，避免照本宣科，可通过举例、提问等方式引导听众参与和思考。

5. 反馈与交流

在完成调查报告后，先在实习小组或指导教师范围内进行反馈交流具有重要意义。实习小组成员由于参与了相同或类似的实习活动，可能从不同角度提出看法。例如，有的成员可能对调查方法提出优化建议：他们可能发现了在抽样过程中可以进一步改进的地方，或者对调查问卷中的某些问题设计有更好的想法；有的成员可能对结果分析有新的视角，从不同的理论基础或实践经验出发，对结果有独特的解读。指导教师凭借丰富的经验则可以提供更专业的指导，能够指出报告在理论深度方面的不足——如是否充分运用了教育相关理论来解释现象和分析结果，以及在实践指导意义方面的欠缺，比如建议是否具有足够的可操作性和针对性，是否考虑到了学校、家庭等教育环境中的实际限制因素。通过这种内部反馈，可以发现报告中存在的问题和不足之处，为进一步修改和完善报告提供有价值的参考。

根据调查的性质和目的，将报告提交给相关部门或对象并收集他们的反馈，也是报告完善过程中的重要环节。如果是针对学校教育问题的调查，将报告提交给学校领导、教师和家长群体后，他们会从不同角度提供对报告内容的看法。学校领导可能关注报告对学校管理决策的参考价值，例如报告中的调查结果是否能为学校资源分配（如师资培训、教学设施购置等）提供依据，是否有助于制定新的学校发展战略。教师可能更关心对教学方法改进的建议，他们会根据报告中关于学生学习情况、心理状态等方面的结果，思考如何调整自己的教学策略，如改变教学模式、增加特定的教学内容等。家长则可能更重视对家庭教育的启示，比如报告中提到的学生问题是否与家庭环境有关，以及如何调整教育方式来更好地促进孩子的成长。根据这些反馈进一步完善报告内容，使其更符合实际教育需求，同时也能为后续的教育实践和研究提供新的思路，促进教育质量的提升。

通过以上详细的教育调查实习内容，实习生可以全面深入地了解教育领域的实际情况，运用科学的方法收集和分析数据，并将结果以规范的调查报告形式呈现出来，为教育实践和理论发展贡献自己的力量。这一过程不仅能提高实习生的教育研究能力，也有助于培养他们发现问题、解决问题的能力，为未来的教育工作奠定坚实的基础。

参考文献

[1] 教育部基础教育司组织. 幼儿园教育指导纲要(试行)解读[M]. 南京：江苏教育出版社,2002.

[2] 李琳.儿童艺术的游戏本质及其教育启示[J]. 学前教育研究，2013(8):45-49.

第三章 实习过程与记录

一、实习日程安排

(一) 每日实习计划

1. 早晨准备阶段

(1) 状态调整与信息收集

实习生活如同一场精心编排的演出，每天早晨的准备阶段就是拉开帷幕前的准备工作。实习生提前到达实习学校，这段时间是他们从生活状态切换到教育者角色的过渡。学校的清晨充满了活力与希望，实习生们带着期待和责任感踏入校园，调整自己的精神状态，为即将到来的挑战做好心理准备。在这个过程中，查看当天的课程表和学校通知是至关重要的环节。课程表是实习日的行动指南，它明确了当天的教学安排，包括课程的科目、时间和授课班级；而学校通知则像是临时的剧情调整，它告知实习生是否有特殊安排（如临时的会议、活动等）。例如，可能会有紧急的教师培训会议，或者是全校性的文化活动安排，这些信息都需要实习生及时掌握，以便合理安排自己的时间和精力。同时，回顾前一天的实习内容是不可或缺的。这就像是演员在演出后对自己表现的复盘。实习生需要特别针对未完成的任务或遗留的问题进行思考。比如，在昨天的数学课上，布置给学生的一道拓展题，导致大部分学生都遇到了困难，那么今天就需要思考如何在合适的时间为学生进一步讲解；或者是在班级管理中发现了某个学生的特殊情况需要在今天继续跟进和解决，这些都需要在早晨准备阶段梳理清楚，为当天的实习工作打下坚实的基础。

(2) 与指导教师沟通协作

与指导教师的沟通是晨间准备阶段的核心内容之一。这一沟通环节就像是导演与演员之间的交流,对确保教学效果至关重要。实习生利用晨间时间简要汇报自己的准备情况,这不仅体现职业素养,更是便于指导教师了解其工作态度和对教学任务的理解程度。例如,实习生可以向教师阐述自己对课程重点的把握,以及针对学生的特点所设计的教学方法。同时,询问教师当天的教学重点和需要注意的事项,能让实习生更好地与教师的教学思路保持一致。教师作为经验丰富的教育者,对教材的理解、对学情的掌握以及对教学环节的把握都有着独特的见解。比如,在教授一篇文言文时,教师可能会提醒实习生关注文中某个实词或虚词的特殊用法,这些正是学生容易混淆的知识点;或者在特定班级上课时,要特别关注几位学习困难的学生的状态。这些宝贵的信息能够帮助实习生在教学过程中更有针对性,确保教学活动符合学校的整体教育理念和要求。

(3) 教学材料准备

教学材料的准备是教学成功的关键保障,就像战士上战场前要检查武器装备一样重要。实习生需要仔细检查教案、教具、多媒体资料等是否齐全。对于不同类型的课程,准备的侧重点也有所不同:在科学课程的实习中,实验器材的完好性和数量充足是至关重要的。例如,在进行物理实验"探究浮力的大小与哪些因素有关"时,要确保弹簧测力计、不同体积的金属块、盛水容器等器材都能正常使用,并且数量满足每个小组学生的操作需求。因为任何一个器材的缺失或损坏都可能导致实验无法顺利进行,进而影响学生对知识的理解和探究能力的培养。在语文、英语等文科类课程中,阅读材料、练习册等资料的准确性则是关键。以小学语文课《富饶的西沙群岛》为例,实习生要检查是否准备了西沙群岛的图片、视频等多媒体资料,这些资料可以让学生直观地感受到西沙群岛的美丽和富饶,增强对课文的理解。同时,用于引导学生理解课文的练习题也需要精心准备,如针对文中描写鱼的种类和姿态的段落,可以设计一些理解性的问题,如"文中描写了哪些形状的鱼?作者用了哪些修辞手法来描写鱼?"这些练习题能够帮助学生深入理解课文内容,提高他们的阅读理解能力。在这个过程中,实习生可以将教学材料整理成清单,逐一核对,确保没有遗漏。同时,可以根据自己的教学经验和对学生的了解,对教学材料进行适当的优化和补充,以提高教学效果。

2. 课堂教学阶段

(1) 协助教师教学

当实习生协助教师教学时,他们就像是舞台上的配角,但这个配角的作用却不容小觑。在课堂这个舞台上,教师是主角,负责知识的讲解和整体教学节奏的把控,而实习生则要密切关注课堂动态,成为教师的得力助手。

在教师讲解新知识时,实习生要像敏锐的观察者一样,注意观察学生的反应。每个学生都是独特的个体,他们对知识的接受速度和理解程度各不相同。在数学课程中,当教师讲解复杂的几何问题时,实习生可以留意学生的表情和眼神:那些眼神明亮、频频点头的学生可能理解得较快;而那些眉头紧锁、露出迷茫表情的学生则可能在理解上存在困难。例如,在讲解三角形内角和定理的证明时,部分学生可能很快就能跟上教师的思路,而有些学生则可能对辅助线的添加感到困惑。实习生可以将这些情况默默记录下来,以便课后为那些有困惑的学生提供额外的辅导。

同时，协助教师管理课堂纪律也是实习生的重要职责之一。课堂就像一个有序的剧场，需要良好的秩序才能保证“演出”顺利进行。对于轻微的违纪行为，如小声交谈、做小动作等，实习生要以温和的方式提醒学生。比如，可以走到学生身边轻轻拍拍他们的肩膀，或者用眼神示意他们注意听讲。这种温和的方式既不会打断教师的教学，也能让学生意识到自己的问题，保持课堂的良好氛围。

（2）独立授课

当实习生独立授课时，他们就成了课堂的主角，肩负着引导学生学习知识、培养能力的重任。在这个过程中，严格按照教案进行教学是基础，但也要根据课堂实际情况灵活调整，就像一位优秀的指挥家，要根据乐队的演奏情况适时调整节奏。

在导入环节，通过有趣的问题、故事或活动吸引学生的注意力，激发他们的学习兴趣是关键。例如，在教授英语单词“elephant”（大象）时，可以播放一段大象在森林中生活、玩耍的视频片段，或者讲述一个关于大象聪明机智的故事，让学生在轻松愉快的氛围中对这个单词产生兴趣。然后引导学生观察大象的外貌特征，自然而然地引出单词“elephant”，并学习相关的发音和拼写。

在知识讲解过程中，语速适中、语言清晰是基本要求。实习生要运用多种教学方法，如讲解、举例、演示等，让知识变得生动易懂。比如，在讲解科学课中的“植物的光合作用”时，可以通过讲解光合作用的原理，然后举例说明不同植物在不同光照条件下的生长情况，再用简单的实验演示（如用黑纸遮住叶片的一部分观察叶片颜色的变化）来帮助学生理解。对于重点知识，要适当重复和强调，确保学生掌握。例如，在语文课文中，对于那些具有深刻含义或优美表达的句子，可以让学生反复朗读，并分析其含义和作用。

在提问环节，鼓励学生积极回答问题是激发学生思维的重要方式。实习生要给予学生充分的思考时间，让他们有机会组织自己的想法。例如，课堂上提出某问题后，可以让学生先独立思考一分钟，然后再进行小组讨论。在学生回答问题后，无论答案正确与否，都要给予及时、积极的反馈。如果答案正确，可以说“你的回答非常棒，你的理解很到位，而且分析得很有条理”。如果答案不完全正确，可以说“你的思路很有创意，不过在某个方面还可以再思考一下，比如……”这种积极的反馈能够增强学生的自信心，让他们更愿意参与课堂互动（如图 3-1 所示）。

3. 课间休息与课后辅导阶段

（1）课间休息

课间休息就像舞台幕间休息的轻松时刻，是实习生与学生建立良好关系的黄金时间。在这段时间里，实习生可以放下教师的架子，与学生平等交流，了解他们在学习和生活中的情况，拉近与学生的距离。例如，在课间，实习生可以走到学生中间和他们一起聊天，询问他们最喜欢的课程、课余爱好，或者聊聊学校近期发生的有趣的事情。这种轻松的交流方式能够让学生感受到实习生的亲和力，消除师生之间的隔阂。对于那些在课堂上比较害羞或者不太积极的学生，课间休息是一个很好的了解他们的机会。通过与他们的单独交谈，可以发现他们的兴趣点和潜在需求，以便在后续的教学中更好地引导他们。

图 3-1　学生积极回答问题

这种良好的师生关系不仅有助于营造轻松愉快的学习氛围，还能增强学生对实习生的信任。当学生信任实习生时，他们在课堂上会表现出更高的参与度、更加积极地配合，更愿意参与课堂活动，主动提出自己的问题和想法。比如，有一位原本在课堂上很少发言的学生，在与实习生多次课间交流后，逐渐变得开朗起来，不仅开始主动回答问题，学习成绩也有了明显的提高。

（2）课后辅导

课后辅导是教育教学中不可或缺的一环，它是对课堂教学的补充和延伸，就像为那些在学习道路上暂时掉队的学生提供的“一对一帮扶”。实习生要根据课堂表现和作业情况，确定需要辅导的学生名单。在辅导过程中，耐心是最重要的品质。对于学习有困难的学生，建议采用一对一或小组辅导的方式，针对他们的具体问题进行详细讲解。例如，学生在数学计算方面有困难，如在四则混合运算中经常出错，实习生可以通过举例的方式，先从简单的运算开始，逐步增加难度，让学生理解运算的顺序和规则。再通过大量的练习，让学生熟练掌握计算方法。同时，在辅导过程中，要关注学生的思维过程，引导他们发现自己的问题所在。对于语文写作方面有问题的学生，辅导的重点则有所不同。可以指导学生如何构思文章，比如从题目入手，确定文章的主题和中心思想，然后围绕中心思想选择合适的素材。在运用修辞手法方面，可以通过分析优秀范文中的修辞手法，让学生体会其作用，并鼓励学生在自己的写作中尝试运用。例如，在描写景色时，可以引导学生使用比喻、拟人等修辞手法，使文章更加生动形象。

4. 下午活动参与阶段

(1) 社团活动

学校下午的社团活动是学生展现个性和兴趣爱好的舞台，实习生在其中扮演着重要的角色，无论是作为指导教师还是协助者，都能为学生的成长助力。

在书法社团中，实习生可以指导学生正确的握笔姿势和书写技巧。握笔姿势是书法学习的基础，正确的姿势不仅能够保证书写的流畅性还能提高舒适性。实习生可以亲自示范，让学生模仿，并逐个检查和纠正。在书写技巧方面，需从笔画的起笔、运笔、收笔，到字的结构和布局进行详细讲解。例如，在教学生写楷书的“永”字时，可以讲解“永”字八法，让学生了解每个笔画的特点和书写方法。通过这样的指导，学生能够逐渐掌握书法的基本技巧，提高书写水平，同时也能感受到书法艺术的魅力，培养耐心和专注力。

在科技社团中，实习生可以与学生一起探索有趣的科学实验和项目，培养其创新能力和动手能力。比如，组织学生制作简易的机器人模型时，实习生可以引导学生先设计机器人的结构，选择合适的材料，再一起动手组装。在这个过程中，学生会遇到各种问题，如零件的安装顺序、电路的连接等，实习生可以和学生一起分析问题、解决问题。通过这样的实践活动，学生不仅学到了科学知识，还锻炼了创新思维和实践能力，激发了对科学技术的兴趣。

(2) 体育比赛

体育比赛是学校生活中充满激情和活力的一部分，实习生在体育比赛中的参与对于学生有着重要的意义。在体育比赛时，实习生可以担任裁判、组织啦啦队或者参与到比赛中。

担任裁判时，实习生要秉持公平、公正的原则，确保比赛的顺利进行。例如，在篮球比赛中，实习生通过准确地判断球员的犯规、裁定进球是否有效等举措，维护比赛的规则和秩序。这不仅是对比赛双方的尊重，也能让学生树立正确的竞争意识。

组织啦啦队可以为比赛营造热烈的氛围，增强学生的集体荣誉感。实习生可以和学生一起设计啦啦队的口号、动作，鼓励学生为自己的班级或团队加油助威。比如，在运动会的接力比赛中，啦啦队的加油声能够激发运动员的斗志，让他们感受到团队支持的力量。

实习生参与到比赛中更是能与学生建立深厚的情感联系。例如，在足球比赛中，实习生与学生组成一支队伍，共同参与比赛。在比赛过程中，实习生可以通过自己的行动向学生传递团队合作的精神，如传球、配合等。同时，也能让学生感受到老师不仅是知识的传授者，也是他们生活中的伙伴，增强师生之间的信任和友谊。

(3) 课外实践活动

课外实践活动为学生提供了将课堂知识应用到实际的宝贵机会，实习生应充分发挥引导作用，帮助学生观察、思考和实践。

在参观博物馆的活动中，实习生可以引导学生了解历史文化知识，培养他们的观察力和分析能力。在参观前，实习生可以向学生介绍博物馆的基本情况和参观重点，让学生有目的地进行参观。在参观过程中，鼓励学生仔细观察文物的形状、颜色、材质等细节，思考这些文物所反映的历史时期的社会生活、文化艺术等方面的信息。例如，在参观古代陶瓷展览时，引导学生观察不同朝代陶瓷的造型、装饰图案的变化，分析这些变化与当时的政治、经济、文化背景之间的关系。通过这样的实践活动，学生不仅能够将书本上的历史知识与实际的文物相结合，更能加深对历史的理解，同时也提高了自己的观察和分析能力。

5. 放学总结阶段

(1) 与指导教师交流

一天的实习结束后，与指导教师的交流是实习生总结和提升的重要环节。这就像是运动员在比赛后与教练的复盘：通过交流当天的实习心得（包括教学过程中的优点和不足、学生的反馈等）实习生能够从指导教师那里汲取宝贵的经验和建议。例如，实习生可以分享在课堂上使用的一种新的教学方法，如将小组合作学习法应用在解决数学难题中时，学生在这个过程中的积极反应。同时，也需诚实地向教师汇报自己在教学过程中遇到的问题，如在某个知识点的讲解上，学生的理解情况不太理想，或者在课堂管理中，遇到了个别学生的不配合。指导教师会根据自己的经验提出针对性的建议。比如，针对复杂知识点的讲解时，可以采用更直观的方式，如使用实物模型或多媒体动画；对于课堂管理问题，可以尝试了解学生的内心想法，采用个别谈话的方式解决问题。这种交流能够让实习生明确自己需要改进的地方，为后续的实习工作提供方向。同时，也加强了实习生与指导教师之间的关系，形成一种良好的师徒传承氛围，促进实习生的专业成长。

(2) 资料整理与分析

整理当天收集到的资料是放学总结阶段的重要工作之一。这些资料包括学生的作业、课堂表现记录、自己的教学反思等，它们就像是一面镜子，反映出学生的学习情况和自己的教学效果。通过对学生作业的批改和分析，可以了解学生对知识的掌握程度和存在的问题。例如，在语文作业中，如果发现大部分学生在某个修辞手法的运用上出现错误，那么就需要在后续的教学中加强这方面的训练。课堂表现记录则能直观地呈现学生在课堂上的参与度、注意力集中情况等学习状态。对于那些在课堂上表现积极的学生，可以给予更多的鼓励和挑战；对于表现不佳的学生，则要进一步分析原因，是因为教学内容难度太大，还是其他因素导致的。同时，实习生自己的教学反思也是至关重要的。回顾自己在教学过程中的每一个环节，思考哪些地方做得好，哪些地方需要改进。比如，导入环节是否成功地吸引了学生的注意力，知识讲解过程是否清晰明了，提问环节是否激发了学生的思维等。通过这种自我反思，实习生能够不断调整自己的教学方法和策略，提高教学质量。

(3) 制订第二天的实习计划

根据当天的情况调整和完善第二天的实习计划是放学总结阶段的最终目标。在这个过程中，实习生要根据指导教师的建议、学生资料的分析结果以及自己的教学反思，将这些融入后面的计划中。例如，如果发现某个知识点学生理解困难，那么在第二天的计划中，可以安排更多的时间进行复习和巩固，或者采用不同的教学方法重新讲解；如果在课堂管理方面存在问题，第二天可以尝试新的管理策略，如建立小组竞争机制，以激励学生遵守课堂纪律。同时，也要根据学校的课程安排和活动计划，合理调整自己的教学内容和活动参与计划，确保实习工作能够持续改进和提高，为学生提供更优质的教育服务。

总之，教育实习的每日计划是一个系统而充实的过程，从早晨的准备到放学的总结，每个环节都紧密相连，都围绕着学生的成长和实习生自身的专业发展。通过认真执行每日计划，实习生能够在实习期间不断积累经验，提高教育教学能力，为未来的教育事业打下坚实的基础。

（二）阶段性实习目标

阶段性实习目标是将整个实习过程划分为不同阶段，并为每个阶段设定明确的目标，使实习生能够有步骤、有计划地提升自己的教育教学能力。

1. 初期适应阶段（第1～2周）

（1）熟悉学校环境与文化

实习生初到实习学校，如同进入一个全新的教育生态系统。熟悉学校的环境是开展实习工作的基础：了解教学楼的布局结构，明确不同楼层的功能分布，这有助于实习生在听课和授课时迅速找到相应的班级；图书馆是知识的宝库，掌握其开放时间、藏书种类和借阅流程，实习生可以在这里查阅资料，为教学和自身学习提供支持；实验室的位置和设备情况也不容忽视，对于教授科学类课程的实习生来说，熟悉实验室环境能更好地准备实验教学；操场则是学生体育活动和学校大型集会的场所，了解操场的设施状况，有利于实习生组织学生的课外活动或参与学校的集体活动。同时，深入领会学校的文化内涵，包括校训、办学理念、学校的历史传统等。这些文化元素渗透在学校的日常教学和管理中，实习生理解后能更好地融入学校氛围，与学校的教育教学目标保持一致。

（2）了解学生情况

在教学中，学生是核心主体。实习生需要全面了解所教班级学生的学习水平，可以通过查看学生以往的考试成绩、作业完成情况等资料来获取信息。分析班级整体的学习水平以及每个学生在学科知识掌握上的优势和不足。在性格特点方面，可以通过观察学生在课堂上的表现（如是否积极发言、回答问题时的态度），以及课间活动中的行为举止（是外向活泼还是内向腼腆）来了解学生。通过这些途径，实习生能为后续的教学活动做好准备，比如针对不同性格的学生采用不同的沟通方式，根据学生的兴趣爱好设计更具吸引力的教学内容。

（3）听课学习

跟随指导教师听课是实习生初期的重要任务。在这个过程中，他们会接触到不同教师的教学风格：有的教师以幽默风趣的语言吸引学生，使课堂气氛轻松活跃；有的教师则注重知识的严谨性和逻辑性，通过深入浅出的讲解让学生理解复杂的概念。实习生要学习如何组织课堂教学，从导入新课的方式到教学内容的展开顺序，再到课程结束时的总结和作业布置。同时，课堂纪律管理也是重要学习内容，观察教师如何应对学生的违纪行为，是通过眼神暗示、语言提醒还是其他有效的方法。此外，与学生的互动方式同样值得学习，比如提问的技巧、对学生回答的反馈等。在这两周内，实习生至少要听8节课，并做好详细的听课记录。在记录中，不仅要写下教学流程，还要分析每节课的优点，如某个巧妙的教学环节设计、教师对突发情况的处理方法等，这些都是实习生可以借鉴的宝贵经验。

2. 教学实践阶段(第3～8周)

(1) 教学技能提升

随着对学校和学生的逐渐熟悉,实习生开始承担部分教学任务,这标志着从理论学习到实践操作的重要转变。建议从简单的课程类型入手,如复习课和练习课。在复习课上,实习生要学会引导学生回顾知识点、构建知识网络,并可以通过提问、小组讨论等方式让学生主动参与复习过程。练习课则要根据学生的学习情况,有针对性地设计练习题,注重练习的层次性,从基础题到提高题,满足不同水平学生的需求。在逐渐掌握这些简单课程的教学后,可过渡到新授课教学。新授课要求实习生精心设计教学方案,明确教学目标,合理安排教学内容和教学时间。

建议每周至少独立授课8节,且每节课后都要进行深刻的教学反思。教学反思应重点关注以下方面:首先,教学目标的达成情况是反思的首要内容,分析是否通过教学让学生掌握了预期的知识和技能。例如,如果教学目标是让学生理解某一数学定理并能运用其解题,那么就要检查学生在课堂练习和课后作业中的表现,看是否达到了这一目标。其次,教学方法的有效性也是重点,思考采用的教学方法是否适合学生的学习风格和课程内容。如果发现学生在某个教学环节参与度不高,可能是教学方法需要改进,比如将单纯的讲解改为小组探究式学习。再次,学生的参与度直接反映了教学效果,关注有多少学生积极参与课堂讨论、回答问题,对于参与度较低的学生要分析原因,是问题难度过高还是教学方式不够吸引他们。此外,课堂突发情况的处理也是反思的一部分,比如学生提出了一个超出教学计划的问题,或者课堂上出现了一些干扰教学的情况,要总结自己当时的处理方法是否得当,如何在今后更好地应对类似情况。通过不断反思和改进,提高教学质量。

(2) 加强师生沟通与互动

与学生建立良好的沟通是教学成功的关键。实习生要深入了解每个学生的学习进度和困难,通过课堂观察、作业批改和与学生单独交流等方式,发现学生在学习过程中遇到的问题。对于学习困难的学生,要分析其问题所在——是基础知识薄弱还是学习方法不当,并为他们提供个性化的学习建议。例如,如果学生在英语单词记忆方面有困难,实习生可以传授一些记忆单词的技巧,如联想记忆法、词根词缀记忆法等技巧。

通过组织小型学习小组,促进学生之间的互助学习。在小组中,学生可以共同讨论问题、分享学习经验,而实习生可以参与到小组讨论中,引导学生思考,培养他们的合作能力和思维能力。课后辅导也是加强与学生联系的重要途径,对于那些在课堂上没有完全掌握知识的学生,利用课余时间为他们进行辅导,帮助他们解决学习中的疑惑。在这个过程中,实习生要建立起良好的师生关系,让学生感受到老师的关心和支持,使他们愿意主动交流学习和生活中的问题,营造一个积极向上的学习氛围。

(3) 教学评价多元化

在这个阶段,实习生要学会运用多种评价方式对学生的学习进行评价。传统的考试成绩虽然能在一定程度上反映学生的学习成果,但具有一定的局限性。因此,要更加关注学生的课堂表现,比如学生的参与度、发言质量、与小组同学的合作情况等。对于在课堂上积极思考、提出有价值问题的学生要给予肯定和鼓励。作业完成情况也是评价的重要依据,不仅要看作业的正确率,还要关注学生的书写、解题思路以及完成作业的态度。对于认真完成作业、有独特解题思路的学生要及时表扬。

制定合理的评价标准，将这些评价指标量化或等级化，使评价结果更加客观公正。及时向学生反馈他们的学习情况，通过评语、面谈等方式，让学生知道自己在学习中的优点和不足。对于表现优秀的学生，提出更高的要求，鼓励他们继续努力；对于存在问题的学生，帮助他们制定改进计划，激发他们的学习积极性，促进学生全面发展。

3. 教育实践拓展阶段（第 9～12 周）

（1）参与班级管理

实习后期，实习生要进一步拓展教育实践的范围，并参与学校的教育教学管理工作。协助班主任进行班级管理是其中的重要内容。组织班会是班级管理的重要环节，实习生可以根据班级学生的实际情况确定班会主题（如学习方法交流、心理健康教育等）。在班会上，要引导学生积极发言，分享自己的经验和想法，以增强班级凝聚力。处理学生之间的矛盾冲突需要实习生具备一定的沟通技巧和教育智慧。当学生之间发生矛盾时，要先了解事情的经过，保持中立的态度，倾听双方的诉求，然后引导学生换位思考，化解矛盾，让他们明白团结友爱的重要性。

制定班级规章制度可以培养学生的自律意识和集体荣誉感。实习生可以与班主任、学生共同讨论，制定合理的班级规章制度（包括考勤制度、奖惩制度等）。在执行规章制度的过程中，要做到公平公正：对遵守制度的学生给予表扬，对违反制度的学生要进行适当的教育和引导。通过这些班级管理工作，实习生能深刻体会到班级管理的复杂性和重要性，学习如何营造良好的班级氛围，促进学生的全面发展。

（2）参与教研活动

积极参与学校组织的教研活动是实习生在这个阶段的另一重要目标。在教研活动中，实习生可以与其他教师共同探讨教育教学问题，并分享自己在实习过程中的教学经验和心得（比如在教学实践中遇到的困难以及解决方法，新的教学方法在课堂上的应用效果等）。同时，学习其他教师的优秀经验，了解不同学科的教学方法和策略。例如，语文教师在作文教学方面的独特方法，数学教师在培养学生逻辑思维能力方面的有效措施等。

参与课题研究或教学改革项目，将新的教育方法和理念应用到实际教学中。在课题研究中，实习生可以结合实习学校的实际情况和自己的教学实践，提出有针对性的研究问题。通过查阅资料、调查研究、教学实践等方式，尝试解决这些问题，为学校的教育发展贡献自己的力量。此外，还需关注最新的教育理念，如素质教育、创新教育等，将其融入自己的教学中，提高教学的科学性和有效性。

4. 总结与反馈阶段（第 13～14 周）

（1）全面总结实习成果

实习即将结束，实习生要对整个实习过程进行系统回顾。在教学实践方面，整理自己所教授课程的教案、课件、教学反思等资料，分析自己在教学方法、教学内容设计、教学目标达成等方面的情况。例如，通过对比不同阶段的教学反思，总结自己在教学技能上的进步和仍然存在的问题；在班级管理方面，需回顾自己协助班主任所完成的工作，如组织的班会活动、处理的学生矛盾等，总结自己在班级管理中的经验和教训，思考如何更好地营造班级氛围和促进学生的成长；在教研活动方面，整理自己在教研活动中的发言内容、参与课题研究的成果等，总结自己在教育教学研究方面的收获。

撰写实习报告应包括实习目标的完成情况，明确自己在各个阶段的目标设定以及实际完成的程度；阐述自己在实习过程中的成长和收获，如教学技能的提升、师生沟通能力的增强、对教育教学管理的理解等；记录遇到的问题及解决方案，比如在教学中遇到学生不配合的情况是如何处理的，在班级管理中遇到复杂问题时采取了哪些措施；此外，表达对实习学校和指导教师的感谢之情，感谢学校提供的实习机会和良好的实习环境，感谢指导教师的悉心指导和帮助。

(2) 实习成果汇报与反馈收集

向实习学校领导、指导教师和学生进行实习成果汇报时，要通过数据、案例等形式展示自己在实习期间的教学成果。例如学生成绩的变化情况，可以对比实习前后学生的考试成绩，分析成绩提升或下降的原因；展示学生综合素质的提升，比如学生在课堂上的表现更加积极主动、参与课外活动的热情提高等。通过与指导教师、同学和学校领导的多方交流，收集反馈意见。指导教师可能会从专业教学的角度指出实习生在教学方法、教学设计等方面的优点和不足；同学之间可以相互分享实习体验，从不同的视角提供建议；学校领导则会从学校教育整体发展的角度对实习生的表现进行评价。

实习生要认真分析这些反馈意见，认识到自己的优点和不足，为今后的教育教学工作和专业发展提供参考。对于优点，要继续保持和发扬；对于不足，要制定改进计划，明确今后努力的方向。并且，与实习学校保持良好的联系，为今后的教育实践和研究搭建桥梁，比如可以参与实习学校后续的教研活动、回访学生等，不断提升自己的教育教学能力。

通过这四个阶段的实习目标设定和实施，实习生能够全面提升自己的教育教学能力，从一个初出茅庐的师范生逐渐成长为一名具备一定实践经验和教育素养的准教师。每个阶段都相互关联、层层递进，为实习生的职业发展奠定坚实的基础。

二、实习活动记录

(一) 教学活动观察笔记

教学活动观察笔记在教育实习中扮演着至关重要的角色。它宛如一面镜子，清晰地映照出课堂教学的全貌，无论是教师的教学风采、学生的学习状态，还是师生之间的互动模式，都能从中完整呈现。对于实习生而言，这份笔记不仅是记录课堂点滴的载体，更是通向优秀教师的重要阶梯。通过深入分析观察笔记，实习生可以汲取经验、发现问题，并提出具有建设性的改进建议，从而不断优化教学过程。

1. 观察目标设定

在准备课堂观察时，实习生需要精心设定观察目标，这是整个观察活动的基石。观察目标具有丰富的层次和类型，涵盖了教学活动的多个核心要素。

(1) 教师端教学行为

教学方法是教学过程的关键要素。不同的教学方法适用于不同的教学内容和学生群体。例如，讲授法适用于讲解基础知识，能够高效地传递大量信息；演示法在展示实验操作、解题步骤等方面具有直观性优势;探究式教学法则有助于培养学生的自主学习能力和创新思维。通过观察教师选择何种教学方法以及在何种情境下使用,实习生可以掌握到如何根据教学内容和目标灵活运用教学方法。

教学环节的设计犹如搭建一座大厦的蓝图,直接影响教学的流畅性和有效性。从导入新课到讲解新知识,再到课堂练习、总结归纳以及作业布置,每个环节都需要精心构思。观察教师如何设计教学环节,比如导入环节是通过故事、问题还是实验来引起学生的兴趣,新知识讲解是逐步深入还是通过案例分析展开,有助于实习生理解教学环节之间的逻辑关系和过渡技巧。

提问是教学中常用的手段,它可以激发学生的思维、检查学生的理解程度并引导课堂讨论。观察要点包括:教师的提问策略包括问题的类型、频率、提问对象的选择以及反馈方式等。问题类型分为记忆性问题(如背诵公式、定义)、理解性问题(如解释概念的含义、应用公式解题)和创造性问题(如提出新的解题思路、对知识进行拓展应用)。不同类型的问题对学生思维的启发程度不同,通过观察可以了解教师如何根据教学内容和目标选择合适的问题类型。提问频率影响着学生的注意力和参与度,过高或过低都可能影响教学效果。提问对象的选择则反映了教师是否关注全体学生,以及是否能根据学生的个体差异进行有针对性的提问。反馈方式对学生的学习积极性和自信心有着重要影响,积极的反馈可以鼓励学生,而有针对性的反馈则能帮助学生改进学习方法。

(2) 学生的学习行为

学生的参与度是衡量课堂教学效果的重要指标之一。观察哪些学生积极参与课堂,(如举手发言、小组讨论、主动提问等),可以了解学生对教学内容的兴趣和理解程度。同时,也要关注那些参与度较低的学生,分析其原因——可能是教学内容难度过高、教学方法缺乏吸引力,或是自身性格等因素导致。

学生在课堂上的注意力集中程度直接影响他们对知识的吸收。通过观察学生的眼神、表情、动作等,可以判断他们专注度。例如,学生眼神专注地看着教师或黑板、积极回应教师的提问,表明他们在认真听讲;而如果学生东张西望、做小动作或者表情茫然,则可能注意力已经分散。了解影响学生注意力的因素,如教学内容的趣味性、教学节奏的快慢等,对于改进教学具有重要意义。

在学习过程中,学生难免会遇到困难。观察学生在哪些知识点、哪些教学环节出现困难,以及困难的表现形式,如在数学解题中出现错误、在实验操作中步骤混乱等,可以帮助教师及时调整教学策略,为学生提供有针对性的帮助。

(3) 从师生互动的角度观察

师生之间的沟通方式多种多样,包括言语沟通和非言语沟通。言语沟通如提问、回答、讲解、讨论等,通过观察教师与学生之间的对话内容和语气,可以评估沟通的有效性。非言语沟通包括眼神交流、面部表情、肢体动作等,例如教师一个鼓励的眼神、微笑或者轻轻地点头,都可能增强学生的自信心和参与度。了解不同沟通方式在课堂中的应用,可以帮助实习生更好地与学生建立良好的沟通关系。

师生互动中的反馈机制是教学过程的重要组成部分。教师需对学生的回答、表现给予反馈,同时学生也会通过课堂反应、作业完成情况等对教师的教学行为做出反馈。观察教师如何及时、准确地对学生的学习成果进行反馈，以及这种反馈对学生后续学习行为的影响，可以优化反馈环节，提高教学质量。

2. 观察内容记录

(1) 教师教学行为的记录

教师的开场白是课堂教学的“开堂彩”，它的作用不可小觑。一个精彩的开场白能够迅速抓住学生的注意力，激发他们的好奇心和学习兴趣。例如，“老师今天带来了一个有趣的数学魔术，我们一起来看看里面藏着什么数学秘密。”这样的开场白巧妙地将数学知识与魔术相结合，利用学生对魔术的好奇心理，将他们带入数学的奇妙世界中。实习生在记录时，要详细描述开场白的内容和形式，分析其吸引学生的原因，以便在自己的教学中借鉴。

当教师采用特定的教学方法时，实习生需要记录其实施过程中的细节。以小组合作学习法为例，如果教师将学生分成 6 个小组，每组 5～6 人，实习生要记录小组的划分方式——是按照座位就近原则、学生成绩分层，还是其他方式。在小组合作过程中，教师的指导情况至关重要。如“教师在每个小组巡视，及时解答学生在讨论过程中遇到的问题”。这表明教师在小组合作学习中发挥了积极的引导作用，能够及时发现学生的困惑并给予帮助，保证小组合作的顺利进行。对于其他教学方法，如讲授法中的举例、演示法中的操作步骤等，都要进行详细记录，这些细节能够反映教师教学方法的有效性。

(2) 学生学习行为的记录

在课堂观察中，要特别关注那些积极参与课堂的学生。在语文课堂上，有些学生积极举手发言，他们的回答不仅准确而且有深度。例如，在分析一篇课文的主题时，某些学生能够结合作者的生平、时代背景等因素进行深入解读，展现出了较高的文学素养和分析能力。在小组讨论中，活跃的学生能够积极组织小组讨论，提出自己的观点，并引导小组朝着正确的方向思考。记录这些学生的表现，可以为教师了解学生的学习情况提供客观依据，也可以发掘学生中的优秀学习经验供其他学生学习。

相较于积极参与的学生，课堂上总会有一些参与度较低的群体。例如，“坐在教室后排的小明同学在整个课堂讨论过程中一直保持沉默，似乎对讨论话题不感兴趣”。对于这类学生，教师要详细记录他们的行为表现，包括他们在课堂上的坐姿、表情变化、与其他同学的互动频率情况等细节。这些信息有助于分析原因，可能是个人性格内向、对教学内容不理解或者缺乏学习兴趣等，以便教师采取相应的措施来提高他们的参与度。

学生在学习过程中遇到的困难是教学中需要重点关注的问题。在物理实验课中，“部分学生在连接电路时出现了困难，不知道如何正确连接电流表和电压表”。这种困难可能是由于学生对仪器的使用方法不熟悉，或者对电路原理理解不够透彻导致的。实习生要详细记录学生遇到困难的具体环节、表现形式以及涉及的学生数量，以便教师在后续教学中进行有针对性的辅导。

(3) 师生互动的记录

师生对话内容和互动形式是课堂教学的生动体现。例如，“教师提问：‘三角形的内角和是多少？’学生回答：‘180 度。’教师接着问：‘那你是怎么知道的呢？’这种追问式的互动能够引导学生深入思考。”通过记录这样的对话内容，可以分析教师的提问意图和引导学生思考的方向。同时,互动形式也多种多样,除了这种一对一的问答形式,还有小组讨论、全班讨论等形式。记录不同的互动形式及其在课堂中的应用情况,可以了解师生之间的沟通效果和学生的参与程度。

教师对学生回答的反馈对学生的学习积极性和自信心有着重要影响。例如,“教师对学生的回答给予了肯定,并鼓励其他学生向他学习,这种积极的反馈增强了学生的自信心。”在记录反馈内容时,要注意反馈的性质(是积极的还是消极的)、具体内容以及对学生后续行为的影响。如果教师只是简单地给予“对”或“错”的评价,可能无法满足学生的学习需求,而详细、有针对性的反馈则能帮助学生更好地理解知识和改进学习方法。

3. 观察结果分析

(1) 教师教学行为分析

以数学公开课中教师的提问策略观察为例,通过对观察结果的分析可以发现以下几个问题:

其一,教师提出的理解性问题较多,这在一定程度上有助于学生巩固所学知识,使他们能够更好地理解数学概念和定理的应用。然而,创造性问题相对较少,不利于培养学生的创新思维。创新思维在数学学习中至关重要,它能够帮助学生从不同的角度思考问题,发现新的解题方法和数学规律。如果教师在教学中过于注重知识的巩固而忽视了创新思维的培养,学生可能在面对复杂、开放性的数学问题时缺乏足够的能力。

其二,在提问对象的选择上,如果大部分问题都针对成绩较好的学生,这会导致中等及后进生参与度较低。这种情况可能会使这些学生逐渐失去对数学学习的兴趣和信心。教师应该关注全体学生,让每个学生都有机会参与课堂互动,这样才能营造一个公平、积极的学习氛围。

其三,从学生回答后的反馈来看,教师的积极反馈能够提高学生的积极性,但反馈内容较为单一,缺乏针对性的指导。例如,教师只是简单地表扬学生回答正确,而没有进一步指出学生解题思路中的优点和不足,或者没有针对学生可能存在的问题提出改进建议。这样的反馈虽然能让学生感到高兴,但对于他们的学习成长帮助有限。

(2) 学生学习行为分析

通过对学生学习行为的观察分析发现,积极参与课堂的学生通常具有较好的学习成绩和较强的学习动机。这些学生对知识有着强烈的渴望,他们积极主动地参与课堂讨论、回答问题,通过与教师和同学的互动不断深化自己的知识理解。而参与度低的学生可能需要更多的关注和鼓励,他们可能因为各种原因在学习上存在困难或者缺乏自信,教师需要针对这些学生的情况制定个性化教育方案,激发他们的学习兴趣和积极性。

对于学生在学习过程中遇到的困难,需要进一步分析其原因:其一可能是学生自身基础知识薄弱,例如在数学学习中,如果学生没有掌握好基本的运算规则和公式,就会在后续的解题中遇到困难;其二可能是教学方法不适合,比如教学内容过于抽象,没有结合具体的实例进行讲解,导致学生理解困难。了解这些原因后,教师可以采取相应的措施,如为基础知识薄弱的学生进行补习,或者调整教学方法以适应学生的学习需求。

(3) 师生互动分析

良好的师生互动能够促进教学效果的提升。通过观察发现,目前的师生互动在一定程度上激发了学生的学习积极性,但互动形式还可以更加多样化。例如,当前的互动主要以教师提问、学生回答和教师反馈为主,这种模式虽然经典,但长期使用可能会使学生产生疲劳感。多样化的互动形式可以增加学生的新鲜感和参与度。

4. 改进建议提出

(1) 对教师教学行为的改进建议

在提问时,教师应增加创造性问题的比例。例如,在数学问题中可以加入一些开放性的探究题,如"如何用不同的方法证明三角形内角和定理?"这样的问题可以激发学生的创新思维,让他们从不同的角度思考数学问题。同时,在提问对象上,教师要更加关注全体学生,可以采用随机点名、小组轮流回答等方式,确保每个学生都有参与的机会。这种公平的提问方式可以提高全体学生的参与度,让每个学生都感受到自己在课堂中的重要性。教师的反馈内容要更加具体和有针对性,如"你的回答很正确,而且你的解题思路很清晰,如果在计算过程中再细心一点就更好了。"这样的反馈不仅能肯定学生的优点,还能指出他们的不足,帮助学生不断改进学习方法。

根据观察结果,如果发现某种教学方法在实施过程中存在问题,教师应及时调整。例如,小组合作学习中出现讨论效率低下的情况,教师可以重新调整小组的划分方式或加强对小组讨论的引导。在讲授法中,如果发现学生对某些知识点理解困难,教师可以增加更多的实例、比喻等方式,使抽象的知识更加形象化,便于学生理解。

(2) 对学生学习行为的改进建议

针对参与度低的学生,可以制定个性化激励措施。例如,为他们设置一些简单的问题,使其在回答正确后获得成就感。教师可以在课堂上有意识地关注这些学生,当他们稍有进步时,及时给予表扬和鼓励。同时,可以安排学习伙伴与他们一起学习,通过共同克服学习困难,逐步提高他们的参与度。

对于学习困难的学生,建议组织课外辅导小组,根据他们的具体困难进行有针对性的辅导。辅导内容可以包括基础知识的巩固、学习方法的指导等。此外,可以为这些学生建立学习档案,系统记录他们的学习情况和进步情况,以便及时调整辅导方案。

(3) 对师生互动的改进建议

教师可以在课堂上开展小组互评活动,让学生互相评价小组讨论的结果。在互评过程中,学生可以学习到不同的思考方式和评价标准,同时也能提高他们的表达能力和批判性思维能力。组织小组竞赛也是一种很好的互动形式,例如在数学计算比赛、语文背诵比赛等活动中,激发学生的竞争意识和团队合作精神。通过竞赛,学生可以更加积极地参与学习,提高学习效率。

随着现代教育技术的发展,教师可以利用在线教学平台的互动功能,增加师生之间的交流渠道。例如,教师可以在平台上发布作业、讨论话题、在线答疑等,学生可以随时与教师进行沟通。此外,还可以利用在线测试功能及时了解学生的学习情况,为教学调整提供依据。同时,教师可以鼓励学生利用在线学习资源,如优质的教育视频、学习软件等,拓宽学习途径,提高学习效果。

(二) 学生互动案例分析

在教育教学实践中，案例分析是一项极具价值的工作。它犹如一面镜子，清晰地映照出学生在集体活动中的行为模式、性格特点以及相互之间的关系，为教师调整教学策略、优化小组合作等提供了关键依据。

1. 案例背景介绍

(1) 综合实践活动课的情境

以某学校的一次综合实践活动课的案例为例，活动主题是制定《校园环保行动方案》。这类实践活动课旨在培养学生的综合能力，包括团队协作、问题解决、沟通交流以及对实际问题的分析和应对能力，同时增强学生的环保意识。

(2) 小组成员构成及特点

案例中的小组由 5 名学生组成，成员背景各异，代表了学校中常见的不同类型学生。组长小红成绩优异且组织能力出众，在小组中扮演着核心领导角色；小明性格开朗，但做事有些粗心，这种性格特点在团队合作中可能带来积极和消极两方面的影响；小刚成绩中等却思维活跃，常有独特的见解，但这也可能在与他人意见不一致时引发冲突；小丽性格内向但做事细心，内向的性格可能使她在团队互动中表现出一定的被动性；小强成绩较差但充满热情，他积极参与的态度体现出每个学生都渴望在集体活动中发挥作用。

2. 互动过程描述

(1) 项目初期的积极讨论

在项目开始阶段，小组围坐在一起讨论活动方案的制定。小红凭借其领导能力，率先提出了一个涵盖校园环境现状调查、问题分析、行动目标和具体措施等部分的大致框架。这一框架为整个项目提供了清晰的方向指引，充分体现了小红在团队中的引领作用。小明积极响应小红的提议，迅速提出可以通过问卷调查和实地观察两种方式开展现状调查。他的开朗性格使他在讨论初期能够毫无保留地表达想法，为小组讨论注入了活力。小刚进一步深化了建议，强调问卷调查的问题设计要具有针对性，不能过于笼统。这显示出小刚思维活跃、善于思考的特点。小丽则根据自己细心的特质，小声表示愿意负责设计问卷工作。小强虽然在讨论过程中没有提出太多实质性的想法，但通过积极参与的态度表示愿意和大家一起完成任务。

(2) 实施过程中的矛盾与冲突

然而在项目实施过程中，问题逐渐浮现。小明在设计问卷时由于粗心大意出现逻辑混乱的问题。小刚发现这些问题后，与其产生了激烈的争论。小刚坚持认为问卷需要重新设计以确保其科学性和有效性，而小明觉得只是一些小问题，可以通过局部修改来解决。两人各执一词，争论逐渐升级，局面一度陷入紧张。小丽在一旁目睹争论，因性格内向不知如何是好，表现出明显的不知所措。小强试图劝解两人，但由于缺乏有效的调解方法，未能成功平息争端。

(3) 问题解决与后续合作

关键时刻，小红作为组长及时制止了两人的争论，并提议大家先冷静下来，共同分析问题。在后续的工作中，小组重新审视问卷设计，认识到确实存在需要改进的地方。在修改问卷过程中，小红再次展现出卓越的领导能力，协调各方意见，确保每个人都能参与到修改工作中。小丽认真履行自己的职责，仔细检查每个问题，提出了一些有价值的修改建议。小刚和小明也摒弃前嫌，共同为使问卷更加科学合理而努力。小强则积极参与一些力所能及的简单工作，如打印问卷等。通过大家的共同努力，小组最终成功完成了问卷设计，并顺利开展了后续的调查和分析工作，为整个校园环保行动方案的制定奠定了良好的基础。

3. 案例分析

小红作为组长，其较强的领导能力和组织协调能力，在小组合作中起到了至关重要的作用。在小组出现分歧和矛盾时，她能够迅速介入，制止争论，引导大家冷静思考，朝着共同的目标前进。这种领导能力是小组合作成功的关键因素之一，确保了小组在遇到问题时不会陷入混乱，而是能够有条不紊地解决问题。

小明开朗的性格使他在讨论初期积极参与，为小组带来了新的思路和活力。他提出的通过问卷调查和实地观察进行现状调查的想法，为项目的开展提供了有价值的方向。然而，他的粗心大意在实施过程中给小组工作带来了麻烦，导致了问卷设计的问题，以及与小刚的争论。这表明学生的个人特质在不同阶段对小组合作有着不同的影响，教师需要引导学生在发挥优势的同时，注意克服自身的缺点。

小刚思维活跃，在发现问卷问题时能够坚持自己的观点，这种对问题的敏锐性和坚持真理的态度是值得肯定的。但在处理与小明的分歧时，他过于强硬，缺乏有效的沟通技巧，导致争论不断升级。这反映出在学生互动中，沟通能力和团队协作精神的培养至关重要。良好的沟通不仅能够解决问题，还能避免不必要的冲突，维护小组的和谐氛围。

小丽虽然内向，但她的细心在设计问卷环节发挥了重要作用，为问卷的质量提供了保障。然而，在小组争论时，她的不知所措表明内向的学生在面对冲突时可能需要更多的支持和引导。教师在组织小组活动时，应关注这类学生的心理状态，帮助他们更好地应对团队中的冲突情况。

小强尽管成绩较差，但他对参与集体活动充满热情。在小组中，他积极承担一些力所能及的工作，如打印问卷，这体现出每个学生都有积极参与集体活动的愿望。这启示教师在小组合作中要充分利用每个学生的优势，为他们分配合适的角色和任务，让每个学生都能在合作中找到自己的价值，增强自信心和归属感。

4. 教育启示

在小组划分时，要充分考虑学生的性格、能力和学习水平等因素。通过合理搭配不同类型的学生，可以促进学生之间的相互学习和优势互补。例如，将组织能力强的学生与积极活跃但粗心的学生、思维活跃但沟通稍欠的学生、细心内向的学生以及热情但学习稍弱的学生组合在一起（如同案例中的小组）。这样的组合能够让学生在合作过程中相互学习、相互促进。在日常教学中，可以根据学生的综合表现进行分组，使每个小组都具备多元化的特点，为良好的小组合作奠定基础。

为培养学生的团队意识和合作精神，教师可以在平时的课堂教学和活动中，开展一些专门的团队建设活动。例如，组织小组拓展训练，设置一些需要团队成员共同完成的任务，如搭建高塔、穿越障碍等，让学生在实践中体会到团队合作的力量。同时，可以开展合作游戏，如接力比赛、小组拼图比赛等，让学生在轻松愉快的氛围中学会如何分工协作、相互支持，增强团队凝聚力。

在培养学生沟通能力方面，教师可以在课堂上设置专门的沟通训练环节。例如，在组织小组讨论后，要求学生互相评价对方的观点和表现，引导学生学会清晰、礼貌地表达自己的意见，同时尊重他人的想法。当学生出现分歧时，教师要及时介入，引导他们采取正确的沟通方式。比如，教导学生先倾听对方的理由，理解对方的观点，然后寻找共同的目标，通过协商解决问题，而不是陷入争吵。教师可以通过角色扮演、案例分析等方式，让学生在模拟场景中练习沟通技巧，提高应对分歧的能力。

对于不同性格特点的学生，教师要有针对性地给予指导。对于像小明这样粗心但积极的学生，教师在平时的学习中要注重提醒他注意细节。可以在作业批改、课堂提问等环节，及时指出他的粗心问题，并给予改进的建议。同时，鼓励他继续保持积极参与的态度，让他明白积极参与和细心做事同样重要。对于内向的小丽，教师要在小组活动中多关注她的状态，鼓励她勇敢地表达自己的想法。可以在小组讨论前，先与小丽沟通，了解她的想法，然后在讨论中引导她发言。当遇到冲突时，教师要给予她一些应对的方法和心理上的支持，帮助她克服内心的不安。对于像小刚这样有想法但沟通方式有待改进的学生，教师可以引导他学会换位思考，理解他人的观点。通过组织小组讨论、案例分析等活动，让小刚明白不同人对问题有不同的看法，在表达自己观点的同时要尊重他人，提高沟通的技巧。

在评价学生的小组合作表现时，不能仅仅关注结果，更要重视过程。教师可以制定详细的评价标准，涵盖学生的参与度、贡献值、沟通能力、团队协作精神等多维度评价标准。通过多样化的评价方式，如小组自评、组间互评、教师评价相结合，全面、客观地评价学生在小组合作中的表现。例如，在本次案例中，教师可以在小组完成项目后，组织一次小组汇报和评价活动。每个小组在汇报中展示自己的成果，并分享在合作过程中的经验和问题。然后，其他小组进行评价，提出优点和建议。最后，教师进行总结评价，肯定每个学生的努力和小组的成果，同时针对存在的问题提出改进方向。这种评价过程不仅可以提高学生的合作能力，还能增强他们的自我反思和学习能力，促进学生在今后的小组合作中不断改进和成长。

通过对案例的详细分析，我们深刻认识到学生在小组合作中的复杂性和多样性。教师在教育教学实践中，应充分利用这些案例所带来的启示，优化小组划分、培养学生的团队合作精神和沟通能力、针对不同性格学生给予个性化指导，并建立多元化的评价体系，从而更好地促进学生的全面发展和综合素质的提升。

三、反思与总结

(一) 实习心得与体会

1. 理论与实践结合的感悟

实习宛如一座连接理论与实践的桥梁，让曾经在书本中学习的教育理论知识有了生动的现实注脚。在实习生踏入实习岗位之前，学校里所学的教育理论知识已然构成了一座看似宏伟的知识大厦。这些理论从教育的目的、原则，到教学方法、学生心理等各个层面，为教学活动勾勒出了一幅清晰的蓝图。然而，当真正走进那一方小小的教室，站在讲台上面对一双双充满好奇与期待的眼睛时，才惊觉理论与实践之间存在着一道需要用心跨越的鸿沟。

教育理论作为教学活动的基石，无疑为教学指引了方向。它像一盏明灯，在教学的漫漫长路上照亮前行的路径。例如，教育心理学中关于学习动机的理论，深刻阐释了激发学生内在学习动机对提升学习效果的关键意义。这一理论如同指南针，引导着教师在教学设计中去寻找激发学生兴趣的切入点。在实习过程中，为了将这一理论付诸实践，实习生们尝试了多种方法：在每一堂课的教学导入环节，要像一个精心构思故事的编剧，设计出一个个有趣的情境，或是讲述一个与课程内容相关的奇闻轶事，或是展示一段引人入胜的视频片段，试图以此吸引学生的注意力，点燃他们的学习热情。同时，在教学过程中，教师会巧妙地设置一些具有挑战性的问题，如同在知识的道路上设置一个个小关卡，激发学生的探索欲望。

然而，实践的复杂性远远超出了理论的预设。课堂就像一个充满变数的舞台，每个学生都是独特的演员，他们对教学方法的反应千差万别。不同年龄段的学生有着不同的认知水平和兴趣偏好，就像处于不同季节的花朵，需要不同的滋养方式：低年级的学生可能更容易被色彩鲜艳的图片、生动有趣的动画所吸引，而高年级的学生则更倾向于深入思考具有一定深度和逻辑性的问题。即使是同一年龄段的学生，性格的差异也使得他们对教学方法的接受程度大相径庭　　性格活泼的学生可能对充满活力的互动式教学乐此不疲，而内向的学生或许更需要一个安静、有序的思考环境。这就意味着在实际教学中不能机械地套用理论，而需要根据每堂课、每个班级甚至每个学生的具体情况，不断地尝试和调整教学方法。这个过程就像是在迷宫中寻找出口，每次尝试都是新探索。当看到学生们因为合适的教学方法而眼中闪烁出求知的光芒时，那种成就感和乐趣是难以言喻的，仿佛在黑暗中找到了璀璨的珍宝。

2. 师生关系建立的重要性

师生关系，是教育这一宏大画卷中最细腻、最动人的笔触之一。在实习的日子里，与学生相处的点滴如同繁星，点缀了这段难忘的旅程，也让实习生深刻体会到建立良好师生关系的重要性。

实习生实习的初期，面对这群天真无邪又充满活力的学生，满心期待地想要与他们建立亲近的关系。原以为只要像朋友一样和他们相处，就能迅速拉近彼此的距离，让教学活动在轻松愉快的氛围中展开。于是，在课堂上对于一些小调皮、小动作总是报以宽容的微笑，希望能营造出一种自由宽松的氛围。然而，这种过度的亲近带来了一系列问题：课堂纪律逐渐变得松散，学生们开始在课堂上随意讲话、打闹，原本有序的教学秩序被打乱。实习生这时会意识到仅仅扮演朋友的角色是远远不够的，需要尝试调整态度，变得严肃起来，以严格的纪律来规范学生的行为。但新的问题又出现了，学生们在课堂上变得沉默寡言，原本活跃的课堂气氛变得沉闷压抑。经过反思后，实习生逐渐明白：在课堂上，必须成为一名严谨的引导者，就像一艘航船的船长，引领学生在知识的海洋中航行，并且明确地向学生传达课堂纪律的重要性，要求他们全神贯注地参与学习。每一个眼神、每一个手势都传达出教师对纪律的严格要求。然而，一旦下课铃声响起，教师就像切换了角色的演员，放下教师的威严走进学生中间。课间休息时，和他们一起聊天，听他们分享课间趣事，了解他们最近喜欢的游戏、动漫。在课外活动中，积极参与其中，和他们一起打球、做游戏，感受他们的青春活力。

3. 教学技能提升的艰辛与喜悦

实习是一座锤炼教学技能的大熔炉，每个实习生都在其中经历着烈火的洗礼，感受着艰辛与喜悦交织的复杂滋味。初上讲台时，紧张如同潮水般涌上心头，那种感觉仿佛站在悬崖边缘，说的每一个字都像是在走钢丝。喉咙像是被一只无形的手紧紧扼住，声音变得干涩而颤抖。原本在脑海中清晰无比的教学内容，在那一刻仿佛被蒙上了一层迷雾，变得支离破碎。实习生望着台下那一双双明亮的眼睛，却不知如何开口，每一次呼吸都带着紧张的气息。这是每一个实习生都要面对的第一道难关，它考验着每个实习生的心理素质和应对能力。

正是这种初始的困境激发了实习生努力提升教学技能的决心。备课成为开启教学之旅的重要基石，这个过程就像精心雕琢一件艺术品，需要耗费大量的时间和精力。每本教材在教师眼中都不再是简单的文字堆砌，而是一座蕴含着无尽知识宝藏的神秘岛屿。实习生们深入研究教材的每个章节、每个知识点，试图挖掘出其背后的逻辑关系和教育意义。设计教案则像是绘制一幅精密的地图，从教学目标的确定到教学重难点的剖析，从教学方法的选择到教学过程的安排，每一个环节都需要精心构思。实习生们反复斟酌每一个教学环节的顺序和衔接，思考如何让知识的传递更加流畅。准备教具也是备课过程中不可或缺的一环，无论是制作精美的课件、生动有趣的模型，还是收集相关的图片、视频资料，都为教学增添了丰富的色彩和直观的感受。

在教学过程中，关注学生的反应成为教学技能提升的关键。学生的表情就像是一面镜子，清晰地反映出他们对知识的理解程度。当他们眉头紧锁，眼中露出困惑的神情时，教师便知道教学节奏需要调整。每个细微的动作、每句小声的嘀咕都可能是他们学习困难的信号。就像语文阅读课，当讲解到文章中的某个情节时，发现大部分学生的脸上都浮现出迷茫的神色，教师应立刻意识到问题的严重性，临时增加一些引导性的问题。这些问题就像一把把钥匙，试图打开学生理解的大门。同时，教师还应组织小组讨论环节，让学生们在交流中碰撞出思维的火花。

教育是一份需要用爱与责任浇灌的神圣使命。它要求教师具备高度的耐心，就像一位耐心的农夫，等待着种子在合适的时间发芽、开花、结果。面对学生在学习过程中出现的反复和困难，我们不能急躁，不能放弃，而是要以持之以恒的耐心去引导他们。爱心则是教育事业的灵魂，如同温暖的春风，吹拂着每一个学生的心田。我们要用爱去包容学生的缺点，理解他们的困惑，关心他们的成长。责任心是教师坚守教育岗位的基石，每一个学生都是家庭的希望、国家的未来，我们肩负着培养他们成才的重任，要时刻牢记自己的使命，为他们的成长负责。教育更是一个与时俱进的长期工程，时代在飞速发展，知识在不断更新，教育理念和方法也需要不断地创新和改进。教师不能故步自封，满足于已有的知识和经验，而要像一位勇敢的航海者，不断地学习新知识、探索新方法，紧跟时代的步伐。我们要为学生提供更优质的教育资源，创造更良好的教育环境，让他们在知识的海洋中畅游，具备适应未来社会发展的能力。

（二）对未来教学的启示

1. 个性化教学的深入实施

实习如同一面镜子，清晰地映照出学生个体差异这一教育教学中不容忽视的现实。每个学生都是独一无二的个体，犹如繁星般各自闪耀着独特的光芒，他们在学习风格、学习速度以及兴趣爱好等维度上展现出显著的多样性。这种多样性深刻地启示着我们，在未来的教学旅程中，深入实施个性化教学将成为提升教育质量的关键路径。

在教学设计这一关键环节，全面考量学生的多样性是重中之重。这意味着要精心为不同层次的学生量身定制难度各异的学习任务和问题，构建一个多层次的学习架构。就像搭建一座知识的阶梯，每个学生都能找到适合自己攀登的台阶。例如，在作业设计方面，可以巧妙地将其划分为基础、提高和拓展三个层次。基础作业侧重于巩固课堂所学的基础知识，如同稳固大厦的基石，确保每一位学生都能掌握学科的基本概念和技能；提高作业则在基础之上适度增加难度，要求学生能够灵活运用所学知识解决一些较为复杂的问题，这对于中等水平的学生而言是挑战与提升的契机；拓展作业则是为那些学有余力的学生准备的思维盛宴，涉及知识的延伸和拓展，鼓励他们探索学科的前沿领域或者跨学科的应用。这种分层作业的设计，能让学生根据自身能力自主选择，避免了"一刀切"式教学可能导致的部分学生"吃不饱"或"吃不下"的问题。

课堂教学更是个性化教学的主阵地。在这个充满活力的知识殿堂里，采用多样化的教学方法就如同调配五彩斑斓的颜料，为不同学习风格的学生绘制出一幅绚烂多彩的学习画卷。对于视觉型学习者来说，他们就像敏锐的观察者，对图片、视频等多媒体资料有着极高的敏感度。因此，在教学中可以充分利用这一特点：比如在历史教学中，展示历史事件的图片、纪录片，让学生仿佛穿越时空，亲眼目睹历史的沧桑变迁；在地理教学中，通过精美的卫星地图、地理现象的视频，让学生直观地感受地球的奥秘。对于听觉型学习者，他们如同专注的聆听者，讲解、讨论和朗读环节能更好地满足他们的学习需求，教师生动的讲解就像美妙的音符，在他们的脑海中奏响知识的旋律。在语文课堂上，通过有感情地朗读经典文学作品，让学生在音韵之美中领悟文字的内涵；在政治、哲学等学科的讨论中，倾听不同观点的碰撞，深化对抽象概念的理解。而动觉型学习者则像活跃的探索者，实践操作、角色扮演等活动能激发他们的学习热情。在科学课上，让学生亲手进行实验操作，感受科学原理在实践中的神奇体现；在语言课上，通过角色扮演让学生在情境中运用语言，提高语言表达和交际能力。

此外，现代教育技术为个性化教学提供了强大的支持。借助学习管理系统，教师就像拥有了一双"千里眼"，能够实时跟踪每个学生的学习进度和表现。每一次作业提交、测试成绩、课堂参与情况等数据都被详细记录，形成了学生学习的"大数据画像"。基于这些数据，教师可以为学生提供精准的个性化学习建议和反馈。例如，如果系统显示某个学生在某一知识点的练习中多次出错，教师可以为其推送针对性的辅导资料、练习题或者建议其参加线上的专项学习小组。这种基于数据驱动的个性化教学真正做到了因材施教，如同为每个学生配备了一位专属的学习导师，引领他们在知识的海洋中畅游。

2. 教育技术的有效融合

在科技浪潮汹涌澎湃的时代背景下，教育技术如同一股强劲的东风，为教学领域带来了前所未有的机遇和变革。实习经历让我们深刻认识到，合理运用教育技术就像为教学注入了神奇的催化剂，能够极大地提升教学效果，拓展教学的边界和可能性。

在线上线下混合式教学模式中，在线教学平台发挥着核心枢纽的作用。它宛如一座知识的超级市场，为学生提供了丰富多样、琳琅满目且不受时空限制的学习资源。在线课程打破了传统课堂的围墙，学生可以随时随地接入全球优质的教育课程，与不同地区的教育者和学习者互动交流。例如，一个对编程感兴趣的学生，即使在学校没有相关的课程，也可以在网上找到世界顶尖高校或专业机构开设的编程课程，跟随行业专家学习最新的编程技术。虚拟实验室则为实验科学的教学带来了革命性的变化，尤其是对于那些受条件限制无法开展实际实验的学校或课程提供了解决方案。在化学实验中，虚拟实验室可以模拟危险的化学反应过程，让学生在安全的环境中观察实验现象、理解反应原理；在生物实验中，学生可以通过虚拟操作解剖软件，深入了解生物结构和生理过程。电子图书资源则为学生打开了一座无边无际的知识宝库，无论是经典文学作品还是前沿的学术研究，都能一键获取，满足学生广泛的阅读需求。

多媒体制作软件就像一位神奇的魔法师，在教学课件制作时可将抽象的知识转化为生动形象的视觉盛宴，把复杂的内容简化为通俗易懂的片段。以物理教学为例，分子的运动这一微观且抽象的概念对于学生来说理解难度较大。然而，通过动画演示，分子仿佛变成了一个个活跃的小精灵，它们的无规则运动、碰撞等过程清晰地呈现在学生眼前，让学生轻松理解这一难以捉摸的现象。电路的工作原理同样如此，通过动画展示电流在电路中的流动路径、电器元件的工作状态，原本复杂的电路图变得直观明了。在数学教学中，几何图形的变换、函数图像的动态演示等多媒体手段，让学生从不同角度观察和理解数学概念，降低了学习难度，提高了学习兴趣。

教育技术在教学评价领域的应用更是为教学优化提供了科学支撑。在线测试系统实现了即时测评，能够快速、准确地反映出学生当前的学习情况。教师可以根据测试结果及时发现学生的知识漏洞和薄弱环节，调整教学进度和内容。例如，某一次单元测试后，系统自动生成的成绩分析报告显示某个班级在某一知识点的得分率较低，教师可以迅速针对这一问题进行复习强化。同时，利用数据分析软件对学生的学习数据进行深度挖掘，就像一位经验丰富的侦探，从海量的数据中寻找学生学习规律和潜在问题的蛛丝马迹。这些数据不仅包括测试成绩，还涵盖了学习时间、作业完成情况、课堂互动表现等多个维度。通过分析这些数据，教师可以了解学生的学习习惯、学习困难的类型以及不同教学方法对学生的影响，从而因材施教。

3. 以学生为中心的教学理念的强化

实习宛如一座灯塔，照亮了“以学生为中心”这一教学理念在教育实践中的重要价值。当教学活动围绕学生展开时，就像点燃了学生内心深处的学习之火，他们的积极性和主动性如同火山喷发般释放出来，展现出令人惊叹的学习潜力。

在课堂这一教育的核心舞台上，鼓励学生积极参与讨论、自主探究知识是践行以学生为中心教学理念的关键策略。教师要从传统的知识传授者角色转变为引导者和促进者，如同一位智慧的导师，引领学生在知识的迷宫中探索。问题驱动式教学就是这样一种有效的方法，教师提出的具有启发性的问题就像一把把钥匙，打开了学生思维的大门。例如，在科学课上，当学习生态系统这一主题时，教师可以提出“如果热带雨林中的某一关键物种消失，会对整个生态系统产生什么样的影响”这样的问题。学生们为了寻找答案，会主动查阅资料，了解不同物种在生态系统中的作用；他们会展开小组讨论，各抒己见，从不同角度分析问题。在这个过程中，学生不仅掌握了知识，更重要的是培养了自主学习能力和团队协作精神。

课程设计同样需要紧密围绕学生的兴趣和需求展开，让课程内容与学生的生活实际紧密相连，如同在知识与生活之间搭建一座坚固的桥梁。这样做能让学生深切感受到知识并非高高在上、遥不可及的抽象概念，而是与他们的日常生活息息相关的实用工具。在英语教学中，选取与学生兴趣爱好相关的英语材料是激发学生学习兴趣的有效途径：比如，对于喜欢电影的学生，可以选择经典英语电影片段作为教学素材，让他们在欣赏精彩剧情的同时学习英语发音、词汇和表达方式；对于热爱音乐的学生，英文歌曲则成为学习英语的生动教材，学生在学唱歌曲的过程中感受英语的韵律之美，同时理解歌词中的词汇和语法结构；对于喜欢游戏的学生，可以引入一些英语游戏，让他们在游戏的乐趣中提高英语水平。这种与生活紧密结合的课程设计，让英语学习不再枯燥乏味，而是充满乐趣和实用性。

建立民主平等的课堂氛围是以学生为中心教学理念的重要体现。在这样的课堂中，每个学生的想法和观点都受到尊重，就像每一颗星星在夜空中都有其独特的位置。教师要鼓励学生大胆质疑和创新，培养他们的批判性思维和创新能力。例如，在文学作品讨论课上，学生对作品的理解可能各不相同，有的观点甚至与传统解读大相径庭。教师不应轻易否定这些观点，而是要引导学生阐述自己的思考过程，通过讨论和分析，让学生明白不同观点的价值和局限性。这种开放包容的课堂环境，就像肥沃的土壤，滋养着学生的思维之花，让他们在自由的氛围中茁壮成长，成为具有独立思考能力和创新精神的人。

4. 持续的教师专业发展

教育领域就像一条奔腾不息的河流，永远处于发展变化之中，新的教育理念、教学方法和技术如汹涌的波涛般不断涌现。在这动态的教育环境中，教师作为教育事业的核心推动者，必须像一艘永不停航的船，坚持持续的专业发展，方能在教育的海洋中乘风破浪，为学生指引正确的航向。

积极参加各种培训课程、学术研讨会和教研活动是教师获取新知识、新方法的重要途径。培训课程就像知识的宝库，为教师提供了系统学习教育理论和实践技能的机会。无论是关于最新教育理念的解读，还是新型教学方法的培训，都能让教师在短时间内集中“充电”，更新知识体系。例如，参加项目式学习的培训课程，教师可以深入了解项目式学习的设计原则、实施步骤和评价方法，并将其应用到自己的学科教学中。学术研讨会则是教育思想的盛宴，来自不同地区、不同背景的教育专家和学者汇聚一堂，分享他们的研究成果和实践经验。教师可以接触到教育领域的前沿研究动态，拓宽自己的视野。比如，在一次国际教育技术研讨会上，教师可以了解到全球范围内教育技术在不同学科教学中的创新应用，从中获取灵感，改进自己的教学。教研活动则是教师相互学习、共同成长的平台，在这个接地气的交流空间里，教师们分享着日常教学中的酸甜苦辣、成功经验和失败教训。通过观摩课堂、集体备课、案例分析等活动，教师们可以借鉴同行的优秀教学经验，解决自己在教学中遇到的实际问题。

与同行保持密切的交流与合作是教师专业发展的另一重要维度。在教育这个大家庭中，教师们就像一群志同道合的伙伴，彼此分享着教学经验和资源，共同为教育事业添砖加瓦。通过网络平台、教师社群等方式，教师可以与全国各地甚至全球的同行交流。例如，一位数学教师在教学中遇到如何提高学生对几何证明题的解题能力的难题时，他可以在教师社群中发起讨论，很快就能收到来自其他教师的各种建议和方法，包括一些独特的教学案例、辅导资料等。这种跨区域的交流与合作打破了校际壁垒，让教育资源得到更广泛的共享，促进了教育的均衡发展。

开展自我反思和教学研究是教师专业发展的内驱力。定期对自己的教学进行反思能让教师清晰地认识到自己教学中的优点和不足。教师可以从教学目标的达成情况、教学方法的有效性、学生的课堂反应等多个角度进行反思。例如，在一次教学结束后，教师发现学生对某个知识点的理解不够深入，通过反思发现可能是教学方法过于单一且没有充分考虑学生的认知水平。基于这种反思，教师可以调整教学方法，在下次教学中尝试新的策略。教学研究则是教师从实践走向理论创新的重要途径。教师可以针对教育教学中的实际问题开展小型的研究项目，如“学科教学中如何培养学生的跨学科思维能力”。在研究过程中，教师通过设计实验、收集数据、分析结果等科学方法，探索新的教育规律和方法，并将研究成果应用到教学实践中，推动自己的教学不断创新和发展，为教育改革贡献自己的智慧和力量。

参考文献

[1] 王本陆. 课程与教学论[M]. 北京：高等教育出版社，2004.

[2] 傅道春. 教师的成长与发展[M]. 北京：教育科学出版社，2001.

[3] 项贤明. 和谐教育：全球化时代的教育新理念[J]. 比较教育研究，2008，30(4)：10-15.

模块二

实习案例分析

第四章 学前教育

一、幼儿社交能力培养

（一）案例背景与问题描述

在某学校的幼儿园中班里，30 名幼儿构成了一个充满活力又问题交织的小集体（下文中名字均为化名）。幼儿社交能力方面呈现出的差异和问题，犹如平静湖面下涌动的暗流，对他们的成长有着不可忽视的影响。对于害羞的幼儿而言，他们在集体活动中的退缩表现极为明显。每当集体活动的热闹氛围蔓延开来，他们却像是被一层无形的壳包裹着，独自游离在欢乐之外。萌萌便是其中的典型代表，自由活动时间本应是孩子们尽情玩耍、交流的欢乐时刻，可她却总是在角落里与玩具为伴。当其他小朋友带着纯真的笑容和热情的邀请向她靠近时，她要么低下头试图用这种无声的方式躲避，要么直接拒绝。那小小的身影仿佛在拒绝外界的同时，也将自己与小伙伴们的欢乐隔绝开来。这种行为并非偶然，而是一种长期形成的社交模式，极大地阻碍了她与同伴建立友谊并融入集体生活。

而另一类强势的幼儿，则在与同伴交往中展现出了过度自我的行为。以强强为例，在玩积木这个看似简单的游戏场景中，他的行为却常常引发混乱和冲突。当他对某一块积木产生兴趣时，完全不顾及其他小朋友正在使用的事实，直接伸手去拿。这种行为不仅破坏了游戏的公平性和趣味性，更严重的是伤害了小朋友之间的感情，导致冲突频发，哭闹声时常在游戏区域响起。这些强势幼儿的行为就像一把把利刃，割破了原本和谐的同伴关系网，使得班级氛围变得紧张和不安。

深入探究这些问题的根源，家庭背景因素不容忽视。对于害羞的幼儿，其家庭环境往往存在过度保护的情况。家长们出于对孩子的爱，将他们小心翼翼地护在羽翼之下，却未曾意识到这种过度保护如同一座透明却坚固的牢笼，限制了孩子接触外界的机会。孩子们缺乏与同龄人交往的实践，如同温室里的花朵，一旦面对外界社交的“风雨”，便不知所措，只能选择退缩。

而强势幼儿的家庭状况则有所不同。在他们的家庭中，孩子往往处于中心地位，是家庭关注的焦点。家长对他们的需求几乎有求必应，过度满足他们的欲望。这种教育方式使得孩子在潜意识里形成了以自我为中心的观念，缺乏分享意识和尊重他人的素养。他们不懂得在集体生活中，每个小伙伴都有平等的权利，自己的需求并非总是优先于他人。这些家庭因素在潜移默化中塑造了孩子的社交行为模式，为幼儿园的集体生活带来了诸多挑战。

（二）解决策略与实施过程

面对幼儿社交能力的问题，教师们犹如智慧的园丁，精心制定并实施了一系列富有针对性的策略，如同为每一株幼苗量身打造适宜的成长环境。

对于害羞的幼儿，教师们深知鼓励式引导和情境创设是打开他们社交心扉的两把钥匙。在日常活动的点滴中，教师们时刻保持着敏锐的观察力，像寻宝者一样寻找害羞幼儿的每一个进步瞬间。萌萌是一个害羞的小女孩，哪怕她只是在美术课上小声地和旁边小朋友说了一句话，这样微小的举动都逃不过教师的关注。教师会立刻抓住这个宝贵的时机，在全班面前给予表扬，那一句“萌萌今天很勇敢，和小伙伴说话了，我们给她鼓鼓掌”就像温暖的阳光穿透云层，洒在萌萌的心田。这种积极的反馈，不仅仅是对萌萌这一行为的认可，更是在她内心深处种下了自信的种子。随着这样的表扬不断积累，这颗种子逐渐生根发芽，让萌萌感受到自己的行为是被鼓励和赞赏的，从而逐渐增强了与他人交流的信心。

同时，教师们精心创设的低压力社交情境，为害羞幼儿搭建了一个个安全的社交小窝。以“分享小秘密”活动为例，这个活动巧妙地利用了幼儿对秘密的好奇和分享欲望。教师将幼儿两两分组，让他们在这个相对私密、轻松的氛围中交流。对于害羞的幼儿来说，这种情境就像是一个避风港，他们无须面对全班同学的目光压力，只需和一个小伙伴分享自己的小秘密。教师在旁的适当引导则像是在港湾中为他们指引方向的灯塔。用温和的语言、亲切的笑容鼓励他们开口，帮助他们逐渐克服内心的羞涩，打开与小伙伴交流的话匣子。在这个过程中，幼儿们不仅学会了分享，更重要的是在这种轻松的氛围中逐渐适应了与他人的交流，迈出了社交的重要一步。

对于强势的幼儿，教师们深知培养规则意识和同理心是引导他们走向良好社交的关键路径。在班级这个小小的社交世界里，教师们制定了明确且简单易懂的游戏规则，如“轮流玩玩具”“使用玩具前要询问其他小朋友”等。这些规则就像是班级社交生活的交通信号灯，规范着幼儿们的行为。为了让这些规则深入幼儿的内心，教师们采用了故事、儿歌等极具吸引力的形式将规则融入其中。比如，教师讲述了一个小动物们一起玩玩具的故事，其中有一只小动物总是不遵守轮流玩玩具的规则，最后其他小动物都不愿意和它玩了。通过这样的故事，幼儿们能够直观地感受到不遵守规则的后果。

当强势的强强再次出现抢夺玩具的情况时，教师并没有采取简单粗暴的批评方式，而是巧妙地引导他换位思考。教师温和地问道："强强，如果别的小朋友抢了你正在玩的玩具，你会怎么样呢?"这一问题就像一颗石子投入强强的思维之湖，激起了他内心的涟漪。随后，教师和强强一起回忆之前学过的规则，这种引导方式让强强从自己的角度去理解他的行为对其他小朋友造成的伤害，从而意识到自己的错误。这种教育方式远比直接批评更能让强强深刻地认识到问题所在。

此外，教师组织的团队合作游戏，如"接力拼图""共同搭建城堡"等，成为强势幼儿学习合作的生动课堂。在这些游戏中，每个幼儿都被赋予了特定任务，就像机器中的一个个小零件，只有相互配合，才能使整个机器正常运转。对于强势幼儿来说，他们在游戏中不得不放下自我中心的思维，与小伙伴们协同工作。在"接力拼图"游戏中，每个幼儿负责完成一部分拼图，然后传递给下一个队友。强强在这个过程中逐渐明白，只有耐心等待队友完成任务，自己才能顺利接过拼图继续。通过这样的游戏体验，强势幼儿学会了尊重他人的节奏，理解了合作的意义，认识到在集体活动中不能只考虑个人需求。

在整个教育过程中，教师与家长之间保持着紧密的沟通。教师就像传递信息的使者，将幼儿在园中的每一个表现细节，无论是微小的进步还是出现的问题，都及时反馈给家长。这种反馈不仅仅是简单的信息传达，更是为家长提供了一扇了解孩子在园社交情况的窗口。同时，教师还会向家长提出一些针对性的建议，帮助家长在家中培养幼儿的社交能力，对于害羞的孩子，教师可以建议家长多带他们参加户外活动，鼓励他们主动和其他小朋友打招呼。家长可以从简单的微笑、问候开始，逐渐引导孩子与同龄人建立联系。对于强势的孩子，教师则要提醒家长在家中树立正确的教育观念，避免过度溺爱。家长可以通过一些家庭小游戏，如分享零食、共同整理玩具等，培养孩子的分享意识。通过这种家园共育的方式，为幼儿的社交能力培养创造了一个全方位、连贯性的环境。

(三) 效果评估与反思

经过一段时间的精心培育，幼儿们的社交能力如同沐浴在春雨中的花朵，展现出了令人欣喜的变化，班级整体氛围也焕然一新。

害羞的幼儿们仿佛破茧而出的蝴蝶，逐渐变得开朗主动。萌萌就是其中最生动的例子，曾经那个总是在角落独自玩耍、拒绝小伙伴邀请的小女孩，如今已经发生了翻天覆地的变化。在角色扮演游戏中，她不再是那个默默退缩的旁观者，而是主动提出要扮演重要的角色。她积极地参与到游戏中，与小伙伴们一起商量剧情、表演动作，她的脸上洋溢着自信的笑容，眼中闪烁着快乐的光芒。她与小伙伴们愉快地完成表演的画面，就像一幅美丽的画卷，生动地展示了她在社交能力上的显著提升。这种变化不仅仅体现在萌萌一个人身上，其他原本害羞的幼儿也在不同程度上变得更加积极主动，他们开始主动融入集体游戏，与小伙伴们的交流也日益增多，曾经笼罩在他们身上的羞涩之雾正在逐渐消散。

强势的幼儿们同样经历了一场深刻的转变。强强的变化尤为显著，曾经那个在玩玩具时只考虑自己需求的小男孩，如今学会了尊重他人。当他想要玩玩具时，会主动询问其他小朋友的意见，等待合适的时机。在团队游戏中，他更是展现出了积极合作的一面。在“接力拼图”游戏中，他耐心地等待队友完成任务，那专注的眼神和安静等待的姿态，与之前抢夺玩具的他判若两人。接过拼图后，他迅速而又准确地继续完成任务，为小组的胜利贡献了自己的力量。这种转变体现了他在规则意识和合作能力方面的显著提升，其他强势幼儿也和强强一样，在与同伴交往中逐渐学会了控制自己的行为，考虑他人的感受，积极参与团队活动。

从班级整体氛围来看，这种变化就像春风拂过大地，带来了一片生机盎然的景象。幼儿之间的冲突明显减少，曾经因玩具抢夺、游戏主导权问题而引发的哭闹声和争吵声日渐消弭，取而代之的是互帮互助的温馨画面。在自由活动时间，教室里不再是孤立的小群体，而是三五成群的孩子们聚在一起愉快地玩耍。他们的笑声如同悦耳的音符，在教室里回荡，编织成了一曲和谐友爱的乐章。这种积极向上的氛围为每个幼儿的成长提供了良好的环境，让他们在充满爱与欢乐的集体生活中茁壮成长。

然而，这一充满希望的成长过程也并非一帆风顺，如同航行在大海上的船只，偶尔也会遇到一些风浪，个别害羞的幼儿在面对新的情境时，可能会出现反复的情况。这就像他们在社交成长之路上遇到了一些小坎坷，原本已经迈出的勇敢步伐可能会因为新环境的陌生感而有所退缩。这需要教师持续的关注和引导，就像在黑暗中为他们点亮一盏明灯，帮助他们重新找回自信。教师需要更加细心地观察这些幼儿的反应，根据不同的新情境，为他们提供更多的支持和鼓励，引导他们再次勇敢地迈出社交的步伐。

对于强势幼儿来说，规则的执行是一个需要长期坚持的过程。尽管已经有了很大的进步，但偶尔还是会出现一些小的违规行为。这就像在培养习惯的道路上出现了一些小波动，需要教师和家长不断地提醒和强化。教师需要在日常活动中保持警惕，一旦发现违规行为，及时进行引导和教育，同时也要不断地通过各种方式巩固他们已经建立的规则意识和同理心。

在未来的教育征程中，教师们需要进一步加强对幼儿社交能力培养的系统性和持续性。这就像构建一座坚固的大厦，需要精心规划每一个环节，从基础到顶层，从材料选择到施工工艺，都要做到一丝不苟。教师要深入研究不同年龄段幼儿的社交发展特点，制订更加完善的教育计划，将社交能力培养融入日常教学的各个环节中，形成一个有机的整体。同时，要不断探索更适合不同性格幼儿的教育方法，每个幼儿都是独一无二的花朵，需要用不同的方式去呵护和培育。针对害羞幼儿和强势幼儿，以及其他具有不同社交特点的幼儿，教师要不断创新教育策略，满足他们个性化的发展需求。

此外，与家长的沟通还需要更加深入，如同挖掘一口深井，要不断向下探寻，确保家庭和幼儿园教育的一致性。教师要与家长建立更加紧密的合作关系，不仅仅是简单的信息反馈和建议提供，还要与家长共同探讨教育方法，定期举办家长会、家长培训等活动，让家长更加深入地了解幼儿社交能力培养的重要性和方法。通过家园共育的深度融合，为幼儿的社交能力发展创造更加坚实的保障，让他们在成长的道路上能够更加顺利地融入集体生活，建立良好的人际关系，为人生发展奠定坚实的基础。

二、创意课程设计与实施

(一) 创意课程构思与目标

1. 课程主题与背景

以“奇妙的森林探险”这一创意课程主题为例，对幼儿园大班幼儿心理特点和兴趣倾向进行深入分析。这个年龄段的幼儿正处于对世界充满好奇、渴望探索未知的阶段，而大自然作为一个广袤而神秘的领域，对他们有着天然的吸引力。森林，作为大自然的重要组成部分，蕴含着丰富的奇妙元素，如各种各样的动植物、神秘的环境和未知的冒险，能够充分激发幼儿的好奇心和探索欲望。

2. 课程目标设定的依据与意义

(1) 知识与技能目标

知识与技能目标见表 4-1。

表 4-1 知识与技能目标

知识目标	技能目标
认识森林动植物	森林中的动植物种类繁多，它们构成了一个复杂而有趣的生态系统。幼儿通过学习认识常见的动植物(如松树、兔子、松鼠等)，能够了解到生物的多样性。了解它们的基本特征和生活习性，这不仅是知识的积累，更是培养幼儿观察力的重要途径。例如在观察松树的外形特征时，幼儿需要留意它的针状叶片、粗糙的树皮以及挺拔的树干，这些细节观察有助于提高幼儿的专注力和对事物特征的辨别能力。这种对具体事物的观察和了解，为他们今后学习更复杂的科学知识奠定了基础。
艺术创作能力培养	运用简单的艺术材料进行创作，是幼儿表达自己对森林理解和想象的重要方式。彩纸、彩笔、黏土等材料为幼儿提供了丰富的创作可能。绘画可以让幼儿将脑海中的森林景象通过色彩和线条呈现出来：用彩笔画出茂密的树林，用油画棒描绘出色彩斑斓的花朵。手工制作则更具立体感，他们可以用黏土捏出可爱的动物形象，用彩纸剪出各种形状的树叶和昆虫。而利用废旧物品进行创作，如将纸盒变成森林中的小屋、饮料瓶改造成大树的树干，不仅能激发幼儿的创意，还能培养环保意识和资源再利用能力。这种跨材料的艺术创作，锻炼了幼儿的手部精细动作和空间想象力，同时也是他们情感表达的一种途径。
语言表达能力提升	幼儿在描述森林中的场景和探险经历时，需要通过组织语言、选择词汇来表达想法。这对于语言表达能力的发展至关重要。通过描述森林中的美丽景色、神秘氛围以及探险过程中的惊险刺激，幼儿不仅可以学习如何用生动、形象的语言讲述一个故事，还能丰富自己的词汇量，提高语言表达的流畅性和逻辑性。

(2) 情感与态度目标

情感与态度目标见表 4-2。

表 4-2 情感与态度目标

情感目标	态度目标
热爱大自然情感的激发	大自然是人类生存的基础。培养幼儿对大自然的热爱之情，能够让他们从小树立尊重自然、保护自然的意识。森林是大自然的一个典型代表，可以通过课程引导幼儿深入了解其的奇妙之处，聆听鸟儿的歌声、呼吸花朵的芬芳、观察动物的灵动身形。这些使他们感受到大自然的美好，从而激发内心深处对大自然的喜爱。这种情感将伴随他们一生，影响他们对待环境和生物的态度。

续表

情感目标	态度目标
探索精神和勇气的培养	在森林探险的情境中，幼儿会面临各种未知的情况，这需要他们有探索精神和勇于尝试的勇气。无论是在知识探索阶段对新的动植物的认识，还是在角色扮演中的冒险情节，教师都应鼓励幼儿走出舒适区，勇敢地去探索和发现。这种探索精神将成为他们学习新知识、解决新问题的动力源泉，帮助他们在未来的成长过程中勇于面对挑战。
团队合作与分享精神的增强	团队活动在课程中占据重要地位。无论是艺术创作中的小组合作，还是角色扮演中的共同探险，都需要幼儿之间相互配合。在这个过程中，幼儿学会倾听他人的意见、分工协作，共同完成任务。通过分享自己的想法和作品，能让幼儿体验到给予和接受的快乐，培养他们的社交能力和包容心态，理解团队的力量大于个人，为今后的集体生活和社会交往奠定良好的基础。

(二) 教学材料准备与步骤安排

1. 教学材料准备的多样性与针对性

(1) 知识讲解部分材料

收集大量森林动植物的图片、视频资料，制作成多媒体课件，是为了以直观、生动的方式向幼儿呈现知识。图片可以清晰地展示动植物的外观特征，如不同季节的森林景色、各种花朵的颜色和形状、动物的皮毛花纹等。视频资料则更具动态性，能让幼儿观察到动物的活动姿态，如松鼠在树枝间跳跃、鸟儿展翅飞翔的姿态等。这些多媒体资料能够吸引幼儿的注意力，激发他们的学习兴趣，同时也有助于他们更好地理解和记忆知识。

真实的森林植物标本和小型动物模型为幼儿提供了近距离观察的机会。植物标本可以让幼儿触摸到树叶的纹理、感受花朵的质地，体验到大自然的真实质感。小型动物模型则可以让幼儿从不同角度观察动物的形态，了解其身体结构。例如，通过观察兔子模型，幼儿可以看到长耳朵、短尾巴以及毛茸茸的身体特征，这种直观的感受比单纯的图片更能加深他们对动物的印象。

(2) 艺术创作环节材料

充足的彩纸、彩笔、油画棒、安全剪刀、胶水、黏土等手工材料，是满足幼儿艺术创作需求的基础保障。彩纸有各种颜色和质地，可以用于折叠、剪裁和粘贴，能制作出各种森林元素，如彩色的蝴蝶、花朵等立体造型。彩笔和油画棒则是幼儿绘画的主要工具，它们可以让幼儿自由地表达色彩和形状的想象。黏土具有可塑性，幼儿可以用它捏出各种立体的动物和物体。安全剪刀和胶水不仅用于辅助手工制作，更有助于培养幼儿的动手能力和手眼协调能力。

纸盒、饮料瓶等废旧物品的引入，为艺术创作增添了更多的创意空间和环保理念。这些材料可以激发幼儿的再造想象力，让他们将日常生活中的物品与森林场景联系起来。例如，一个纸盒可以被改造成森林中的小屋，幼儿可以在上面绘制门窗、烟囱，用彩纸或黏土装饰周围的环境，使其成为一个综合艺术作品。这种利用废旧物品的创作方式，不仅培养了幼儿的创新思维，还让他们意识到生活中的物品都可以有循环再利用的价值。

(3) 角色扮演部分材料

角色扮演部分准备的自制望远镜、指南针、地图、动物头饰等道具，是为了营造身临其境的森林探险氛围。望远镜可以让幼儿模仿探险家观察远方的情况，培养他们的观察力和想象力；指南针和地图则增加了探险的真实感，幼儿可以在游戏中学习如何使用这些工具辨别方向、寻找路线；动物头饰则让幼儿更好地融入角色，体验不同角色在森林中的生活和冒险，增强他们的角色认同感和情感体验。

2. 课程步骤安排的合理性与教育价值

课程步骤的安排与教育价值见表 4-3。

表 4-3 课程步骤的安排与教育价值

课程步骤	教育价值
课程导入(1 天)	吸引注意力与激发兴趣
知识探索(3 天)	多媒体与实物结合的教学方式、互动巩固知识
艺术创作(3 天)	分组创作满足不同需求、教师指导与分享交流
角色扮演与故事创编(2 天)	情境选择与角色体验、故事创编与能力培养
课程总结与展示(1 天)	回顾与分享、作品展示与自信建立

课程导入(1 天)：

播放精彩的森林探险动画视频是课程导入的关键环节。动画视频以其生动的画面、有趣的情节和鲜明的色彩，能够迅速吸引幼儿的注意力。在幼儿被视频内容深深吸引后，教师提出“小朋友们，你们想不想去森林里探险呀?”这一问题，直接激发了幼儿的兴趣和好奇心，使他们产生强烈的参与欲望。随后，展示森林的美丽图片进一步强化了这种兴趣，引导其观察并分享看到的内容，不仅调动了幼儿的视觉感知，还促进了他们的语言表达和思维活动。这个过程就像是打开了一扇通往森林探险世界的大门，让幼儿迫不及待地想要深入其中。

知识探索(3 天)：

利用多媒体课件介绍森林中的常见动植物，并结合真实的标本和模型进行讲解，是一种多维度的教学方法。在为期三天的知识探索过程中，教师通过多媒体课件向幼儿系统地展示动植物的信息，如松树的生长环境、兔子的生活习性等。同时，利用标本和模型让幼儿进行实际观察，这种理论与实践相结合的方式，使幼儿能够从不同角度了解知识。例如，在讲解松鼠时，课件中的图片和视频展示了松鼠在森林中觅食、储存坚果、在树枝间跳跃的情景，而真实的松鼠模型则让幼儿可以触摸到它的尾巴、爪子等细节，更好地理解松鼠适应森林生活的身体特征。

提问、互动游戏等方式在知识巩固中起着重要作用。像“猜猜这是什么动物的脚印”这样的互动游戏，不仅增加了学习的趣味性，还促使幼儿积极思考。幼儿需要回忆之前所学的动物知识，观察脚印的形状、大小等特征，然后运用自己的推理能力猜出答案。这种互动游戏可以加深幼儿对知识的记忆，同时培养他们的观察力、分析能力和逻辑思维能力。通过这种方式，幼儿在轻松愉快的氛围中巩固了所学的动植物知识。

艺术创作(3 天)：

根据幼儿的兴趣和能力，将他们分为绘画组、手工组和混合材料组进行艺术创作，充分考虑了幼儿的个体差异。绘画组适合那些喜欢用画笔表达自己的幼儿，他们可以在纸上自由地发挥想象力，用彩笔和油画棒描绘出心中的森林；手工组则为擅长手工制作的幼儿提供了展示空间，他们可以用彩纸、黏土等材料制作出精美的森林动植物；混合材料组则更具挑战性和创造性，幼儿可以利用废旧物品和其他材料创作出独特的森林场景。这种分组方式让每个幼儿都能在自己擅长和感兴趣的领域进行创作，激发他们的创作热情和提高自信心。

教师在艺术创作过程中的指导至关重要。教师不仅要鼓励幼儿发挥想象力，大胆创作，还要在技巧方面给予适当的指导。例如，在绘画组，教师可以指导幼儿如何运用色彩来表现森林的不同氛围，如用绿色表现生机、用蓝色表现宁静的湖泊等；在手工组，教师可以教幼儿如何用黏土捏出更生动的动物造型，如何用彩纸制作出更精致的花朵。作品完成后，组织幼儿互相观看作品并分享自己的创作思路，能够促进幼儿之间的交流和学习。他们可以从同伴的作品中获得灵感，学习不同的创作方法，培养欣赏他人作品的能力和团队合作精神。

角色扮演与故事创编(2 天)：

将幼儿分成小组，让每个小组选择不同的森林探险场景进行角色扮演，为幼儿提供了丰富的想象空间和情感体验。每个小组可以根据自己的兴趣选择如寻找宝藏、救助受伤的小动物等场景。在选择相应的道具并扮演不同角色的过程中，幼儿能够深入体验角色的情感和行为。例如，扮演探险家的幼儿需要表现出勇敢和探索精神，他们会模仿探险家拿着望远镜观察周围环境，看着地图寻找路线；扮演受伤小动物的幼儿则会表现出可怜和需要帮助的样子。这种角色体验能够培养幼儿的情感表达能力和同理心。

鼓励幼儿根据自己的想象创编故事，并在教师的引导下丰富故事内容，这对幼儿的语言表达能力、逻辑思维能力和创造力的培养具有重要意义。在角色扮演过程中，幼儿需要构思故事的情节、角色之间的关系以及发展脉络。教师参与其中，引导幼儿思考如何让故事更有趣、更合理。例如，当幼儿在讲述救助受伤小动物的故事时，教师可以引导他们思考小动物是怎么受伤的、需要用什么方法救助、救助后小动物会有什么反应等问题。通过这种方式，幼儿的语言表达更加丰富、逻辑更加清晰，同时幼儿也培养了解决问题的能力和创新思维。

课程总结与展示(1 天)：

组织幼儿一起回顾整个“奇妙的森林探险”课程，让每个幼儿分享自己最喜欢的部分和学到的东西，是对课程内容的一次全面梳理和情感升华。在这个过程中，幼儿可以回忆起课程中的点点滴滴，从最初被动画视频吸引，到知识探索中的新奇发现，再到艺术创作中的乐趣以及角色扮演中的冒险经历。分享自己最喜欢的部分可以让幼儿再次体验到课程中的快乐和满足感，同时也能让他们更加清楚地意识到自己在课程中学到了什么，培养总结归纳能力和自我认知能力。

将幼儿的艺术作品在教室中展示出来，并邀请其他班级的幼儿和家长参观，是对幼儿创作成果的一种认可和鼓励。当幼儿看到自己的作品被展示在显眼的位置，受到他人的赞赏和关注时，他们会感受到强烈的成就感和自信心。这种自信心将对他们今后的学习和生活产生积极的影响，激励他们更加积极地参与各种活动，勇于展示自己的才华。同时，这也为家长提供了一个了解幼儿在园学习情况的机会，促进家园共育。

（三）课程实施效果与改进建议

1. 课程实施效果的全面展示

（1）知识与技能方面的显著成果

知识与技能方面的显著成果包括动植物知识的提升、艺术创作的精彩呈现、语言表达与团队协作的进步。

通过“奇妙的森林探险”课程，幼儿对森林动植物的认识有了显著提高。大部分幼儿能够准确说出常见动植物的名称和特征，这表明课程中的知识讲解和互动巩固环节取得了良好的效果。在课程结束后的日常观察中可以发现，幼儿们在看到与森林相关的图片或视频时，能够迅速识别出其中的动植物，并能描述出一些它们的特点。例如，当看到一只松鼠的图片时，幼儿会兴奋地说：“这是松鼠，它有大大的尾巴，喜欢吃坚果，会在树上跳来跳去。”这种知识的掌握不仅丰富了幼儿的认知储备，也为他们今后进一步学习自然科学知识打下了坚实的基础。

在艺术创作环节，幼儿们展现出了惊人的创造力。他们的作品形式多样、色彩丰富，充分展示了他们对森林主题的独特理解和丰富想象。有的幼儿用彩纸剪出了形态各异的蝴蝶，这些蝴蝶的翅膀上有着五彩斑斓的花纹，仿佛在翩翩起舞；有的幼儿用黏土捏出了可爱的森林小木屋，小木屋有着尖尖的屋顶、小小的窗户，周围还有用绿色黏土制作的草地和用树枝代表的篱笆，细节之处尽显用心；还有的幼儿用废旧纸盒搭建了一个充满神秘色彩的森林迷宫，纸盒被巧妙地组合在一起，形成了曲折的通道，幼儿还在迷宫周围用彩笔绘制了树木、花朵和小动物，使整个迷宫仿佛处于森林之中。这些作品不仅体现了幼儿的艺术才华，更反映出他们在课程中所获得的创作技能和创新思维。

在角色扮演和故事创编过程中，幼儿在语言表达和团队协作方面有了明显的进步。他们积极参与，能够清晰地讲述自己的故事，并且学会了与小组伙伴分工合作。例如，在一个小组的探险故事中，幼儿们分工明确，有的扮演探险家负责寻找方向，他们会用指南针和地图来确定路线，并向队友描述前进的方向；有的扮演医生救助受伤的小动物，他们会模仿医生的动作检查小动物的伤势，并用自制的医疗工具为小动物治疗。在讲述故事时，幼儿们能够按照一定的逻辑顺序，从探险的开始、遇到的问题到解决问题的过程，详细地描述出来。这种语言表达和团队协作能力的提升，将对幼儿的社交能力和综合素质发展产生积极影响。

（2）情感态度方面的积极变化

情感态度方面的积极变化表现为对大自然热爱的增强和对探险的期待与积极态度。

从幼儿的日常行为和表达中可以看出，他们对大自然的热爱之情得到了极大的提升。在课程结束后，幼儿们经常主动讨论森林中的趣事，如森林里的动物是如何生活的、那些美丽的花朵有什么颜色等。他们对周围的自然环境也表现出了更多的关注，会在户外活动时观察花草树木，寻找与森林中相似的元素。这种对大自然的热爱不仅仅是一种情感上的倾向，更是一种积极的生活态度，将促使幼儿更加主动地去探索和保护自然。

课程还激发了幼儿对探险的热情和积极态度，许多幼儿表示希望能再次进行这样有趣的探险活动。这种对探险的期待反映出幼儿在课程中所培养的探索精神和勇于尝试的勇气。他们不再害怕未知，而是渴望去发现新事物、体验新冒险。这种积极的态度将成为他们今后学习和生活中的宝贵财富，激励他们在面对各种挑战时勇往直前。

2. 课程改进建议的深入分析

(1) 知识探索阶段的优化

知识探索阶段的优化包括针对抽象知识的教学方法调整和增加互动体验环节两部分。

在知识探索阶段，部分幼儿对一些较为抽象的动植物知识理解有困难，如植物的生长周期。这需要教师进一步简化讲解内容，或者采用更直观的教学方式。例如，对于植物生长周期这一抽象概念，可以通过制作植物生长周期模型来帮助幼儿理解。可以用不同颜色的卡片代表植物生长的不同阶段，如种子、发芽、幼苗、开花、结果等，然后将这些卡片按照顺序排列在一个大的展示板上，并在旁边标注每个阶段的特点和所需时间。同时，可以在教室的自然角种植一些生长周期较短的植物，如绿豆、向日葵等，让幼儿亲自观察植物从种子到成熟的整个过程，通过实际观察加深对抽象知识的理解。

除了现有的提问和互动游戏，还可以增加一些互动体验环节。例如，在讲解动物的生活习性时，可以模拟动物的生活环境，让幼儿扮演不同的动物，体验它们的觅食、休息等行为。比如，在学习兔子的生活习性时，可以在教室的一角设置一个模拟的草地环境，放置一些胡萝卜、白菜等食物，让幼儿扮演兔子在其中寻找食物、躲避“天敌”。这种亲身体验的方式能够让幼儿更加深入地理解动物的生活习性，同时也增加了学习的趣味性。

(2) 艺术创作环节的改进

在艺术创作环节，由于材料较多，幼儿在整理材料时会出现混乱的情况。为了解决这个问题，教师可以在课程开始前，专门安排时间教幼儿如何整理材料。可以制定一些简单易懂的整理规则，如将不同类型的材料放在不同的盒子里，用完材料后要及时放回原处等。同时，可以在材料存放区域贴上相应的标识，比如在放彩纸的盒子上贴上彩纸的图案，在放黏土的盒子上贴上黏土的图片，这样幼儿能够更直观地找到材料的存放位置，也便于他们在使用后进行整理。在创作过程中，教师要时刻提醒幼儿保持材料的整洁和有序，对于遵守整理规则的幼儿给予及时的表扬和奖励，通过正向激励培养幼儿良好的整理习惯。

此外，可以逐步引导幼儿参与材料的管理工作。例如，每天安排几名幼儿担任“材料小管家”，负责监督和协助其他幼儿整理材料。这不仅能增强幼儿的责任感，还能让他们在管理过程中更加深刻地体会到材料整理的重要性，同时也能锻炼他们的组织和沟通能力。

(3) 角色扮演环节的完善

在角色扮演中，个别幼儿可能会过于沉浸在自己的角色中，而忽略了团队的整体目标，教师需要更好地引导幼儿平衡个人表现和团队协作。在角色扮演开始前，教师可以和幼儿一起讨论团队目标的重要性，明确每个角色在实现团队目标中的作用。例如，在“寻找宝藏”的场景中，教师可以强调每个幼儿扮演的角色都是寻找宝藏过程中不可或缺的一部分：探险家负责寻找路线，但需要和其他角色如守护宝藏的精灵进行沟通，才能找到宝藏的具体位置；而负责搬运宝藏的角色则需要和探险家配合，确保宝藏安全转移。

在角色扮演过程中，教师要密切观察幼儿的表现。当发现个别幼儿过于关注自己的角色时，应及时进行引导。可以通过提问的方式让幼儿思考自己的行为对团队目标的影响，比如问："你现在做的事情对我们找到宝藏有什么帮助呢?"引导幼儿将个人的行为与团队目标相结合。同时，教师可以在游戏结束后的分享环节，针对团队协作的情况进行讨论，让幼儿分享在角色扮演中是如何与队友合作的，以及遇到的问题和解决方法，通过这种方式强化幼儿的团队协作意识。

另外，教师可以在角色扮演中设置一些需要团队共同完成的挑战或任务，这些任务只有通过每个幼儿的积极参与和紧密配合才能完成。比如，在"救助受伤的小动物"场景中，设置一个需要多个幼儿同时操作才能打开的"救助工具箱"。这样幼儿们就必须相互协作，才能拿到工具救助小动物，从而让幼儿在实践中体会到团队协作的重要性，更好地平衡个人表现和团队协作的关系。

(4) 课程整体的持续优化

课程整体的持续优化体现在课程内容的拓展与深化、个性化教育的融入和家园共育的加强。

随着幼儿知识和能力的不断发展，可以对"奇妙的森林探险"课程内容进行拓展和深化。在知识方面，可以引入更多关于森林生态系统的知识，如食物链、生态平衡等概念。通过简单易懂的方式，如制作食物链卡片游戏，让幼儿了解不同动植物在森林生态中的相互关系。在艺术创作方面，可以增加一些更具挑战性的技巧和材料，如学习简单的木工制作，用小木块搭建森林中的桥梁或木屋；或者引入简单的绘画技法，如水彩的晕染来表现森林中的光影效果。在角色扮演方面，可以增加更多复杂的情节和角色关系，如在探险过程中遇到森林大火，需要幼儿们扮演不同的角色，如消防员、疏散指挥等，共同应对危机，培养幼儿解决复杂问题的能力。

每个幼儿都有自己独特的学习风格和兴趣点，在课程实施过程中可以更加注重个性化教育。在知识探索阶段，对于对动植物知识特别感兴趣的幼儿，可以提供一些额外的拓展资料，如关于珍稀动植物的绘本或简单科普视频，满足他们的求知欲。在艺术创作中，根据幼儿的特长和喜好，鼓励他们尝试不同的创作形式或风格。例如，对于擅长绘画的幼儿，可以引导他们尝试不同的绘画题材或构图方式；对于喜欢手工的幼儿，可以提供更复杂的手工制作教程。在角色扮演中，允许幼儿根据自己的想法对角色和情节进行一定程度的改编，发挥他们的想象力和创造力，让每个幼儿都能在课程中得到最适合自己的发展。

家庭在幼儿教育中起着至关重要的作用，加强家园共育可以进一步提升课程效果。教师可以定期向家长反馈幼儿在课程中的表现和进步，同时为家长提供一些在家中可以开展的与课程相关的活动建议。例如，在知识探索阶段，建议家长和幼儿一起阅读关于森林的绘本，或者在周末带幼儿去附近的公园观察植物和小动物，加深幼儿对森林动植物的认识。在艺术创作方面，鼓励家长和幼儿一起利用废旧物品进行手工制作，培养幼儿的环保意识和艺术创作能力。在角色扮演方面，可以让家长和幼儿一起在家中模拟森林探险场景，进一步强化幼儿的角色体验和语言表达能力。通过家园共育，形成教育合力，为幼儿的成长和发展创造更有利的环境。

总之,“奇妙的森林探险”创意课程在实施过程中取得了显著的效果,但也存在一些需要改进的地方。通过对课程各个环节的优化和完善,融入个性化教育和加强家园共育,可以进一步提升课程质量,更好地满足幼儿的发展需求,让幼儿在充满趣味和挑战的课程中不断成长,培养他们的知识技能、情感态度和综合素质,为他们的未来发展奠定坚实的基础。本次创意课程为幼儿提供了一个富有想象力和探索性的学习平台,在培养幼儿多方面能力和情感方面取得了积极的成果。但在今后的课程设计和实施中,需要进一步优化教学内容和方法,以更好地满足幼儿的学习需求,提升课程质量。

参考文献

[1] 陈帼眉. 幼儿教育心理学[M]. 2版. 北京:人民教育出版社,2015.
[2] 许卓娅. 学前儿童艺术教育[M]. 上海:华东师范大学出版社,2008.

第五章

小学教育

一、多元化教学方法应用

（一）教学方法选择与理由

在小学教育中，选择多元化教学方法至关重要。常见的教学方法包括讲授法、讨论法、演示法、探究法、情境教学法等，如图 5-1。

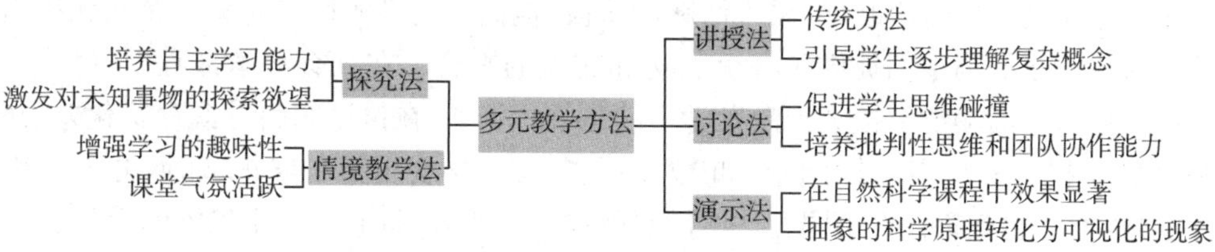

图 5-1　小学教育的多元教学方法

1. 讲授法

讲授法作为教育领域中一种传统且广泛应用的教学方法，有着其不可替代的优势。

在知识传递效率方面，讲授法展现出卓越的能力。对于基础知识的讲解，无论是数学的运算规则还是语文的字词解释，都能游刃有余。以数学运算规则为例，教师在讲解加法运算时，会从最基本的数字相加开始，如“1＋1”“2＋3”等简单示例，逐步引导学生理解加法的概念，即将两个或多个数量合并在一起。接着，教师引入数位的概念，讲解两位数、三位数的加法运算，像“23＋45”，教师会详细说明个位与个位相加、十位与十位相加的步骤和原理。通过清晰的讲解和适量的例题，学生能在短时间内掌握加法运算的方法，并能准确计算大量的加法题目。

在语文的字词解释上，教师的讲授同样重要。比如在教授古诗词时，以李白的《望庐山瀑布》为例，教师首先会介绍这首诗的创作背景。唐朝时期，社会繁荣，文化昌盛，文人雅士们热衷于游历名山大川，在大自然中寻找灵感。李白也不例外，他在游览庐山时，被庐山瀑布的雄伟壮观所震撼，从而挥笔写下了这首千古名篇。这一背景信息的传达，有助于学生理解诗人创作时的心境，为理解诗句含义打下基础。

对于诗句中字词的含义讲解，教师更是细致入微。像"飞流直下三千尺"这一句，"飞流"描绘了瀑布水流湍急、奔腾而下的状态，"直下"则体现出瀑布垂直下落的特点。而"三千尺"是运用夸张手法来描绘瀑布的壮观。教师会进一步解释夸张手法在古诗中的作用和意义，它不仅仅是为了增强诗歌的表现力，更是诗人情感的一种强烈抒发。通过与其他含有夸张手法的诗句对比，如"白发三千丈"等，让学生深刻体会这种文学手法的独特魅力。在这样有条理的讲解下，学生能够迅速获取古诗的基本信息，包括字词的表面意义和诗句所营造的意境，为进一步深入赏析诗歌做好准备。

在复杂概念的讲解上，教师通过清晰的逻辑引导学生逐步理解。以科学课程中的地球公转概念为例，教师会先从日常生活中的季节变化现象入手，引发学生的思考：为什么会有春夏秋冬四季？然后逐步引入地球公转的概念，讲解地球围绕太阳旋转的轨道、方向以及公转周期等内容。通过使用模型、图片等辅助工具，结合生动的讲解，将地球公转这一抽象的概念变得更加直观易懂。教师会用简单的比喻，比如把地球比作一辆沿着椭圆形轨道行驶的汽车，太阳是轨道中心的一个大站，地球在行驶过程中不同位置受到太阳光照的角度和时间不同，从而产生了季节变化。这种逻辑清晰的讲授方式，能帮助学生在脑海中构建起对复杂概念的理解框架，使他们更好地掌握知识。

2. 讨论法

讨论法在小学教育中具有独特的价值，它与小学生的心理和认知发展特点高度契合。

小学生正处于好奇心旺盛、思维活跃的阶段，他们对周围的世界充满了疑问和探索的欲望。讨论法正好为他们提供了一个表达和交流的平台。在社会科学课程中，讨论不同文化的差异这一活动能够极大地激发学生的思维。例如，在讨论东西方饮食文化差异时，教师可以先提出一些引导性问题，如"为什么中国人喜欢用筷子吃饭，而西方人常用刀叉？""中西方的主食有什么不同？"这些问题就像一把钥匙，打开了学生思维的大门。

在小学品德与社会课上，"如何在学校中与同学友好相处"这一话题的讨论更是生动地展现了讨论法的优势。教师提出问题后，将学生分成小组，每个小组就像一个小小的思想熔炉。有的小组提出要互相帮助，他们会详细举例：当同学生病请假时，主动帮忙记笔记、告知作业内容；当同学在学习上遇到困难时，耐心地为其讲解题目。这种具体的事例让互助这一抽象的概念变得真实可感。有的小组则认为要学会分享，例如分享自己的零食或玩具，他们觉得通过分享可以增进彼此之间的感情。分享零食时，大家可以一起品尝美味；分享玩具时，可以一起体验游戏的乐趣。在这个过程中，学生们从不同角度思考人际交往问题。内向的学生可能会从自己渴望得到帮助和分享的经历出发，提出一些温暖人心的建议；而外向的学生则可能会结合自己在班级中与同学相处的丰富经验，分享一些实用的技巧。

每个学生都能在讨论中表达自己的观点，这对于他们来说是一种极大的鼓励。当一个学生提出自己的想法时，其他同学的倾听和回应会让他感受到被尊重和认可。同时，不同观点的碰撞也在不断拓展着他们的视野。在讨论文化差异时，有的学生可能只了解本国文化，通过聆听其他同学对外国文化的介绍，他们仿佛打开了一扇通往新世界的窗户。在讨论同学相处问题时，原本只知道单一相处方式的学生，能够了解到更多元化的方法，从而在实际的校园生活中更好地与同学交往。这种思维碰撞和视野拓展的过程，对于培养学生的批判性思维和团队协作能力有着至关重要的作用。在批判性思维方面，学生需要对其他同学的观点进行思考和评价，判断其合理性，并提出自己的见解。在团队协作方面，小组讨论需要每个成员积极参与、相互配合，共同完成对问题的讨论和总结，这有助于培养学生的沟通能力、合作能力以及协调能力。

3. 演示法

演示法在小学自然科学课程中占据着极为重要的地位，它以直观性的特点为学生理解抽象科学知识架起了一座桥梁。

小学生的认知特点决定了他们对直观事物更容易理解。演示法正是利用了这一点，将抽象的科学原理转化为可视化的现象，从而增强学生的理解和记忆。在小学科学课讲解“磁铁的性质”时，教师精心准备的演示过程就像一场精彩的科学魔术表演。教师拿出各种形状的磁铁，有条形磁铁、马蹄形磁铁等，还有铁屑、小铁钉等物品。这一系列的材料展示首先激发了学生的好奇心，他们的目光被这些看似平常却又充满神秘的物品所吸引。

教师先将磁铁靠近铁屑，此时，神奇的现象发生了——铁屑像是被赋予了生命一般，纷纷朝着磁铁聚集，紧紧地吸附在磁铁表面，形成了一种独特的图案。这一现象让学生直观地看到了磁铁具有吸引铁磁性物质的性质。随后，教师演示了不同磁极相互吸引和排斥的情况。教师拿起两块条形磁铁，将其中一块的 N 极慢慢靠近另一块的 S 极，当两者接近时，学生们可以明显地看到两块磁铁像是有一股无形的力量将它们拉到一起；而当把一块磁铁的 N 极靠近另一块磁铁的 N 极，或者 S 极靠近 S 极时，两块磁铁则像是两个互相斗气的小朋友，彼此排斥，无法靠近。通过这种生动的演示，抽象的磁力概念变得可视化，学生们不再需要死记硬背磁铁的性质，而是通过亲眼所见，在脑海中留下了深刻的印象。

在教授物理实验时，演示法同样效果显著。比如在讲解摩擦力实验时，教师会准备不同粗糙程度的平面，如玻璃表面、木板表面和砂纸表面，以及一个小木块。教师首先将小木块放在玻璃表面上，用弹簧测力计匀速缓慢地拉动小木块，让学生观察并记录弹簧测力计的示数。然后，在木板表面和砂纸表面重复同样的实验步骤。通过观察，学生们可以清晰地发现，在不同粗糙程度的平面上，拉动小木块所需的力是不同的，从而直观地理解了摩擦力与接触面粗糙程度有关这一科学原理。这种现场演示实验操作的方式，让学生仿佛置身于科学探索的前沿，他们能够亲眼见证物理现象的产生过程，感受到科学的神奇与魅力，进而激发他们对科学知识的学习兴趣和探索欲望。

4. 探究法

探究法在小学教育阶段是培养学生自主学习能力和科学素养的有力武器，它引导学生像小科学家一样去探索世界。

小学阶段的探究活动通常从简单的问题入手,这符合小学生的认知水平和能力。例如,探究植物的生长条件这一活动,教师在其中扮演着引导者的角色。首先,教师会引导学生提出问题,如"植物生长需要阳光吗?""植物生长需要水分吗?""不同的土壤对植物生长有什么影响?"这些问题就像一个个神秘的宝藏,等待着学生去挖掘答案。

在提出问题后,教师鼓励学生做出假设。有的学生可能认为植物生长需要阳光,因为他们观察到在阳光下的植物看起来更加生机勃勃;有的学生则假设植物生长需要水分,因为他们发现如果长时间不给花浇水,花就会枯萎。这些假设是学生基于自己的生活经验和初步观察得出的,虽然不一定完全正确,但却是他们思考的起点。

接下来,教师引导学生设计实验。以探究植物生长是否需要阳光为例,学生分组行动。他们会准备两个相同的花盆,在里面种上相同种类的种子,如绿豆种子。一个花盆放在阳光充足的地方,另一个花盆则放在黑暗的柜子里。在这个过程中,学生需要考虑到控制变量,除了光照条件不同,其他条件如土壤、水分、温度等都要保持一致。这种对实验设计的思考和实践,锻炼了学生的逻辑思维能力和科学规划能力。

在实验过程中,学生需要定期观察和收集数据。他们每天都会观察两个花盆里种子的发芽情况和幼苗的生长状况,记录下绿豆苗的高度、叶片数量、颜色等信息。这个过程需要学生的耐心和细心,他们像是小小的研究员,认真地对待每一个数据。当绿豆苗在阳光下茁壮成长,而在黑暗中的绿豆苗出现发黄、瘦弱的现象时,学生们通过对数据的分析得出结论:植物生长需要阳光。

这种探究法让学生亲身体验了科学研究的方法,从提出问题、做出假设、设计实验、收集数据到得出结论,每一个环节都让学生感受到科学探索的乐趣和艰辛。在小学综合实践课中探究"校园里的植物种类"也是如此。教师引导学生提出问题后,学生分组行动。有的小组负责记录不同区域的植物,他们拿着笔记本和画笔,穿梭在校园的各个角落,仔细地观察每一种植物的形态特征,并用画笔简单地描绘下来,同时记录下植物所在的位置。有的小组负责查询资料确定植物名称,他们会利用图书馆的植物图鉴、网络上的植物科普资料,将记录下来的植物特征与资料进行对比,从而确定植物的种类。在这个过程中,学生自主探索校园植物的奥秘,不仅学到了知识,更培养了自主学习能力和对未知事物的探索欲望。

5. 情境教学法

情境教学法如同教育领域的魔法棒,它能将枯燥的知识变得生动有趣,让学生在快乐中学习和成长。

以语文课文为基础的情境教学,能够极大地增强学习的趣味性。在学习《狐假虎威》这篇课文时,教师通过角色扮演的方式创设情境。当学生们被分配到狐狸和老虎的角色时,他们仿佛瞬间进入了故事中的森林世界。扮演狐狸的学生,会努力模仿狐狸那种狡猾的神态和语气,他们可能会眼珠一转,便想出各种办法来欺骗老虎;而扮演老虎的学生则会展现出老虎的凶猛和威严,却又带有一丝憨厚,被狐狸的花言巧语所迷惑。其他学生作为观众,也积极参与其中,他们会全神贯注地观看表演,并且在表演结束后对表演进行评价。在这个过程中,学生们深刻地理解了故事中的角色心理。他们明白狐狸是利用了老虎的威风来吓唬其他动物，体会到了狐狸的狡猾和老虎的愚蠢。这种通过模拟情境获得的理解，比单纯的文字讲解要深刻得多。同时，学生们在欢乐的氛围中学习，对语文学习的兴趣也得到了极大的提高。

在小学英语课学习动物单词时，情境教学法同样发挥了神奇的作用。教师创设一个动物园的情境，将教室变成了一个充满趣味的动物王国。教师在教室里张贴各种动物的图片：有可爱的熊猫、凶猛的狮子、高大的长颈鹿等。然后让学生扮演游客、动物园管理员等角色。扮演游客的学生带着好奇和兴奋的心情，走到不同的“动物区域”，用英语询问“What's this? It's a…”来了解动物的名称。扮演管理员的学生则热情地回答，介绍各种动物的特点。在这个情境中，学生们不仅学会了动物单词，还能熟练地运用英语句型进行交流。这种在情境中学习的方式，让英语学习不再是枯燥的单词背诵和语法学习，而是变成了一场有趣的角色扮演游戏。学生们在情境中感受到了英语的实用性，提高了英语表达能力的同时，也增强了学习英语的积极性。

情境教学法还可以应用于其他学科。例如，在数学的购物情境教学中，教师可以在教室里模拟一个小商店，摆放一些文具、玩具等物品，并标上价格。让学生扮演顾客和售货员，进行购物交易。在这个过程中，学生需要运用数学知识进行计算，如计算商品的总价、找零等。这种情境教学让数学知识与实际生活紧密结合，使学生明白数学在生活中的重要性，同时也提高了他们运用数学知识解决实际问题的能力。

（二）教学实施过程与学生反应

1. 实施讲授法

在实施讲授法时，教师的精心准备是教学成功的关键。教师会花费大量时间精心设计教案，从教学目标的明确到教学内容的组织，都要确保讲解内容条理清晰、深入浅出。例如，在数学课堂上讲解四则运算，这是一个系统性且逐步递进的过程。教师从最基础的简单例子入手，像加法和乘法的基本运算（1＋2）和（2×3），让学生回忆起已有的数学知识，并在此基础上引入四则运算的概念。在讲解四则运算的顺序时，教师会先通过具体的式子，如（2＋3）×4，详细说明先算括号内加法，再算乘法的规则。随着教学的推进，逐步引入更复杂的混合运算，如 3＋4×（5－2）÷2，每一步都清晰地展示运算顺序和方法。在讲解过程中，教师时刻保持敏锐的观察力，密切关注学生的表情和反应。他们会留意学生的眼神、表情以及肢体动作，以此来判断学生的理解程度。

通过适时地提问来检查学生的掌握情况，比如询问学生在某个混合运算式子中应该先计算哪一部分。大部分学生能够跟随教师的思路，他们的眼神专注，积极回应教师的提问，认真听讲并做笔记。这些学生在教师讲解新知识时，能够快速地将其与已学知识建立联系，思维随着教师的讲解而运转，展现出良好的学习状态。

然而，不可避免地会有部分学生出现注意力不集中的情况。这可能是由于教学内容的难度、学生自身的注意力特点或者其他因素导致的。例如，在小学数学乘法运算教学中，当教师讲解乘法的意义和运算规则时，有的学生会眼神游离，表现出对学习内容缺乏兴趣或者感到枯燥。此时，教师需要采取一些策略来重新吸引他们的注意力。一种常见的方法是通过简单的互动，比如提问走神的学生一些基础的乘法问题，如“3×4 是几个

3 相加”。这种提问不仅能让走神的学生重新回到学习状态，还能让其他学生也再次巩固所学知识。通过这样的方式，大部分学生在理解了乘法运算的知识后，能够顺利完成课后练习题，正确率较高，这也体现了讲授法在知识传授方面的有效性。

2. 实施讨论法

讨论法的有效实施对教师的教学设计能力要求较高，教师需要提前精心设计好讨论问题，确保问题具有启发性和讨论价值。

在社会科学课程讨论不同文化差异时，教师首先要对文化差异的概念和范畴有清晰的界定，然后设计出能够引导学生深入思考的问题，如“不同文化在饮食、服饰、节日等方面有哪些独特的表现和背后的原因”。教师将学生分成小组时，会考虑到学生的性格、学习能力等因素，尽量使每个小组的成员构成多样化。每组安排一个组长，组长负责组织讨论，确保每个成员都有发言的机会，维持讨论的秩序。在讨论开始时，学生可能会有些拘谨，这是很正常的现象。他们可能不太习惯在小组中表达自己的观点，或者对讨论的话题还没有清晰的思路。但随着讨论的深入，气氛会逐渐热烈起来。学生们积极分享自己所知道的文化元素，这是一个知识汇聚和交流的过程。有的学生讲述自己在旅游中的见闻，他们会生动地描述在国外看到的不同建筑风格、饮食习惯等，比如在法国的街头看到人们悠闲地坐在露天咖啡馆，品尝着精致的法式甜点，这种独特的生活方式与本国文化形成鲜明对比。有的学生则介绍从书本上了解到的外国文化，他们可能会提到希腊神话对西方文化的影响，或者日本茶道背后的文化内涵。在讨论过程中，也会出现一些争论，这正是思维碰撞的精彩表现。例如，在讨论不同文化的价值观时，有的学生认为西方文化强调个人主义，而东方文化更注重集体主义，但也有学生提出不同观点，认为在现代社会，东西方文化在这方面也有相互融合的趋势。这些争论促使学生从不同角度思考问题，深入挖掘文化差异的本质。

在讨论“童话故事中的人物特点”时，一开始学生可能会有些迷茫，不太清楚从哪些方面入手。教师的提示就像一盏明灯，引导他们从人物的性格、行为等方面开始讨论。随后，学生们开始热烈讨论。小组讨论时，他们会结合自己对童话故事的理解和记忆，分析不同人物的特点。有小组讨论《白雪公主》里的小矮人很善良、勤劳，他们从帮助白雪公主的情节中找到证据，比如小矮人每天辛苦地挖矿，但依然热情地接纳白雪公主，为她提供住所和保护。内向的学生也逐渐参与其中，他们克服了自己的羞涩，分享自己的看法。这种讨论不仅加深了学生对童话故事的理解，还培养了他们的表达能力和批判性思维。

3. 实施演示法

演示法的成功实施要求教师在课前做好充分而细致的准备。在物理实验演示中，教师需要对实验器材进行精心挑选和准备，确保器材的完好且适用。例如，在准备静电实验器材时，要检查静电发生器是否能正常工作，小纸片的材质和大小是否合适。教师会将实验器材整齐地摆放在讲台上，按照实验的顺序和使用的逻辑进行排列，方便学生观察。在向学生展示并讲解每个器材的作用时，教师会详细介绍，比如在讲解静电发生器时，会说明它是如何通过摩擦等方式产生静电的，让学生明白每个器材在实验中的角色。在演示过程中，学生们的注意力会被牢牢吸引，他们的眼睛紧紧盯着实验器材，充满了好奇和期待。当看到神奇的物理现象时，他们会表现出极大的兴趣和兴奋。

例如,在演示静电吸附小纸片的实验时,当教师启动静电发生器使物体带上静电后,小纸片像是被施了魔法一样纷纷吸附在物体表面。这种违背学生日常认知的现象让他们感到惊讶,甚至发出惊叹声。又如在演示“三棱镜分解太阳光”实验时,当阳光通过三棱镜在白墙上出现七彩光带时,那绚烂多彩的画面瞬间抓住了学生的心,他们同样发出阵阵惊叹。这表明他们被直观的现象所深深吸引,这种吸引力能够激发他们对科学知识的渴望。

同时,教师在演示过程中会适时地提出问题,引导学生思考现象背后的原理。例如,在静电吸附实验后,教师会问学生:“为什么小纸片会被吸附? 是一种什么力量在起作用?”在三棱镜实验后,教师会询问:“光带颜色是什么顺序以及为什么太阳光会被分解成七种颜色?”学生们会积极回应,他们会根据自己的观察和已有的知识尝试回答问题。在后续自己动手实验时,他们能够准确描述实验现象,这得益于演示法所带来的直观印象和理解。这种从观察现象到思考原理再到实践操作的过程,使学生在科学学习中逐步建立起完整的知识体系。

4. 实施探究法

探究法的实施过程相对复杂,需要教师精心引导和学生积极参与。以探究植物生长条件为例,教师首先要引导学生提出有价值的问题。这需要教师激发学生的好奇心和观察力,让他们关注到植物生长在不同环境下的差异。教师会通过展示不同生长状态的植物图片,或者在校园中观察实际的植物,引导学生思考影响植物生长的因素,从而提出问题,如“植物生长是否需要阳光”“不同的土壤对植物生长有什么影响”“水分对植物生长有多重要”等。

然后,学生在教师的指导下分组设计实验。分组时,教师会考虑学生的能力互补,确保每个小组都有具备一定组织能力、观察能力和动手能力的成员。在设计实验过程中,学生们积极讨论,各抒己见。有的小组准备不同光照条件的种植环境:他们会精心选择种植容器,准备相同品种的植物种子,设置不同的光照时长,如一组每天接受 8 小时光照,另一组每天接受 4 小时光照;有的小组准备不同类型的土壤,他们会收集沙质土、黏质土和壤土,将相同的植物种子种在不同土壤的花盆中。

在实验过程中,学生们充满热情,宛如小小的科学家,对自己负责的实验部分格外用心。每天他们都会定时观察植物的生长变化,仔细地记录数据,包括植物的发芽时间、幼苗的高度、叶片的数量和颜色等。这个过程中,学生们会遇到一些问题。比如有的小组在控制变量方面出现失误,可能在设置不同光照条件时,没有控制好其他因素(温度或者水分),导致实验结果出现偏差。但在教师的指导下,他们能够及时调整,重新设计实验或者改进实验方法。

同样,在探究“纸飞机飞行距离与什么因素有关”时,学生们也是兴致勃勃地投入其中。他们发挥自己的想象力和创造力,提出各种假设:有的小组认为与纸飞机的形状有关,便制作了不同形状的纸飞机进行试验。在制作过程中,他们会尝试三角形、长方形、梯形等不同形状的机翼。但在试验过程中,他们发现投掷飞机的力度不好控制,这一变量会影响实验结果。经过多次尝试和教师指导,他们通过使用统一的投掷工具或者规定投掷的动作幅度等方法来调整试验方法,最终实现试验效果,得到更准确的试验数据和结论,从而培养了学生的科学探究能力和解决问题的能力。

5. 实施情境教学法

情境教学法在语文课堂上的实施为语文学习带来了无限乐趣。在《狐假虎威》的角色扮演中，学生们全身心地投入角色准备中：扮演狐狸的学生为了更好地呈现狐狸狡猾的神态和语气，课前反复练习，仔细揣摩狐狸的心理。他们通过观察狐狸的图片、视频等资料，模仿狐狸的动作，比如走路时的轻盈步伐、眼神的狡黠闪烁，以及说话时的尖声细语和巧妙的语调变化。扮演老虎的学生则努力展现出老虎的凶猛和威严，他们会挺直腰板，模仿老虎的咆哮声，通过表情和动作表现出老虎的强大气场。在表演《拔萝卜》课本剧时，扮演老爷爷的学生更是用心。他们会观察老年人的生活姿态，模仿老人走路时的缓慢步伐、弯腰驼背的姿势，以及说话时的沙哑嗓音和缓慢语速。生动的形象让其他学生看得津津有味，仿佛置身于故事之中。表演结束后，学生们对课本内容记忆深刻，因为他们通过角色扮演，亲身体验了故事中的情节，深切体会了人物情感。在回答与故事相关的问题时，他们能够准确地描述故事细节并理解故事所蕴含的道理。

其他学生作为观众，也积极参与其中，他们不仅仅是旁观者，更是评价者。表演结束后，他们会热烈地讨论表演的优点和不足，从角色的表现、台词的准确性到情节的连贯性等方面进行评价。这种评价过程也是一种学习和思考的过程，让他们更加深入地理解课文内容。整个课堂气氛活跃，充满了欢声笑语和热烈的讨论声。学生们在欢乐中更好地理解了课文内容，并且这种积极的情感体验会增强他们对语文学习的兴趣，让他们期待下一次的情境学习活动，从而提高语文学习的积极性和主动性。

（三）教学方法效果评估

1. 讲授法的效果评估

讲授法作为一种传统且广泛应用的教学方法，其效果评估至关重要。通过课后作业和小测验来评估是常见且直接的方式。当教师运用讲授法完成某一阶段的教学后，布置课后作业和进行小测验，是对学生知识掌握情况的量化考察。以小学历史课讲授古代文明为例，课后小测验能清晰地反映出学生的学习成果。对于像古埃及金字塔这样的知识点，大部分学生能准确回答其建造目的、大致形状等内容。这表明在基础知识的传授上，讲授法发挥了积极作用。教师在讲解金字塔时，详细阐述了它作为法老陵墓的功能，以及其宏伟的三角锥形外观，这些信息被学生有效接收和记忆。

然而，仅仅依靠作业和测验是不够全面的，课堂提问和学生的课堂反应同样是评估的关键维度。在课堂上，教师通过提问可以实时了解学生的理解程度。如果学生能够积极回答问题，并且能够理解进一步的拓展内容，这意味着讲授法的深度和广度较为合适。例如，在讲解古代文明时，当教师提问金字塔建造所反映出的古埃及社会的科技水平和组织能力等拓展性问题时，部分学生能够给出合理的回答，说明教师在讲授过程中对知识的拓展达到了一定效果。

如果发现学生普遍存在理解困难，或者在作业中频繁出现相同类型的错误，就需要深入反思。这可能是讲授内容过于复杂，超出了学生的理解范围。例如，在介绍古代文明之间交流的内容时，由于涉及多个文明、多种交流方式和复杂的历史背景，学生在回答相关拓展问题时表现出理解不足，回答不够全面。这就提示教师可能需要简化复杂的概念，或者调整讲解方式。也许可以增加更多的实例，将抽象的文明交流具象化，如讲述丝绸之路中不同文化之间通过贸易进行的物品、技术和思想的交流，帮助学生更好地理解这一复杂的历史现象。

2. 讨论法的效果评估

讨论法效果评估主要聚焦于学生的参与度和思维发展这两个核心要点。观察小组讨论的活跃度是评估参与度的重要途径。在小组讨论中，教师可以留意每个小组的讨论氛围，看是否每个学生都积极参与其中。例如，在讨论“环保行动我们能做什么”这一话题时，活跃的小组中学生会积极发言，分享自己的想法，而不是只有个别学生主导讨论。学生发言的质量和数量也是衡量参与度的关键因素。高质量的发言意味着学生经过深入思考，提出的观点具有建设性。

在思维发展方面，当学生能够积极发言，提出有价值的观点并且尊重他人意见时，说明讨论法在培养学生团队协作和思维能力方面取得了较好的效果。在环保行动的讨论中，学生们提出了减少使用一次性用品、垃圾分类等切实可行的建议。而且，他们能够从不同角度阐述理由，如从环境保护、资源利用、生态平衡等多方面解释为什么要减少一次性用品的使用。这种多角度的思考体现了学生思维的拓展。

此外，学生在后续课程中的表现也是评估讨论法效果的重要依据。特别是在写作或回答开放性问题时，若学生能够运用在讨论中获得的思路和观点，就证明讨论法对学生知识迁移能力产生了积极影响。例如，在之后的作文中，学生能围绕环保主题，运用讨论中形成的观点进行详细阐述，将讨论中的想法转化为文字表达，展现出知识从讨论情境到写作情境的迁移，进一步验证了讨论法对培养学生思维能力和知识迁移能力的积极作用。

3. 演示法的效果评估

演示法的评估主要从学生对演示内容的理解和记忆情况入手。课堂提问是一种及时的评估方式，在教师完成演示后，通过向学生提问，可以了解他们对演示实验所涉及原理和现象的初步理解。例如，在科学课演示“水的浮力实验”后，教师询问学生浮力产生的原因以及物体在水中沉浮的条件，学生若能准确回答，说明他们在演示过程中对知识有了一定的理解。

实验报告则是更深入评估学生理解程度的方法。可以让学生写实验报告，要求他们准确描述实验过程和现象，并解释背后的科学道理。在水的浮力实验报告中，如果学生能够详细描述将物体放入水中时观察到的现象，如物体在水中的沉浮状态变化，并且能够运用阿基米德原理等知识解释浮力与物体排开液体体积、液体密度的关系，就表明演示法是有效的。

除了这些即时和短期的评估，观察学生在后续相关课程中的表现也是重要的评估维度。在学校组织的科技小实验比赛中，当涉及浮力相关内容时，学生们能熟练运用所学知识设计实验，这体现了演示法的长期效果。例如，学生在设计利用浮力原理制作简易密度计的实验时，能够准确选择合适的材料，考虑浮力与重力的平衡关系，这说明他们对浮力知识不仅理解深刻，而且能够灵活运用。同时，在考试中遇到类似的实验题目时，学生的答题情况以及在实际操作实验时的熟练程度，都能反映出演示法对学生知识掌握和实践能力的影响。

4. 探究法的效果评估

探究法效果评估重点关注学生自主学习能力和科学探究能力的提升。从学生在探究过程中的表现来看，如果学生能够独立提出问题、设计合理的实验方案、准确收集和分析数据并得出合理结论，这无疑表明探究法在培养学生自主学习和科学探究能力方面是成功的。以探究“不同材料的隔音效果”为例，学生们首先要提出问题，如“不同材质的材料隔音效果有何不同”“材料的厚度对隔音效果是否有影响”等问题的提出反映出学生对生活现象的观察和思考能力。

接着，学生设计实验方案，他们会选择不同的材料，如木板、泡沫板、铁板等，并考虑如何控制变量，比如保持声音源的强度、距离等因素不变，只改变材料这一变量。在实验过程中，准确收集数据，如使用分贝仪测量不同材料隔音前后的声音强度，并认真分析这些数据，通过对比得出哪种材料隔音效果更好以及材料厚度与隔音效果之间的关系等结论。

这种探究能力的培养具有延续性，在后续学习“不同材料的隔热效果”时，学生能自主设计类似的探究方案，这表明他们已经掌握了探究的基本流程和方法，能够将其迁移到新的问题情境中。同时，观察学生在面对探究过程中出现的问题时的解决能力也至关重要。比如在隔音效果探究中，如果遇到测量数据不准确的问题，学生能够检查仪器、调整实验环境或者改进测量方法，这种解决问题的能力是探究法培养的重要成果。而且，在后续学习中，学生能否运用探究方法解决新的问题，进一步验证了探究法的效果。

5. 情境教学法的效果评估

情境教学法的效果评估可从学生的学习兴趣和知识掌握情况两方面展开。从学生在课堂上的表现来看，如果学生积极参与情境活动，表现出对学习内容的浓厚兴趣，这说明情境教学法在激发学生学习积极性方面发挥了作用。例如，在英语情境教学“餐厅点餐”中，学生们热情高涨地参与角色扮演。他们扮演顾客和服务员，运用“What would you like to eat/drink?”“ I'd like…”等句型进行交流。这种积极参与的状态体现了情境教学对学生兴趣的激发。

在知识掌握方面，通过课后的测验和作业可以有效评估。如果学生能够准确理解和运用在情境中学习到的知识，就说明情境教学法达到了预期效果。在“餐厅点餐”情境教学后，通过课堂模拟点餐和课后作业可以发现，学生对相关英语单词和句型的掌握率大幅提高。而且，在学校英语角活动中，学生能熟练运用这些知识进行交流，表明他们不仅记住了单词和句型，还能在实际情境中灵活运用，实现了知识从情境学习到实际应用的转化。此外，在回答与情境相关的问题时，如果学生能够联系情境内容，从情境角度思考问题，并且在理解和记忆知识点上有较好的表现，也进一步证明了情境教学法的有效性。例如，在回答“餐厅点餐时如何询问特色菜品”的问题时，学生能根据情境教学中的经验准确回答，这体现了情境教学法对知识掌握的促进作用。

二、个性化教育实施

(一) 个性化教育需求识别

在小学教育的广阔领域中，准确把握学生的个性化教育需求是实施个性化教育的基石，这一过程犹如一场精心策划的探索之旅，因为每个学生都如同独特的花朵，有着各自独特的学习风格、兴趣爱好和学习能力等。

1. 学习风格

学习风格是学生在学习过程中展现出的独特倾向，它深刻影响着学生对知识的接收和理解方式，学习风格的种类如图 5-2 所示。

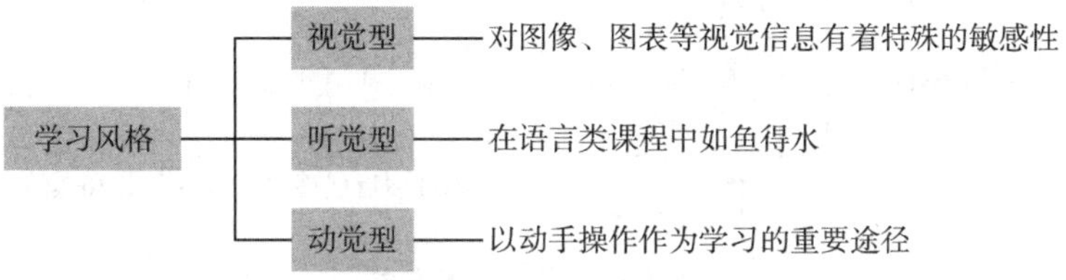

图 5-2 学习风格种类

视觉型学习者对图像、图表等视觉信息有着特殊的敏感性。在数学几何知识的学习情境中，这一特点表现得淋漓尽致。当学习三角形、四边形等几何图形时，他们通过仔细观察图形的形状、线条、角度以及各部分之间的关系，能够迅速理解其性质和定理。例如，在学习三角形内角和定理时，视觉型学习者看着三角形的图形，能直观地想象将三个角剪下来拼在一起形成平角的过程，从而轻松理解内角和为 180 度这一概念。在解题时，他们也更善于从图形中寻找线索，无论是计算角度大小、证明线段相等还是求解图形面积，他们都能凭借对图形的敏锐观察快速找到解题思路。

听觉型学习者则在听讲方面展现出卓越的能力，尤其在语言类课程中如鱼得水。在英语听力训练中，他们能够迅速捕捉到语音、语调、语速等细节信息，准确理解听力内容。比如在听英语故事或对话时，他们能轻松分辨出不同的单词发音和连读规则，快速理解故事的情节发展。在语文朗诵课程里，他们能很好地把握文章的韵律、节奏和情感表达。教师朗读示范时，他们能迅速吸收其中的语音技巧和情感渲染方式，将其运用到自己的朗诵中，使朗诵更富有感染力。

动觉型学习者则以动手操作作为学习的重要途径之一。在手工课上，他们展现出非凡的创造力和实践能力。比如制作纸雕作品时，他们通过亲自动手折叠、剪裁、雕刻纸张，感受纸张的变化，从而掌握纸雕的技巧和艺术表现形式。在科学实验课中，他们更是表现得积极活跃。比如在化学实验时，他们亲自操作实验仪器，调配化学试剂，观察化学反应的现象，如颜色变化、气体产生、沉淀生成等，通过这些亲身实践来理解化学原理和概念，这种动觉体验让知识在他们心中留下深刻的印记。

美术课上，以画校园风景画为案例，更生动地展现了不同学习风格学生的差异。视觉型学习者会全神贯注地观察校园的每一个细节，从教学楼的建筑风格、窗户的排列到花草树木的种类、颜色分布，他们都能精准地捕捉到，并将这些视觉信息转化为笔下栩栩如生的画面。听觉型学习者则会依赖老师对校园景色的描述，他们的脑海中会浮现出老师所提到的画面，比如阳光洒在操场边大树叶子上形成的金色边缘，他们会将这些听觉信息融入自己的画作中。而动觉型学习者会通过在校园中漫步，亲身感受不同角度下景色的变化，用脚步去丈量物体之间的距离，用手比画物体的大小比例，这种亲身体验为他们的绘画提供了丰富的素材和独特的视角。

2. 兴趣爱好

兴趣爱好是学生内心热情的火焰，它为个性化教育需求识别提供了鲜明的线索，兴趣爱好的分类如图 5-3 所示。

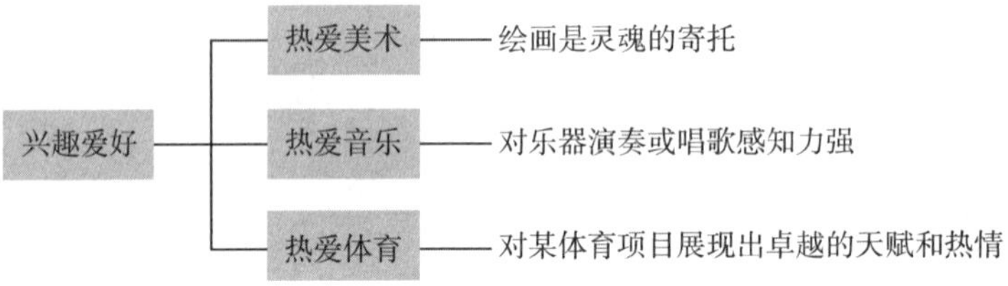

图 5-3　兴趣爱好分类

对于热爱美术的学生而言，绘画是他们心灵的寄托。在美术课上，这些对艺术充满热情的学生展现出独特的艺术感知力。他们对色彩的运用有着敏锐的直觉，能够轻松地将不同颜色搭配在一起，创造出令人眼前一亮的视觉效果。在构图方面，他们有着自己的想法，懂得如何巧妙安排画面元素，使画面更具平衡感、节奏感和层次感。他们渴望在学校能有更多的创作机会，比如参加绘画比赛、举办个人画展或者参与大型的壁画创作项目，以进一步提升自己的绘画技能和艺术表现力。

对音乐感兴趣的学生则对乐器演奏或唱歌有着浓厚的兴趣。在学校的音乐课程中，他们积极参与合唱队或乐器学习小组。在合唱队里，他们认真学习发声方法，不仅仅是简单地唱歌词，而是深入探究如何运用气息、共鸣等技巧来发出优美动听的声音。他们对音乐节奏和旋律有着很强的感知力，能够迅速跟上指挥的节奏，准确地唱出每个音符，并且在合唱中与其他成员完美配合，展现出和谐统一的音乐之美。对于乐器学习，他们充满热情和耐心，无论是钢琴、小提琴、吉他还是其他乐器，他们都愿意花费大量的时间练习，努力掌握乐器的演奏技巧，从指法、弓法到音符的演奏顺序和节奏把握，都力求做到最好。

体育爱好在部分学生心中占据着重要地位，他们在各种体育项目中展现出卓越的天赋和极大的热情。在学校的篮球训练中，那些热爱篮球的学生全身心地投入其中。他们努力练习投篮技巧，从基本的投篮姿势、发力方式到不同位置、不同距离的投篮命中率提升，都经过反复练习。在传球方面，他们钻研各种传球方式，如胸前传球、击地传球、背后传球等，注重传球的准确性、力度和时机把握，以便在比赛中更好地与队友配合。跳绳爱好者则不断挑战自己的速度和技巧极限，尝试各种花样跳绳动作，如单脚跳、双脚交替跳、交叉跳等，通过持续训练提高自己的跳绳水平。这些热爱体育的学生希望学校能提供更专业的体育训练指导，比如邀请专业教练指导或者参加更高级别的体育赛事等，以满足他们对体育技能提升的渴望。

3. 学习能力差异

学习能力的差异是个性化教育需求识别中不可忽视的关键因素，它在学业成绩和特殊学习障碍两个层面都有着明显的体现。

在学业成绩方面，学科之间的能力差异在学生中普遍存在。有些学生在数学领域展现出惊人的天赋，他们似乎拥有一种特殊的数学思维能力，能够快速理解和掌握复杂的数学概念。对于抽象的数学公式和定理，他们无需过多的解释就能领悟其中的奥秘。在解决难题时，他们能够迅速找到问题的关键，运用巧妙的解题思路将问题迎刃而解。然而，在语文写作这一领域，他们可能会遭遇困境。当面对作文题目时，常常感到无从下笔，写出的内容可能会显得空洞无物，语言表达也较为平淡。例如，在写《我的理想》这篇作文时，他们可能只是简单地提及自己的理想是什么，却无法详细描述理想产生的原因、实现理想的步骤以及理想对自己的意义等内容，缺乏丰富的细节描写和情感表达。

相反，有些学生在语文方面有着出色的表现，他们拥有丰富的想象力和良好的文字表达能力。在阅读文学作品时，他们能够深入理解作者的思想情感，与作品中的人物产生共鸣。在写作时，他们能够用生动形象的语言描绘出丰富多彩的世界，将自己的想法和情感通过文字淋漓尽致地展现出来。但在数学计算或逻辑推理方面，他们却需要更多的帮助。特别是在几何图形的学习中，他们可能会遇到很大的困难，无法准确想象出立体图形的形状和角度关系。例如，在学习正方体、长方体的表面积和体积计算时，他们可能很难在脑海中构建出这些立体图形的模型，从而无法正确理解计算公式的应用原理。

除了学业成绩上的差异，还有一部分学生可能存在学习障碍，这对他们的学习产生了严重的影响，需要特殊的教育支持。阅读障碍是其中一种常见的情况，这些学生在阅读过程中可能会出现认字困难、读字颠倒、阅读速度慢等问题。他们在阅读文章时，可能无法理解句子的含义，导致阅读效率低下，影响对知识的获取。注意力缺陷多动障碍也是一个挑战，患有此类障碍的学生往往难以集中注意力，在课堂上容易分心，小动作频繁，这使得他们很难跟上教师的教学进度，学习效果大打折扣。

4. 其他方法

为了准确识别学生的个性化教育需求，教师还可以运用多种有效的方法。

课堂观察是最直接且常用的方式。在日常的课堂教学中，教师通过观察学生的表现，可以获取丰富的信息。观察学生的参与度，可以了解他们对课程内容的兴趣和积极性。积极参与课堂讨论、主动回答问题的学生往往对该课程有较高的热情；而那些总是沉默寡言、不参与互动的学生可能需要进一步了解他们是缺乏兴趣还是有其他原因。学生回答问题的方式也能反映出他们的学习特点：有些学生回答问题简洁明了，逻辑清晰，可能具有较强的思维能力；而有些学生回答问题时可能需要更多的引导和提示，这可能暗示他们在知识理解或表达上存在一定的困难。此外，观察学生对不同教学内容的反应也至关重要。在讲解某个知识点时，教师应注意观察学生的表情、眼神和肢体动作。如果学生表现出困惑、迷茫的神情，可能意味着这个知识点对他们来说较难理解；而如果学生表现出兴奋、好奇的状态，则说明他们对这个内容感兴趣或者容易掌握。

与学生的交流是另一条重要的途径。教师利用课余时间与学生进行轻松愉快的聊天，可以深入了解他们的内心世界。通过询问学生对课程的喜好，教师能知道哪些课程内容吸引学生，哪些让他们觉得枯燥乏味。比如，有的学生可能会告诉老师自己特别喜欢科学实验课，因为可以动手操作；而有的学生可能会表示对某门课程不感兴趣，是因为觉得太难或者太无聊。询问学生在学习中的困难也能为教师提供有价值的信息，学生可能会倾诉自己在数学计算、语文写作或者其他学科学习中遇到的具体问题，这有助于教师发现他们的学习短板，从而进一步识别个性化教育需求。

作业和测验的分析也是不可或缺的方法。教师通过批改作业和分析测验结果，可以清晰地看到学生在知识掌握上的优势和不足。从作业的完成情况来看，如果学生在某一类题目上经常出错，可能意味着他们在这个知识点上没有掌握好。例如，在数学作业中，如果学生总是在分数加减法的题目上犯错，教师就需要关注他们是对分数概念理解不清，还是计算方法有问题。测验结果则更能全面地反映学生的学习水平，通过分析学生在不同学科、不同知识点上的得分情况，教师可以了解到学生的学科优势和劣势。比如哪些学生在语文阅读理解方面表现出色，但在作文上得分较低；哪些学生在数学应用题上有困难，但在计算部分准确率较高。这些分析结果为教师识别学生的个性化教育需求提供了有力的依据。

（二）个性化教育计划制订与执行

1. 针对视觉型学习者的计划

在识别出视觉型学习者后，教育计划的核心在于丰富视觉元素的运用。教师精心制作的精美课件成为教学的关键工具，这些课件犹如知识的画卷，将大量的图片、图表和视频融入其中。在数学课程里，动画演示是帮助学生理解数学公式推导过程的有力手段。例如，在讲解勾股定理时，通过动画展示直角三角形三边边长变化时，面积之间的关系如何始终满足定理公式，让学生清晰地看到公式的动态生成过程。这种直观的展示方式，使原本抽象的数学逻辑变得具体可感，学生能够更轻松地跟上推导思路，理解其中的数学原理。

在语文写作课上，展示优秀范文的结构框架图是提升学生写作能力的有效途径。教师会选取不同类型的优秀范文，如记叙文、议论文、说明文等，并将其结构以图表形式呈现。例如，对于一篇记叙文，用流程图展示开头如何铺垫、中间情节如何展开、高潮部分如何设计以及结尾如何呼应主题，让学生一目了然。同时，为满足视觉型学习者对视觉信息的需求，提供丰富多样的阅读材料是必不可少的。图画书和科普绘本成为他们知识拓展的宝库，图画书中生动的画面与简洁的文字相结合，帮助他们在欣赏精美插图的同时理解故事内容；科普绘本则以直观的图像解释复杂的科学概念，使他们在阅读过程中更好地吸收知识。

2. 针对听觉型学习者的计划

对于听觉型学习者，教学过程中要增加更多有利于听的环节。在英语教学中，多播放英语原声材料是提高学生英语语感的有效方法。英语歌曲和英语故事成为课堂的常客，欢快的英语歌曲旋律能让学生在欣赏音乐的同时，不自觉地模仿歌词中的发音和语调，增强对英语语音的敏感度。英语故事则为学生提供了丰富的语言情境，使他们在听故事的过程中熟悉英语的表达方式和常用词汇。例如，播放《小王子》的英语有声版，学生通过倾听可以感受到英语语言的魅力和丰富性。

课堂上鼓励学生参与讨论，这对于听觉型学习者来说是一种很好的学习方式。在讨论过程中，他们倾听他人的观点，从中获取新的信息和思路。教师引导学生围绕一个话题展开讨论，如“环境保护的重要性”，每个学生在表达自己想法的同时，也在认真聆听其他同学的发言。这种互动式的讨论，让他们在语言的交流碰撞中学习知识。此外，为学生提供有声读物也是教育计划的重要部分。在课余时间，学生可以通过听书的方式学习，无论是文学名著还是科普知识，都能以有声的形式呈现。这不仅丰富了他们的知识储备，还充分利用了他们善于通过听来学习的特点，提高学习效率。

3. 针对动觉型学习者的计划

动觉型学习者的教育计划侧重于实践活动的设计。在科学课上，增加实验操作的比例，让学生动手探索科学原理。例如，在学习电路知识时，学生可以通过连接电路实验，使用电池、导线、灯泡等器材，尝试不同的连接方式，观察灯泡的亮灭情况，从而理解串联电路和并联电路的特点。在这个过程中，他们通过触摸器材、操作连接等动作，深刻感受电流的流动和电路的构成。

手工课则为动觉型学习者创造了更广阔的实践空间，提供更多样化的材料和更复杂的制作项目。从各种颜色和质地的纸张、布料到陶土、木材等，学生可以根据自己的创意选择材料进行手工制作。例如，制作一个复杂的纸雕作品或者一个木质的小摆件，在动手操作中锻炼技能，满足他们对动手实践的渴望。

在其他课程中融入动觉元素也能增强学习效果。例如，在语文课堂上，角色扮演就是一个很好的方式。当学习《草船借箭》这篇课文时，学生分别扮演诸葛亮、周瑜、鲁肃等角色，通过模仿角色的动作、语言和表情，深入理解课文中人物的性格特点和故事情节。在数学课堂上，动手制作几何模型有助于学生理解图形的性质。例如，让学生用卡纸制作正方体、长方体、三棱柱等几何模型，在制作过程中感受图形的面、棱、顶点的关系，从而更好地掌握几何知识。

4. 针对有艺术兴趣学生的计划

对于有艺术兴趣的学生，学校开设专门的艺术课程是满足他们需求的重要举措。在绘画班中，根据学生的水平和兴趣进行分层教学和个性化指导。对于初学者，从素描基础开始，教授线条的运用、明暗的表现等技巧，让他们学会如何用简单的线条勾勒出物体的形状和质感。随着学生水平的提高，逐渐引入色彩绘画，讲解色彩理论，如色彩的搭配、色调的运用等，引导他们用丰富的色彩表达情感和创意。无论是风景、人物还是静物绘画，都为学生提供了广阔的创作空间，让他们能够自由发挥想象力。音乐班则为热爱音乐的学生打开了音乐世界的大门。在这里，学生有机会接触不同类型的乐器，如钢琴、小提琴、吉他、古筝等。教师从基本的乐理知识教起，包括音符、节拍、音阶等，让学生了解音乐的基本构成。然后逐步教授乐器的演奏技巧，从正确的姿势、指法到演奏简单的曲目，让学生在实践中感受音乐的魅力。

学校的文化活动为有艺术兴趣的学生提供了展示自我的舞台。例如，举办绘画展览，展示学生们的优秀绘画作品，让他们的创意和努力得到认可和欣赏；音乐会则为音乐爱好者提供了表演的机会，他们可以在舞台上展现自己的音乐才华，增强自信心和对艺术的热爱。

5. 针对有体育爱好学生的计划

针对有体育爱好的学生，学校组织体育兴趣小组或校队，为他们提供更专业的训练环境。对于喜欢足球的学生，安排专业的足球教练进行全方位的训练。教练从足球的基本技巧开始，如带球、传球、射门等，通过反复练习让学生熟练掌握。在战术训练方面，教导学生如何站位、如何配合、如何防守和进攻，让他们在比赛中能够灵活运用战术。例如，在训练进攻战术时，教练会讲解如何通过传球撕开对方防线，创造射门机会。对于喜欢田径的学生，学校提供针对性的体能训练和专项训练。体能训练包括力量训练、速度训练和耐力训练，如深蹲、短跑冲刺、长跑等练习，提高学生的身体素质。专项训练则根据学生所擅长的田径项目，如短跑、中长跑、跳远、跳高、投掷等，进行专门指导。在短跑训练中，教练注重改进起跑、加速跑、冲刺等环节的技术；在跳远训练中，教授助跑、起跳、腾空、落地等技巧，帮助学生提高运动成绩。学校举办的各类体育比赛为有体育爱好的学生提供了竞争的平台，让他们在比赛中发挥特长，体验体育竞技的乐趣和成就感。

6. 针对学业成绩偏科学生的计划

对于学业成绩上有偏科现象的学生，制定个性化辅导计划至关重要。如果学生数学好但语文写作差，教师首先从培养写作兴趣入手。通过阅读优秀范文，让学生感受优秀作品的魅力，激发他们的创作欲望。例如，每周安排专门的范文阅读时间，教师引导学生分析范文的亮点，如精彩的开头、细腻的描写、深刻的主题等。开展写作主题活动也是激发灵感的有效方式，如组织“校园趣事”写作比赛，让学生从自己熟悉的校园生活中寻找素材，挖掘有趣的故事。针对学生在写作中存在的具体问题，如语言表达不生动、结构不清晰等，进行有针对性的训练。词语积累是丰富语言表达的基础，教师会推荐一些优秀的词汇书籍或通过课堂活动，如词语接龙、近反义词练习等方式，帮助学生扩大词汇量。在段落结构练习方面，从简单的总分、分总、总分总结构开始，让学生学会如何合理组织段落内容。例如，给定一个主题，让学生先列出段落大纲，然后逐步填充内容，锻炼他们的结构搭建能力。

如果学生语文好但数学有困难，教师针对数学知识点进行查漏补缺。从基础知识的巩固开始，如对四则运算、基本几何图形的性质等进行复习强化。对于复杂问题的解决，教师可采用逐步引导的方式，将复杂问题分解成若干个简单问题。例如，在解决应用题时，先帮助学生理解题目中的数量关系，通过画图、列表等方式将问题可视化，然后根据已知条件逐步求解。通过这种从易到难的训练，逐步提高学生的数学能力。

7. 针对有学习障碍学生的计划

对于有学习障碍的学生，特殊教育支持是关键。如果学生有阅读障碍，教师可以采用多感官教学法。在阅读教学中，让学生用手指着文字，同时大声朗读，这种方式将视觉、听觉和触觉结合起来。例如，在学习一首古诗时，学生用手指随着朗读的节奏逐字移动，眼睛看着文字，耳朵听着自己的朗读声，这样能加强对文字的感知。同时，可以配合一些与文字相关的图片或动作，帮助学生理解文字的含义。比如学习“飞流直下三千尺”时，展示瀑布的图片或者做出水流倾泻的动作，让学生更好地理解诗句。

对于有注意力缺陷多动障碍的学生，教师在课堂上采用灵活多变的教学方法。将教学内容分成若干个小片段，每个片段进行短时间的集中教学，如 10～15 分钟，然后安排一些轻松的活动，如简单的伸展运动、轻松的小游戏等，来吸引学生的注意力。例如，在数学课堂上，先讲解 10 分钟的知识点，然后让学生做 2 分钟的数字接龙游戏，再继续教学。同时，与家长密切合作，制定家庭训练计划。家长可以在家庭环境中，通过一些简单的训练方法，如让孩子专注于一项任务（拼图、搭积木等），逐渐提高孩子的注意力。

在执行个性化教育计划过程中，教师需要扮演好观察者和调整者的角色。密切关注学生的反应和进步情况是确保计划有效性的关键。教师要定期与学生沟通，这种沟通是深入且有针对性的。例如，询问视觉型学习者对新增加的视觉资料是否满意，是否有助于他们理解知识；询问听觉型学习者对原声材料的理解程度和在讨论中的收获；了解动觉型学习者在实践活动中的体验和困难。对于有艺术或体育爱好的学生，询问他们在专门课程和训练中的感受，是否满足他们的期望，是否有需要改进的地方。对于学业成绩偏科或有学习障碍的学生，关注他们在辅导和特殊训练中的进步情况，是否对学习态度和成绩有积极的影响。同时，根据学生的学习进展，及时调整计划。如果发现某种教学方法或训练方式效果不佳，教师要及时分析原因并做出调整。比如，如果发现视觉型学习者对某种类型的图表理解困难，教师可以尝试换一种更直观的展示方式；如果发现有体育爱好的学生在某种训练方法下进步缓慢，教练可以调整训练计划，尝试新的训练手段。通过持续的关注和灵活的调整，个性化教育计划才能更好地满足每个学生的需求，发挥出最大的教育效果。

（三）学生进步与反馈分析

1. 从学习成绩角度分析

学习成绩是衡量个性化教育计划效果的重要指标。对于存在偏科现象的学生，个性化辅导后的成绩变化能清晰地展现计划的有效性。

以语文写作薄弱的学生为例，在接受专门的写作辅导后，作文分数显著提升。这一提升背后是多方面能力的改善。在内容丰富度方面，学生从无话可说到能够围绕主题展开丰富多样的描述。曾经写《我的校园》可能只是简单提及教学楼和操场，经过辅导后，他们会描述校园四季不同的景色、课间同学们丰富多彩的活动，使文章内容充实饱满。在语言表达上，从平淡无奇变得生动形象。之前可能只会用“漂亮”“好玩”等简单词汇，现在会运用“五彩斑斓的花朵竞相开放，如同给校园披上了一件绚丽的花衣”这样富有感染力的语句。在结构安排上，从杂乱无章变得条理清晰，学会了开头引出主题、中间详细阐述、结尾总结升华的模式，如写议论文时能准确地提出论点、用合适的论据进行论证并得出有力的结论。

同样，对于数学学习有困难的学生，解决数学问题的能力增强，考试成绩提高。他们在面对数学题目时，不再像以前那样毫无头绪。从基础知识的运用，如简单计算的准确性提高，到复杂问题的解决，像应用题中能够准确分析数量关系，找到解题思路。例如，在行程问题中，能清晰地判断是相遇问题还是追及问题，根据已知条件列出正确的方程或算式求解。这种成绩的提升有力地证明了针对学科知识的个性化辅导计划是卓有成效的，满足了学生弥补知识短板、提升学习能力的需求。

2. 从学习兴趣角度分析

学习兴趣的变化在学生的课堂表现和课余活动中有着明显体现。对于在艺术、体育等兴趣领域获得更多发展机会的学生,他们的学习积极性有了显著提高。

对于有绘画兴趣的学生,参加绘画班和绘画展览是激发他们热情的重要契机。在绘画班中,他们接受更专业的指导,接触到更多的绘画技巧和风格,如从简单的儿童画风格拓展到尝试油画、水彩画等不同形式。参加绘画展览则让他们看到更广阔的艺术世界,了解到不同画家的创意和表达方式。这使得他们在课堂上绘画创作的积极性大幅提升,不再满足于完成老师布置的基本任务,而是主动追求更高的质量,尝试新的构图和色彩搭配。在课余时间,绘画从一种兴趣爱好变成了他们主动投入时间和精力的活动,他们会自主寻找绘画素材,进行写生或者创作想象画,绘画成为他们生活中不可或缺的一部分。

喜欢体育的学生在接受专业训练和参加比赛后,对体育的热爱进一步升华。专业训练使他们的体育技能得到提升,如足球训练让他们的传球更精准、射门更有力;篮球训练使他们的运球更灵活、投篮命中率更高。这种技能的提升在比赛中得到体现,比赛中的竞争和团队协作又进一步增强了他们对体育的热情。他们积极参与体育活动的频率明显增加,不再是被动地参加体育课,而是主动寻找课余时间进行体育锻炼,身体素质也因此得到了更好的发展,如耐力增强、力量增加、身体协调性和灵活性提高等。

3. 从学习能力发展角度分析

个性化教育计划对不同学习风格的学生在学习能力发展方面有着显著影响。

视觉型学习者在适宜的教育环境中,其观察和理解视觉信息的能力进一步强化。他们对图形和图像的敏感度更高,能够更迅速地从复杂的视觉资料中提取关键信息。在地理课学习相关知识时,他们能快速准确地识别不同地区的地形地貌、地理位置和交通路线等信息,不仅能记住地图上的标识,还能理解其背后的地理意义。在科学课中,通过观察实验装置图、生物结构示意图等,他们能更好地理解科学原理和概念,并且能将这些视觉信息转化为知识,运用到解题和实践中。

听觉型学习者在听力和口语表达能力上有了明显提升。在英语听力训练中,他们能更轻松地听懂各种语速和口音的英语材料,无论是新闻报道、电影对白还是学术讲座。在语言类课程的口语表达方面,他们更加自信和流畅。在语文课堂的朗诵和演讲活动中,他们能够通过声音的抑扬顿挫和情感的恰当表达,将作品的内涵展现得淋漓尽致。在讨论环节,他们能够清晰、有条理地表达自己的观点,并且能更好地理解和回应他人的发言,在语言交流中不断提升自己的思维能力和表达能力。

动觉型学习者的动手操作能力和实践能力得到了极大加强。在实验课上,他们能够熟练、准确地操作实验仪器,进行实验步骤,如在化学实验中准确量取试剂、控制反应条件。在手工课上,他们制作复杂手工艺品时更加得心应手,从设计构思到实际制作都能高质量完成。而且,他们在解决实际问题时更具创造性,比如在制作机器人模型时,遇到机械结构问题或电路连接问题,他们能够运用自己的动手能力尝试不同的解决方案,通过实践找到最佳方法,这种创造性思维在其他学科的实践活动中也能得到体现。

4. 从学生反馈角度分析

学生的反馈是评估个性化教育效果的关键信息来源。通过与学生的深入交流,可以发现他们对个性化教育计划有着深刻的感受。

许多学生在个性化教育环境中感受到了被关注和重视的氛围,这改变了他们对学习的态度。对于有学习障碍的学生,针对性的教学方法让学习变得不再困难,他们能够更好地跟上班级的学习进度。例如,有阅读障碍的学生在多感官教学法的帮助下,从对阅读的恐惧和逃避转变为能够主动阅读简单的文章。他们感受到老师根据自己的特点设计教学方法,这种关注让他们更有动力去学习。同时,学生也会提出一些建设性的建议。他们希望在个性化教育中有更多的自主选择空间,比如在学习内容、学习方式或者学习时间安排上。有些学生可能希望在完成基本学习任务的前提下,能够选择自己感兴趣的拓展内容进行深入学习。另外,他们也希望能进一步拓展自己感兴趣领域的学习内容,比如喜欢绘画的学生希望能学习更多的绘画流派和大师作品赏析,喜欢体育的学生希望能接触到更先进的训练方法和国际赛事信息。这些反馈为进一步完善个性化教育计划提供了宝贵的参考依据,使教育计划能够更好地满足学生的需求。

5. 从家长反馈角度分析

家长的反馈在评估个性化教育效果中有着不可替代的作用,从家庭角度为评估提供了补充信息。

在孩子接受个性化教育后,家长可以观察到孩子在家中的学习状态和行为变化。一些家长反馈孩子学习的积极性提高了,曾经对学习有抵触情绪的孩子现在变得主动积极。比如,以前一提到写作业就拖延的孩子,现在会主动完成作业,甚至还会主动预习和复习。这种积极的改变源于个性化教育满足了孩子的学习需求,让他们在学习中找到了乐趣和成就感。

还有的家长注意到孩子在自己擅长或感兴趣的领域得到发展后,自信心增强了。孩子在生活中更加积极向上,表现出更强的自我认同感和探索精神。例如,孩子在绘画比赛中获奖或者在体育比赛中取得好成绩后,他们在日常生活中更加自信,愿意尝试新的事物,面对困难时也更有勇气和毅力。这种自信心的提升不仅对学习产生积极影响,还对孩子的性格发展和社会交往产生积极影响,家长的这些反馈进一步证实了个性化教育计划的积极作用,为教育者调整和优化计划提供了有力依据。

综合学生的进步情况和各方面的反馈,教师可以全面评估个性化教育计划的实施效果,总结经验教训,进一步优化个性化教育计划,为每个学生提供更优质、更合适的教育服务。

参考文献

[1] 陈琦,刘儒德. 当代教育心理学[M]. 3 版. 北京:北京师范大学出版社,2019.

[2] 曹才翰,章建跃. 数学教育心理学[M]. 2 版. 北京:北京师范大学出版社,2006.

[3] 肖非. 关于个别化教育计划几个问题的思考[J]. 中国特殊教育,2005(2):8-12.

模块三

实习总结与展望

第六章

实习成果与收获

一、专业技能提升

(一) 教学设计与实施能力增强

在学前教育或小学教育实习中,教学设计与实施能力的增强是实习生专业成长的重要体现。

1. 学前教育的教学设计

在学前教育的教学设计领域,实习生基于幼儿以直观形象思维为主这一核心认知特点,展开了极具针对性的教学活动设计。

在色彩认知教学活动中,色彩鲜艳的教具是关键元素。实习生精心准备的各种颜色的气球、卡片和玩具,不仅仅是简单的物品,更是开启幼儿色彩世界大门的钥匙。在"给气球找家"的分类游戏中,每个气球都像是一个小使者,携带着色彩信息。当幼儿拿起气球,观察它的颜色,然后将其放入对应颜色的篮子时,他们正在经历一个从感知色彩到识别色彩再到分类的认知过程。这个过程充满乐趣,没有枯燥的说教,只有在游戏中自然的学习。这种通过实物展示和游戏互动的方式,能够让幼儿更加直观地理解和记住不同的颜色,在轻松愉快的氛围中,色彩知识如春风化雨般融入他们的小脑袋。

在语言活动设计方面,选择富有韵律且情节简单的儿歌或绘本故事是经过深思熟虑的。以经典的《拔萝卜》为例,这个故事对于幼儿具有很强的吸引力。它的韵律感十足,每一句歌词都像是一个欢快的音符,幼儿在听故事的过程中,不自觉地就会被这种韵律所吸引,从而更容易记住故事内容。更重要的是,通过角色扮演的方式,幼儿可以真正走进故事。他们会模仿老爷爷、老奶奶、小姑娘、小狗和小猫的角色,在模仿对话的过程中,幼儿需要理解每个角色的特点和情感,并用语言表达出来。这不仅锻炼了他们的语言表达能力,还培养了他们的社交能力。在这个过程中,幼儿学会了如何与小伙伴沟通、协作,如何表达自己的想法和倾听他人的话语,为他们今后的人际交往奠定了基础。

2. 学前教育的教学实施

在学前教育的教学实施环节,实习生展现出了对幼儿心理特点的敏锐洞察和灵活应对能力。

语言是与幼儿沟通的重要桥梁,实习生们学会了用温柔、亲切且富有童趣的语言与幼儿交流。他们深知幼儿的词汇量有限,理解能力尚处于发展阶段,所以会刻意放慢语速,确保每一个字、每一个词都能清晰地传达给幼儿。使用的词汇也是简单易懂的,避免复杂和抽象的表述。同时,丰富的表情和夸张的肢体动作成为他们语言的有力补充。在教幼儿跳舞时,实习生像一只活泼的小兔子一样蹦蹦跳跳,这种生动的形象瞬间就能吸引幼儿的注意力。他们的每一个动作都像是一个无声的指令,引导着幼儿模仿,激发幼儿内心的参与热情。幼儿们看到老师如此有趣、可爱的表现,会觉得跳舞是一件非常快乐的事情,从而积极地加入舞蹈活动中来。

由于幼儿注意力集中时间短,这就要求实习生在教学过程中时刻保持敏感,灵活调整教学环节。当发现幼儿在某个环节开始出现注意力分散的迹象时,他们要迅速做出反应。这种反应是基于对幼儿兴趣点的把握和丰富的教学经验积累。例如,实习生可能会迅速切换到一个新的小游戏,如简单的拍手游戏,或者唱一首幼儿们熟悉且喜爱的儿歌。这些小游戏和儿歌就像是魔法棒一样,能够重新吸引幼儿的注意力,将他们从分散的状态拉回到教学活动中来。

在组织活动时,营造安全、温馨的氛围是至关重要的。幼儿需要在一个让他们感到舒适和安心的环境中学习和玩耍。实习生会关注到每一个幼儿的情绪和状态,鼓励每个幼儿积极参与活动。对于那些害羞或不敢参与的幼儿,他们要付出更多的耐心。可能会走到幼儿身边,轻轻地握住他们的小手,用温柔的声音询问他们是否愿意尝试。如果幼儿还是有些害怕,实习生需要陪伴他们在一旁观察,慢慢地引导他们参与,让他们逐渐克服内心的恐惧。这种耐心和关怀,能够让每一个幼儿都感受到被尊重和被爱护,从而更愿意参与到活动中来。

3. 小学教育的教学设计

小学教育的教学设计需要更高的系统性,实习生在设计过程中应充分考虑课程标准和学生的知识水平,为不同学科量身定制教学内容。

在语文教案设计中,实习生依据课程标准对不同年级学生识字、阅读、写作能力的要求,精心规划教学内容。在低年级识字教学阶段,课本上的识字方法是基础,但为了增加学习的趣味性,他们设计了一系列有趣的识字游戏。“猜字谜”是其中深受学生喜爱的一种方式,像“一口咬掉牛尾巴”这个字谜,谜底是“告”字。这个字谜巧妙地利用了汉字的结构特点,通过形象的描述激发学生的好奇心和想象力。当学生猜出谜底时,他们会对这个字留下深刻的印象,同时也感受到了汉字的奇妙之处。“汉字拼图”游戏则更具挑战性和互动性,学生需要将汉字的各个部分组合在一起,形成一个完整的字。这种游戏方式可以锻炼学生对汉字结构的理解和记忆能力。

对于中高年级的阅读教学，引导学生进行文本分析是重点。以经典的《卖火柴的小女孩》为例，实习生通过设计问题链来帮助学生理解文章的深层含义。“小女孩每次擦燃火柴看到了什么?”这个问题引导学生关注文本中的细节描写，他们会在文中找到小女孩看到的温暖的火炉、美味的烤鹅、美丽的圣诞树和慈祥的奶奶等内容。接着问“这些幻想反映了她怎样的内心世界?”这个问题则促使学生深入思考，他们会意识到这些美好的幻想与小女孩现实生活中的寒冷、饥饿、孤独形成了鲜明的对比，从而深刻理解小女孩对幸福生活的渴望和她悲惨的命运。通过这样的问题链设计，学生在阅读过程中不仅了解了故事内容，更重要的是培养了阅读理解能力和批判性思维能力。

在数学教学设计中，注重知识的连贯性和逻辑性是核心原则。以四则运算的教学为例，从简单的加法入手符合学生认知规律。通过实际生活中的例子，如买东西找零，能让学生更加直观地理解运算的意义。在这个场景中，学生可以清楚地看到，当他们购买商品时，不同商品价格的总和就是加法运算。然后在加法的基础上逐步引入减法、乘法和除法。减法可以理解为找回的钱，乘法是多个相同价格商品的总价计算，除法则是将总价平均分配等情况。这种从实际生活场景出发，逐步深入的教学设计，能够帮助学生建立起牢固的数学知识体系，让他们明白数学与生活的紧密联系，提高他们运用数学知识解决实际问题的能力。

4. 小学教育的教学实施

在小学教育的教学实施过程中，实习生根据小学生的心理特点，运用多样化的教学方法，使课堂充满活力和吸引力。

在科学课上讲解植物的生长过程时，多媒体资源和实践操作相结合的方式为学生带来了丰富的学习体验。图片和视频等多媒体资源可以为学生展示植物生长的各个阶段，从种子发芽、幼苗生长到开花结果，每一个过程都清晰可见。这些直观的视觉资料能够让学生对植物生长有一个初步的整体认识。然而，仅仅依靠观看是不够的，让学生亲自种植一棵小植物是将理论知识与实践相结合的关键环节。学生在这个过程中成了小小科学家，他们需要亲自参与到植物的种植过程中，每天观察植物的变化并记录它的生长过程。他们会发现种子是如何在土壤中吸收水分和养分，慢慢地破土而出；会看到幼苗在阳光和水分的滋养下逐渐长高、长出叶子；会期待着花朵的绽放和果实的形成。这种亲身体验能够极大培养学生的观察能力，让他们学会关注细节，同时也锻炼了他们的实践能力，让他们明白科学研究需要耐心和细心。

在课堂管理方面，建立明确的课堂规则是保证教学秩序的基础。实习生会和学生一起制定规则，如“发言要举手”“认真听讲”等。这些规则简单明了，易于学生理解和遵守。为了鼓励学生遵守规则，实习生可以采用奖励机制，如奖励小红花、颁发表扬信等。当学生遵守规则并积极参与课堂活动时，他们会得到相应的奖励。这种奖励不仅是对良好行为的肯定，也是一种激励，能让学生更积极地参与到课堂学习中。同时，对于违反规则的行为，实习生应及时纠正。他们要以温和而坚定的态度告诉学生哪里做错了，并引导他们改正。这种及时的反馈能够让学生明白规则的严肃性，同时也不会让他们感到教师过于严厉或受挫，在保证课堂秩序的同时，又维护了良好的师生关系。

在小学教学实施过程中，多样化的教学方法还体现在其他学科中。在语文课堂上，除了传统的讲解和阅读外，会组织小组讨论、角色扮演等活动，让学生在互动中学习；在英语课上，通过英语歌曲、英语游戏等方式，让学生在轻松愉快的氛围中学习英语单词和语法；在体育课上，根据学生的兴趣和体能，安排各种体育项目，如篮球、足球、跳绳等，让学生在锻炼中增强体质，培养团队合作精神。这些多样化的教学方法充分考虑了小学生活泼好动、好奇心强的心理特点，让每一堂课都成为学生期待的学习之旅。

（二）学生管理与沟通技巧进步

1. 学前阶段的学生管理

在学前教育的学生管理工作中，实习生充分认识到幼儿身心发展的特殊性，深知规律且有序的日常生活流程对于幼儿成长的重要性。

建立固定的午睡时间、游戏时间和点心时间，是帮助幼儿养成良好生活习惯的关键步骤。午睡时间的设定依据幼儿身体发育的需求，充足的午睡能保证幼儿在下午的活动中有充沛的精力。实习生会精心营造安静、舒适的午睡环境，拉上窗帘、播放轻柔的摇篮曲，让幼儿在温馨的氛围中入睡。同时，他们会关注每个幼儿的午睡情况，对于入睡困难的幼儿，会轻轻安抚以帮助他们放松身心。

游戏时间是幼儿快乐成长的重要时段，在此期间，安全和分享规则的建立不可或缺。以滑梯游戏为例，滑梯是幼儿喜爱的游乐设施，但如果不遵守排队和不推挤的规则，就可能导致危险。实习生会在游戏开始前，用生动有趣的方式向幼儿讲解规则，比如把滑梯比喻成一列小火车，每个小朋友都要像乘客一样排队等候“上车”，不能插队和推搡，否则小火车就会“翻车”。在玩玩具环节，强调轮流玩的重要性，这是培养幼儿分享意识的重要途径。通过故事、儿歌等形式向幼儿传达分享的快乐，如讲述《小熊的玩具车》的故事，帮助幼儿理解分享玩具能让大家都玩得更开心。

当幼儿之间出现小冲突，如争抢玩具的情况时，实习生会迅速且妥善地介入。他们深知这个阶段的幼儿还不具备成熟的解决问题的能力，需要成人的引导。处理这类问题时，实习生会以温和的语气制止争抢行为，告诉幼儿争抢是不对的，因为这会让小伙伴伤心，而且可能会损坏玩具。然后，引导幼儿通过协商的方式解决问题，“石头剪刀布”就是一种简单且公平的方法。这个过程不仅能解决当前的冲突，更重要的是让幼儿学会如何与他人友好相处，培养他们的社交技能和公平意识。

2. 与幼儿的沟通技巧

与幼儿沟通是一门艺术，实习生在实践中不断学习和运用有效的沟通技巧。

蹲下身子与幼儿平视，这看似简单的动作，却有着深刻的意义。它不仅消除了身高差带来的距离感，更让幼儿感受到与老师在平等的地位上交流。用轻柔的声音和简单的语句与幼儿交流，是因为幼儿的语言理解能力有限，复杂的词汇和句子可能会让他们感到困惑。当幼儿完成一个小任务，比如自己穿好衣服时，及时给予“你真棒！自己能把衣服穿得这么整齐”的具体表扬就像阳光照进幼儿的心田，能极大地增强他们的自信心。这种赞美是具体的，让幼儿知道自己因为什么而受到表扬，从而强化这种良好的行为。

在讲故事、唱歌等活动中，实习生会通过丰富的眼神交流和提问来与幼儿互动。眼神交流能够吸引幼儿的注意力，让他们感受到老师在关注自己。而提问则能激发幼儿的思考和参与热情，比如在讲《小红帽》的故事时，问幼儿“小红帽在森林里遇到大灰狼应该怎么办呀？”这样的问题能让幼儿积极地参与到故事中，发挥他们的想象力和创造力。

同时，实习生需始终密切关注幼儿的情绪变化。幼儿由于年龄小，情绪表达较为直接，当他们因为想家或与小伙伴闹别扭而伤心时，一个温暖的拥抱和耐心的倾听是最好的安慰方式。实习生可以轻轻地抱住幼儿，让他们在自己的怀里尽情地倾诉，用温柔的话语表达理解和关心，如“我知道你现在很难过，你可以和老师说说哦”。这种情感上的支持能让幼儿感受到安全和温暖，帮助他们缓解不良情绪，建立起对老师的信任。

3. 小学阶段的学生管理

小学阶段的学生管理对于学生的成长和发展至关重要，实习生在这个过程中应注重培养学生的自律和责任感。

协助班主任制定班级规章制度是管理工作的重要环节。值日制度的建立让每个学生都有机会参与到班级环境的维护中。实习生会详细地向学生讲解值日的任务和要求，如扫地、擦黑板、整理桌椅等，让学生明白自己的责任。通过轮流值日，培养学生的劳动意识和团队协作精神，因为只有每个同学都认真完成自己的任务，教室才能保持整洁干净。奖惩制度则是激励学生遵守规则的有效手段：对遵守纪律、表现优秀的学生给予奖励，如小红花、奖状等，这些奖励可以在班级荣誉墙上展示，增强学生的荣誉感；对违反纪律的学生，会有相应的小惩罚，如减少课间休息时间帮助班级做一些额外的小任务，但这些惩罚都是以教育为目的，引导学生认识错误并改正即可。

选举班干部是班级管理中的重要举措。在选举过程中，实习生会鼓励学生积极参与竞选，让他们发表自己的竞选宣言并阐述自己想要担任班干部的原因和计划。通过这种方式，激发学生的竞争意识和责任感。当选的班干部在班级管理中扮演着重要角色：班长负责协助老师管理班级纪律，学习委员组织学习小组和负责收发作业等。在这个过程中，学生不仅锻炼了自己的领导能力，还学会了如何为集体服务，增强了集体荣誉感。

对于学生的不良行为，实习生采取正面引导的方式。例如，当发现有学生上课讲话时，不会直接批评，而是先了解原因。也许是学生对某个问题有疑问，或者是受到周围环境的影响。了解情况后，实习生会温和地提醒学生遵守课堂纪律，并说明课堂是大家学习的地方，如果有问题可以举手提问，或者课后再讨论。同时鼓励学生在合适的时候积极发言、参与课堂讨论，这样既解决了当前的问题，又保护了学生的积极性和自尊心。

4. 与小学生的沟通技巧

在与小学生沟通时，实习生秉持尊重和平等的原则，注重个性化的沟通方式。

批改作业或试卷后，与学生单独沟通是了解学生学习情况和促进他们进步的重要途径。对于每一位学生的作业或试卷，实习生都会认真分析，找出优点和不足。在与学生沟通时，会先肯定他们的优点。例如对于作文有待改进的学生，实习生可能会先表扬他们书写工整、某个段落描写生动等。然后再指出存在的问题，如文章结构不清晰、语言表达不够准确等。接着与学生一起分析这些问题，比如针对文章结构，和学生一起梳理段落之间的逻辑关系，是总分总、总分还是分总结构更合适。对于语言表达问题，会举例说明哪些句子可以修改得更通顺、更优美。同时，根据学生的具体情况推荐适合他们阅读的书籍，如想象力丰富但语言基础稍弱的学生，推荐一些简单有趣的童话故事书，让他们在阅读中学习和模仿优秀的语言表达方式，从而提高写作水平。

处理学生之间的矛盾时，实习生会创造一个公平、公正的沟通环境，确保双方都有机会陈述事情的经过。例如，当两个同学因为值日问题发生争吵时，实习生会先让他们冷静下来，然后分别讲述自己的想法和感受。在这个过程中，实习生会认真倾听，避免打断他们。听完双方的陈述后，便通过提问引导他们换位思考，比如问其中一个同学："你觉得他为什么会这样做呢？如果你是他，你会有什么感受呢？"通过这种方式，让学生尝试从对方的角度看待问题，理解对方的辛苦和难处。最后，师生共同商量一个更合理的值日安排，让学生在解决矛盾的过程中学会理解、包容和合作，促进良好人际关系的建立。这种沟通方式不仅能解决当前的问题，还能培养学生解决冲突的能力和人际交往能力。

二、教育理念更新

（一）学生中心教学理念深化理解

1. 以幼儿兴趣和需求为出发点的教学设计

在学前教育实习中，实习生深刻践行以学生为中心的教学理念。这一理念如同指南针，指引着教学设计的方向。实习生们深知幼儿的兴趣和需求是教学活动的根基，因此要用心观察幼儿在日常游戏中的偏好和关注点，并以此为依据来精心设计教学内容。例如，当发现幼儿对小动物展现出浓厚兴趣时，实习生在语言活动的设计上，就会巧妙地选择以小动物为主角的故事，像经典的《三只小猪》。这个故事充满趣味和教育意义，它不仅有生动的情节，如三只小猪各自盖房子的过程，还有鲜明的角色形象，能深深吸引幼儿的注意力。通过讲述这个故事，幼儿可以在轻松愉快的氛围中学习语言表达，包括词汇的积累、语句的模仿以及故事的复述。在美术活动方面，实习生会围绕小动物展开丰富多样的创作形式：鼓励幼儿用彩纸拼贴出自己心目中的小动物形象，这一过程不仅可以锻炼幼儿的手部精细动作，还能培养对色彩、形状的感知能力；使用黏土制作小动物则更具创造性，幼儿可以自由地塑造小动物的身体、五官等细节，发挥他们无尽的想象力。这种以幼儿兴趣为导向的教学内容设计，能够让幼儿更加积极主动地参与到活动中来，因为他们所接触的内容都是自己感兴趣的，学习也就变成了一种快乐而自然的过程。

2. 注重幼儿自主探索和体验的教学过程

在学前教育的教学实践中，给予幼儿充分的自主探索和体验空间是核心要点。以玩沙池游戏为例，沙池对于幼儿来说就像是一个充满无限可能的神奇世界。在这个游戏过程中，实习生不会对幼儿的玩法进行过多干涉，而是让他们自由发挥想象力。幼儿可以根据自己的想法用沙子堆出各种各样的城堡，有的城堡可能有高大的城墙、深深的护城河；他们也可以挖出曲折的地道，想象自己是在进行一场神秘的探险。这种自主探索的过程对于幼儿的发展具有多方面的重要意义。

从认知发展的角度来看，幼儿在玩沙的过程中，通过触摸沙子的质地、感受沙子的流动性，对物质的特性有了更直观的认识。在堆砌和挖掘的动作中，他们逐渐理解空间和形状的概念，比如知道如何把沙子堆得更高更稳，地道要怎么挖才能有不同的走向。从情感和社会性发展方面，幼儿在独自探索或与小伙伴合作玩沙的过程中，体验到快乐、满足等积极情绪。当他们与小伙伴一起合作堆一个大型城堡时，需要相互沟通、分工协作，这有助于培养他们的社交能力和团队合作精神。值得注意的是，只有在出现沙子扬入眼睛等安全问题时，实习生才会进行适当的引导，这种适时适度的干预既保障了幼儿的安全，又最大程度地保留了他们自主探索的乐趣。

3. 关注过程的幼儿学习成果评价

在评价幼儿的学习成果时，学前教育实习中遵循以学生为中心的理念，摒弃了传统的只看重最终作品或表现的单一评价方式，而是将目光更多地投向幼儿在活动中的参与度、努力程度和兴趣发展。

以手工制作活动为例，幼儿在手工制作过程中的表现被视为评价的重要内容。即使最终作品在成人眼中并不完美，比如制作的小动物可能形状不太规则、颜色搭配奇怪，但只要他们在制作过程中展现出了认真的态度和积极尝试新方法的热情，就应该得到充分的肯定和鼓励。例如，一个幼儿在制作黏土小猫咪时，可能一开始不知道怎么塑造猫咪的身体，但他不断尝试，把黏土搓圆、压扁、再重新塑造，这种努力的过程本身就是宝贵的学习经历。他可能还会尝试用不同颜色的黏土混合出自己想要的颜色，这显示了他的创新思维和探索精神。对于幼儿来说，手工制作活动的价值更多地体现在制作过程中，他们在这个过程中锻炼了手部肌肉、发展了想象力、提高了问题解决能力。这种注重过程的评价方式能够让幼儿感受到自己的努力和尝试是被认可的，从而增强他们的自信心和学习动力，让他们更愿意参与到各种学习活动中，为未来的发展奠定良好的心理基础。

4. 基于学生学习风格和能力的教学设计

在小学教育实习中，学生中心的教学理念在教学设计环节体现得淋漓尽致，实习生应充分考虑到不同学生的学习风格和能力差异，为每个学生量身定制更合适的学习内容。

对于视觉型学习者，他们对图像、色彩等视觉信息更为敏感。因此，在教学过程中实习生要增加大量的图片、图表和视频资料。比如在地理课上讲解地形地貌时，展示各种地形的高清图片和生动的视频是必不可少的教学手段。当讲解山脉地形时，实习生要呈现雄伟壮观的喜马拉雅山脉、连绵起伏的阿尔卑斯山脉等图片，让学生直观地感受到山脉的高大、险峻以及不同山脉的独特风貌。播放关于山脉形成过程的视频，通过动画演示地壳运动、板块挤压等地质现象，帮助视觉型学习者更好地理解抽象的地理知识。这些视觉资料能够让学生在脑海中形成清晰的图像，有助于他们对知识的理解和记忆。

对于听觉型学习者，他们更擅长通过听觉来获取信息。在教学中实习生要针对性地安排更多的讲解、讨论和朗读环节。以英语课为例，会增加丰富多样的英语对话练习和听力训练。在课堂上，实习生要通过生动的讲解，让学生聆听英语单词的发音、句子的语调变化，理解英语语言的韵律和节奏。组织学生进行英语对话活动，让他们在听说交流中提高英语听说能力。选择的听力练习材料也十分丰富，包括有趣的英语故事、简单的新闻报道等，让学生在听的过程中捕捉关键信息，培养他们的听力理解能力。

同时，根据学生不同的学习能力调整教学内容的难度也是教学设计的重要方面，这在数学作业布置上体现得尤为明显。教师采用分层作业的方式满足不同层次学生的需求：

对于基础较差的学生，作业主要侧重于巩固基础知识，例如安排一些简单的计算题，像整数的四则运算、简单的分数运算等，以及与这些计算相关的应用题，帮助他们熟练掌握基本的数学运算方法和解决简单实际问题的能力；对于学有余力的学生，则会布置一些拓展性的数学思维题，如奥数题。这些题目往往具有一定的挑战性，需要学生运用多种数学思维方法，如逻辑推理、空间想象、归纳总结等，来解决问题。通过这种分层作业设计，每个学生都能在自己的能力范围内得到有效的锻炼和提高，既避免了基础差的学生因作业过难而产生挫败感，又能让优秀学生的潜力得到充分挖掘，满足他们的求知欲。

5. 鼓励学生参与课堂与多元化的学习成果评价

在小学教育的课堂教学中，以学生为中心的教学理念促使实习生积极鼓励学生参与课堂，让学生成为学习的主体，同时采用多元化的评价方式全面评估学生的学习成果。

在课堂教学中，鼓励学生积极提问和表达自己的想法是培养学生思维能力和自主学习能力的关键。以科学课为例，在讲解物体的沉浮原理时，实习生不应简单地把结论告诉学生，而是鼓励学生分享自己对这一现象的理解和疑问。有的学生可能会根据自己的生活经验提出问题，比如"为什么同样大小的木块和铁块，木块会浮在水面上，铁块却沉下去了呢?"对于学生提出的问题，实习生会引导他们通过实验或查阅资料来寻找答案。可以让学生自己准备不同材质、大小相同的物体，放在水中观察它们的沉浮情况，然后通过查阅书籍或利用网络资源了解物体沉浮与密度等因素的关系。这种方式让学生在探索中学习科学知识，培养了他们的科学探究精神和解决问题的能力。

在评价学生的学习成果时，应摒弃单一的以考试成绩为主要评价标准的方式，转而采用多元化的评价方式。这种评价体系涵盖了课堂表现、作业完成情况、小组合作能力、考试成绩等多个维度。在语文综合性学习活动中，这种多元化评价体现得尤为充分。例如在开展以"传统文化"为主题的综合性学习活动中，实习生会观察每个学生在小组讨论中的表现，包括是否积极发言、能否提出有价值的观点、是否尊重他人的意见等；在资料收集环节，评价学生收集资料的丰富性、准确性和来源的多样性；在汇报展示环节，关注学生的表达能力、展示形式的创新性以及对内容的理解深度等。通过全面观察学生在各个环节的表现，能够更准确地了解每个学生的学习能力和综合素质，为后续的教学提供有针对性的指导，同时也让学生认识到学习是一个多方面发展的过程，不仅仅局限于考试成绩。这种多元化评价方式能够激发学生的学习兴趣和积极性，促进学生的全面发展。

(二) 多元智能理论应用体会

1. 语言智能培养

在学前教育中，基于多元智能理论对幼儿语言智能的培养方式丰富而富有创意。日常的故事讲述和儿歌朗诵是语言启蒙的重要基础部分。实习生生动地讲述故事，通过声音的抑扬顿挫、表情的丰富变化以及适当的肢体动作，将幼儿带入一个个奇妙的故事世界。儿歌朗诵则利用其韵律感强的特点，让幼儿在欢快的节奏中感受语言的美妙，自然而然地学习发音、词汇和语句结构。

"小小故事家"活动为幼儿语言智能的发展搭建了独特的平台。在这个活动中，幼儿被鼓励自己编故事、讲故事，这极大地激发了他们的想象力和创造力。当幼儿开始构思故事时，他们需要从自己的生活经验、所见所闻中提取元素，然后运用逻辑思维将这些元素组织成一个有情节的故事。在讲述故事的过程中，幼儿不仅要清晰地表达每个情节，还要注意语言的连贯性和生动性。例如，有的幼儿会编出“小兔子在森林里迷路了，它遇到了善良的小鸟，小鸟带着它找到了回家的路”这样简单却充满童趣的故事。这个过程锻炼了幼儿的语言组织能力，他们学会了如何选择合适的词汇来描述角色和情节，如何运用不同的句式来表达不同的情境。同时，讲故事也提升了幼儿的表达能力，他们需要在小伙伴面前自信地开口，用声音和表情传达故事的情感，这对他们的语言表现力是一种很好的训练。

又如，实习生在班级中开展“故事大王比赛”活动。在活动前一周，教师告知幼儿们可以选择自己喜欢的故事进行准备。幼儿们在家长的协助下选择故事，并练习讲述。比赛当天，每个幼儿都有机会上台向小伙伴们讲述自己的故事。幼儿们在准备故事的过程中，需要理解故事内容、组织语言，这锻炼了他们的语言理解和组织能力。在讲述时，他们要注意发音、语调、语速，同时运用表情和简单的肢体动作来增强故事的吸引力，从而提升了语言表达能力和表现力。

2. 音乐智能培养

音乐智能的培养在学前教育中占据着重要的地位。实习生可以每天安排特定的音乐时间，为幼儿营造一个充满音乐氛围的环境。播放各种类型的儿童歌曲和古典音乐，能够让幼儿充分感受音乐的多样性。儿童歌曲通常具有简单易记的旋律和歌词，幼儿在聆听和跟唱的过程中，能够快速地捕捉到音乐的节奏，随着歌曲的节奏摇摆身体、拍手或跺脚。古典音乐则以其丰富的和声与复杂的曲式结构为幼儿带来更深刻的音乐体验。即使幼儿不能完全理解古典音乐的内涵，但他们可以感受到音乐中的情绪变化，如欢快的《小步舞曲》、舒缓的《月光奏鸣曲》。

实习生还可以提供木鱼、沙锤等简单的打击乐器，让幼儿参与到音乐演奏中，这是培养音乐智能的重要环节。当音乐响起时，幼儿根据自己对节奏的感知用打击乐器敲击出相应的节奏。他们会发现，不同的敲击力度和频率会产生不同的声音效果。在这个过程中，幼儿的节奏感得到了显著提高，他们学会了分辨强拍和弱拍，并理解节奏的规律性。这种参与式的音乐活动还能激发幼儿对音乐的兴趣，让他们在玩耍中感受音乐的魅力，为今后进一步的音乐学习和欣赏奠定基础。

另外，实习生还可以播放不同类型的音乐，如欢快的《菊次郎的夏天》、舒缓的《小星星变奏曲》等，让幼儿根据音乐的节奏、旋律和情感在纸上自由画画。画完后，幼儿可以向小伙伴们分享自己在听音乐时的感受以及为什么会画出这样的画面。这种将音乐与美术相结合的活动方式，让幼儿在音乐的启发下发挥想象力进行绘画创作，既加深了他们对音乐情感和节奏的理解，又培养了音乐智能和创造力。

3. 身体-运动智能培养

丰富多样的户外活动和体育游戏是培养幼儿身体-运动智能的有效途径。在“跳房子”游戏中，幼儿需要单脚或双脚跳跃，在跳跃过程中控制身体平衡，掌握好跳跃的力度和方向，这对大肌肉群的发展和平衡能力的提高有着重要作用。“扔沙包”游戏则锻炼了幼儿的上肢力量和手眼协调能力，他们要准确地将沙包扔向目标，就要判断距离、力度和角度，这一系列的动作需要身体各个部位的协同配合。“平衡木”活动更是对幼儿平衡能力的挑战，幼儿在狭窄的平衡木上行走，需要集中注意力，调整身体姿势，保持身体的稳定。实习生可先向幼儿介绍各种动物的特点和动作，如小兔子的蹦跳、小猴子的攀爬、小鸭子的摇摆等。然后播放欢快的音乐，让幼儿在教室里自由模仿自己喜欢的动物动作。之后，实习生可以组织一个“动物模仿秀”比赛，让幼儿们逐个展示自己模仿的动物，其他幼儿来猜测模仿对象。通过模仿动物的动作，幼儿可以锻炼大肌肉动作和身体协调性，提高身体控制能力。同时，在比赛环节中，他们能增强自信心和表现力。幼儿园会组织亲子运动会，设置各种适合幼儿和家长共同参与的运动项目，如亲子接力赛（幼儿与家长分段接力）、亲子运球（用身体夹球前进）、亲子跳绳等。每个项目均需要幼儿和家长密切配合完成。亲子运动会为幼儿提供了更丰富的运动场景和体验，在与家长合作完成运动项目的过程中，幼儿的身体-运动智能得到了锻炼，同时也增进了亲子关系并培养了团队协作能力。

这些户外活动和体育游戏不仅增强了幼儿的身体素质，更重要的是发展了他们的身体-运动智能。幼儿在参与游戏的过程中，逐渐熟悉自己的身体，了解身体各个部位的功能和运动方式。他们学会了如何运用身体来完成各种动作，提高了身体的灵活性和协调性，为未来更复杂的运动技能学习打下了坚实的基础。

4. 空间智能培养

在学前教育中，拼图、积木搭建、美术绘画等活动为幼儿空间智能的发展创造了丰富的机会。拼图活动看似简单，实则蕴含着对空间智能的深度培养。幼儿在拼图时，需要仔细观察拼图块的形状、颜色和图案细节，然后在脑海中构建出完整图案的形象。他们要判断每个拼图块在整个图案中的位置，通过旋转、平移等操作将拼图块准确地拼合在一起。这个过程就像在进行一场空间思维的训练，幼儿的空间感知能力、视觉分析能力和空间想象力都得到了锻炼。

积木搭建活动则给予幼儿更大的创作空间。幼儿可以根据自己的想象搭建出各种各样的造型，如高楼大厦、城堡、桥梁等。在搭建过程中，他们需要考虑积木的形状、大小和搭建顺序，理解物体的结构和稳定性。例如，当搭建高楼时，幼儿要知道如何选择合适的积木作为底座，以保证高楼不会倒塌，这涉及对重心和平衡的理解。美术绘画活动中，幼儿用画笔在纸上表达自己的想法，无论是简单的线条画还是色彩丰富的涂色画，都需要他们对空间位置和比例有一定的把握。他们要决定在哪里下笔，如何安排画面的布局，这些活动都有助于提高幼儿的空间智能。

5. 人际智能培养

组织各种小组游戏和角色扮演活动，如“过家家”，对幼儿人际智能的培养具有重要意义。在“过家家”游戏中，幼儿扮演不同的角色，如爸爸、妈妈、宝宝、医生、厨师等，体验各个角色的不同行为和语言特点。在扮演角色的过程中，幼儿需要模仿成人的行为模式，并与小伙伴进行交流和合作。比如扮演“妈妈”的幼儿要照顾“宝宝”，和扮演“爸爸”的幼儿商量家庭事务，这就需要他们学会表达自己的想法和倾听他人的意见。在这个过程中，幼儿学会了分享，当游戏中有共同的道具，如玩具餐具时，他们需要协商如何分配和使用。同时，幼儿也在游戏中学会了协商和解决冲突。如果两个幼儿都想扮演医生这个角色，他们需要通过讨论或者其他公平的方式来解决这个问题，比如轮流扮演。通过这种在游戏中的人际互动，让幼儿逐渐了解他人的感受和需求，掌握与他人相处的技巧，为他们今后的社会交往能力发展奠定了良好的基础。

6. 自我认知智能培养

通过引导幼儿观察自己的行为和情绪变化来发展幼儿的自我认知智能，是学前教育中不可或缺的部分。在情绪教育活动中，教师让幼儿认识不同的表情，如高兴、难过、生气等，这是幼儿了解自己情绪的第一步。教师可以通过图片、故事、表情卡片等多种形式，向幼儿展示不同情绪下的面部表情和行为特征。例如展示一张笑脸的图片，告诉幼儿这是高兴的表情，当人们高兴的时候可能会唱歌、跳舞、欢笑。然后，引导幼儿观察自己在日常生活中的情绪变化。当幼儿在游戏中取得胜利时，教师可以及时询问他们的感受，让他们意识到这是高兴的情绪。当幼儿因为玩具被抢而哭泣时，教师可以帮助他们认识到这是难过和生气的情绪，并引导他们用合适的语言表达出来，如"我很生气，因为你抢了我的玩具"。通过这种方式，幼儿学会了识别自己的情绪，并且在教师的引导下，逐渐学会用合适的方式表达和调节情绪。比如，当幼儿感到生气时，可以尝试深呼吸或者找老师倾诉，而不是通过哭闹或者攻击他人的方式来发泄情绪。这种自我认知智能的培养，不仅能提升幼儿更好地管理自己的情绪和行为的水平，还能有效促进其心理健康发展。

7. 小学语言智能培养(语文教学)

在小学语文教学中，多元智能理论为培养学生的语言智能开辟了新的途径，超越了传统的阅读理解和写作训练模式。戏剧表演活动在语文教学中的融入，为学生的语言智能发展带来了独特的机遇。

当学生将课文改编成剧本时，他们需要对课文内容有深入的理解，要分析故事的情节发展、人物的性格特点以及人物之间的关系。例如，在改编《草船借箭》这篇课文时，学生需要理解诸葛亮的智谋、周瑜的嫉妒和鲁肃的忠厚，然后根据这些人物特点编写台词。这个过程要求学生运用语言来准确地塑造人物形象，使台词符合人物的性格和情境。在表演过程中，学生不仅要背诵台词，还要通过语调、语速、音量和表情等方式来传达人物的情感。他们会思考：诸葛亮在面对周瑜的刁难时，应该用怎样的语气说话才能表现出他的镇定自若？周瑜在设计陷害诸葛亮时，语气中应该透露出怎样的阴险狡诈？

这种戏剧表演活动让学生在实践中深刻理解课文内容，同时极大地锻炼了他们的语言表达能力。学生的词汇量得到扩充，因为他们需要在剧本创作中寻找更生动、准确的词汇来表达人物的情感和想法；句子结构的运用也更加灵活多样，他们会尝试使用不同的句式来增强台词的表现力。此外，肢体表演能力也在这个过程中得到了发展，学生需要通过肢体动作来配合台词，展现人物的行为和状态，如通过模仿诸葛亮摇扇子的动作来表现他的从容不迫。这种多维度的语言实践活动，使语文学习变得更加生动有趣，全面提升了学生的语言智能。

8. 小学逻辑-数学智能培养(数学教学)

在小学数学教学中，培养逻辑-数学智能是核心目标之一，且贯穿于整个教学过程。除了常规的解题训练，数学建模活动成为发展学生逻辑-数学智能的重要手段。

在开展数学建模活动时，学生将实际生活中的问题转化为数学模型进行求解，这需要他们运用逻辑思维和数学知识进行分析和解决。例如，在计算校园绿化面积的活动中，学生首先要观察校园绿化区域的形状：如果是规则的几何形状，如长方形或圆形，他们需要测量相关的边长或半径等数据，然后运用相应的面积公式进行计算；如果是不规则的形状，学生需要将其分割成几个规则的部分，或者通过其他方法（如数方格估算等）来求解。这个过程涉及对几何知识、测量方法和数学运算的综合运用，同时也培养了学生的空间想象力和逻辑推理能力。

设计班级活动经费预算也是一个典型的数学建模案例。学生需要考虑活动的各个环节所需费用，如购买奖品、装饰材料、零食等。他们要收集不同物品的价格信息，然后根据班级人数和活动规模计算所需的数量，最后通过乘法运算得出每个项目的费用，并汇总得到总预算。在这个过程中，学生不仅要掌握基本的数学运算，还要学会分析问题的结构，找出各个变量之间的关系，建立合理的数学模型。这种数学建模活动让学生深刻体会到数学在实际生活中的应用价值，提高了他们运用数学知识解决实际问题的能力，从而有效培养了逻辑-数学智能。

9. 小学空间智能和音乐智能培养（艺术课）

在小学艺术课中，绘画和音乐课分别从不同角度培养学生的空间智能和音乐智能，并相互融合，为学生带来丰富的艺术体验。

在绘画课中，教师教授学生透视原理、色彩搭配等知识，为学生打开了创作更具立体感和美感作品的大门。透视原理的学习让学生理解物体在空间中的远近关系和大小变化。例如，在画一条伸向远方的铁路时，学生要掌握铁轨在画面中应该是逐渐收窄的形态，远处的电线杆看起来比近处的要小。通过掌握透视规律，学生能够在二维的画纸上表现出三维的空间感。色彩搭配知识则赋予作品情感和视觉冲击力。学生了解到不同颜色的搭配会产生不同的效果，如暖色调（红色、橙色等）通常给人温暖、活泼的感觉，冷色调（蓝色、绿色等）则带来宁静、深远的氛围。在创作中会根据主题选择合适的色彩组合，使作品更富有表现力。

音乐教学，除了基本的声乐训练外，还要介绍不同乐器的音色和演奏方法，并让学生尝试创作简单的旋律，这进一步拓展了学生的音乐智能。当学生了解不同乐器的音色特点时，他们就像打开了一个音乐的宝藏盒子。例如，知道小提琴的音色悠扬婉转，适合演奏抒情的旋律；鼓的声音则强烈有力，常用于营造节奏强烈的氛围。在欣赏音乐作品时，学生能够更敏锐地分辨出不同乐器的声音，感受音乐的层次感。而尝试创作旋律则让学生成为音乐的创作者。他们从简单的音符开始，根据自己的情感和想法，将音符组合成有节奏、有韵律的旋律。这个过程培养了学生的音乐感知能力、节奏感和创造力，让他们在音乐的世界中自由探索。

10. 小学身体-运动智能培养（体育课及其他学科）

在小学教育中，身体-运动智能的培养不仅局限于体育课程，还渗透到了其他学科的教学中。

体育课程的教学内容呈现出多样化的特点，篮球、足球、舞蹈、体操等项目为学生提供了丰富的运动选择。篮球运动要求学生具备良好的跑、跳、投等能力，以及团队协作精神。学生在运球过程中要控制球的方向和速度，投篮时要掌握好力度和角度，同时还要与队友协同进行传球和进攻。足球运动则更强调身体的灵活性和战术协同，学生需要在奔跑中用脚准确地控制球的位置，通过传球、过人等技术突破对方防线。舞蹈和体操项目强调身体的协调性和优美性，学生要通过各种动作姿态展现出艺术美感，这需要他们对身体的每一个动作进行精细的控制，从头部、颈部、手臂到腿部，每个部位都要精准把控。

跨学科教学中适当融入运动元素，如在英语课上通过英语韵律操帮助学生记忆单词和短语，是一种创新的教学方式。英语韵律操将英语学习与身体运动相结合，学生在跟随韵律和节奏做动作的同时，口中念着英语单词或短语。这种方式利用了身体运动与记忆的关联，让学生在轻松愉快的氛围中学习英语。同时，身体的运动也能够缓解学生在学习过程中的疲劳，提高学习效率，使学生在学科学习中也能感受到身体-运动智能的发展。

11. 小学人际智能培养(小组合作学习)

在小学各学科的教学中，小组合作学习作为培养学生人际智能的重要方式，始终发挥着积极作用。

在小组讨论中，学生们围绕一个特定的话题展开交流。例如，在科学课上讨论“植物的生长需要哪些条件”时，每个学生都有机会表达观点。有的学生可能从课本知识中了解到阳光、水分和土壤是植物生长的必要条件，而有的学生可能通过自己在家种植植物的经验，提出空气和温度也对植物生长有影响。在这个过程中，学生需要倾听他人的发言，理解不同的观点，并尊重他人的想法。他们要学会在讨论中不打断别人发言，有序表达的良好习惯。

在项目式学习中，如科学课上小组合作完成一个科学实验项目，每个学生负责不同的任务，共同完成实验报告，这对人际智能的培养更为深入。在实验准备阶段，学生们需要分工协作：准备实验器材、查找资料、设计实验步骤。在实验过程中，他们要密切配合，按照预定的步骤进行操作，记录实验数据。如果在实验中出现问题，他们需要共同协商解决。例如，在进行“摩擦力大小与哪些因素有关”的实验时，如果发现实验结果与预期不符，小组成员要一起分析是实验操作不当、测量误差还是其他因素导致的问题。在完成实验后，他们要共同撰写实验报告，每个成员都要贡献自己的力量，将自己负责的部分准确地记录下来，并与其他成员的内容整合在一起。通过这种小组合作学习，学生在各学科中都能学习沟通、协作和领导能力，切实提高了他们的人际智能水平。

12. 小学自我认知智能培养(自我评价与反思)

在小学教育中，引导学生定期进行自我评价和反思，对于培养学生的自我认知智能具有重要意义。

在学习完一个单元后，教师可引导学生回顾自己在这个单元的学习过程中的优点和不足。例如，在语文单元学习结束后，学生可能会发现自己在古诗词背诵方面表现得很好，因为自己掌握了一些记忆技巧，能够快速准确地背诵诗句，这就是他们的优点。然而，在阅读理解中的理解深度方面可能还有所欠缺，有些文章的中心思想理解不够准确，这就是需要改进的地方。

通过这种自我评价，学生能够清晰地认识到自己的学习状况。然后，教师会鼓励学生根据自己的评价结果制定下一个阶段的学习计划。对于古诗词背诵好的学生，可以继续保持这种优势，并尝试学习一些更复杂的古诗词。对于阅读理解有困难的学生，可以制订计划增加阅读量，并学习一些阅读理解的方法：如何分析文章结构、如何抓住关键词等。在这个过程中，学生逐渐学会对自己的学习过程进行监控和调整，他们明白自己的学习目标是什么，自己在哪些方面做得好，哪些方面需要努力。这种自我认知智能的培养，有助于学生成为自主学习者，提高他们的学习效率和学习质量，为他们的终身学习奠定良好的基础。

参考文献

[1] 熊志刚，屈红芳. 全国幼儿教师优秀教科研成果集[M]. 天津：天津大学出版社，2021.

[2] 冯艳萍，王国平，高建宁. 寻找教育的智慧：小学教育教学研究与实践[M]. 长春：吉林人民出版社，2023.

[3] 庞海芍，隋艺，张叶晔. 以学生为中心的教学创新：理念与实践[M]. 北京：北京理工大学出版社，2021.

第七章

未来发展规划

一、持续学习计划

（一）教育理论与实践知识更新途径

在教育领域，知识的更新是保持教育活力和质量的关键。对于教育理论知识的更新，实习生和新教师可以从以下几个途径入手，如图 7-1 所示。

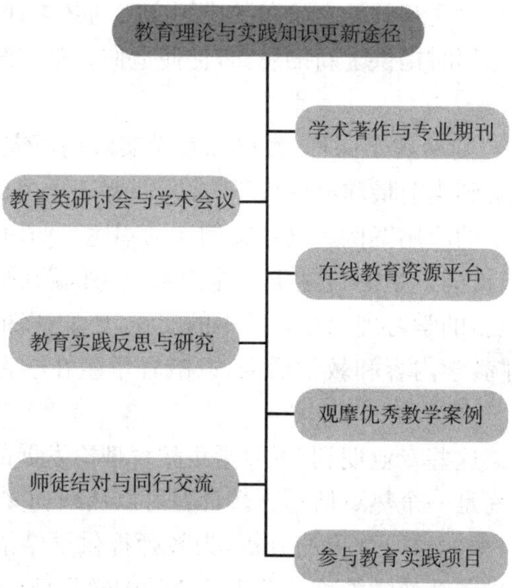

图 7-1　教育理论与实践知识更新途径

1. 学术著作与专业期刊

教育领域的学术著作犹如一座蕴藏着无尽智慧的宝库，承载着教育发展历程中各个阶段的理论精华，是教育者深入探究教育本质和规律的重要基石。经典的教育著作中，夸美纽斯的《大教学论》诞生于 17 世纪，它在教育史上具有里程碑意义。该书中提出了一系列具有前瞻性的教育理念：例如班级授课制的设想，这种系统的教学组织形式极大地提高了教育的效率，并且至今仍是现代学校教育的主要模式之一；倡导遵循自然的原则，主张根据儿童的天性和年龄特征进行教学，这一思想深刻地影响了后世教育理念的发展，引导教育者尊重学生的身心发展规律。

赫尔巴特的《普通教育学》则为教育理论构建了一个严密的逻辑体系。他将伦理学和心理学作为教育学的理论基础，提出了“教育性教学原则”，即教学过程中要实现知识传授与道德教育的统一，这一原则让教育者意识到教育不仅仅是知识的灌输，更是品德的培养。赫尔巴特的四段教学法——明了、联想、系统、方法，为教学过程的设计提供了清晰的步骤指导，使教学活动更具科学性和计划性。这些经典著作虽然年代久远，但其中的思想就像熠熠生辉的明珠，在不同的教育时代背景下都能散发出指引方向的光芒。

随着时代的发展，现代教育学者的研究成果如雨后春笋般不断涌现。他们站在新的历史起点上，运用新的研究方法和视角，深入剖析教育现象，提出创新的理论。这些新的理论著作涉及教育的各个层面，从宏观的教育政策研究到微观的课堂教学互动分析，为教育者提供了理解教育前沿思想的窗口。例如，关于教育公平的研究著作，深入探讨了社会经济差异、地域差异等因素对教育机会和质量的影响，促使教育者思考如何在自己的教育实践中保障每个学生都能获得公平而优质的教育资源的有效路径。

专业期刊在教育知识更新中扮演着不可或缺的角色。《教育研究》作为国内教育领域的权威期刊，汇聚了众多高质量的研究论文。该刊关注教育改革与发展中的重大理论命题和实践难题，涵盖了教育基本理论、教育政策、课程与教学、教育心理学等广泛的研究领域。在课程设计方面，期刊的文章可能会介绍最新的课程整合模式，如 STEM 课程（科学、技术、工程、数学的融合）在基础教育阶段的应用实践与效果评估。这种跨学科课程设计理念为教育者在设计课程时提供了新的思路，促使他们打破传统学科界限，培养学生的综合素养。

《课程·教材·教法》则聚焦于课程、教材和教学实践的研究。其中有关教学方法创新的内容能让教育者了解到当前最前沿的教学方法，如基于项目的学习（PBL）、翻转课堂等方法在不同学科教学中的应用案例。这些案例详细阐述了如何在教学过程中运用新方法激发学生的学习兴趣、提高学生的自主学习能力和解决问题的能力。对于教育心理学应用的研究，期刊会报道新的学习理论在教学中的实践，比如认知负荷理论指导下的教学设计，帮助教师合理安排教学内容和教学活动，以减轻学生在学习过程中的认知负担，提高学习效果。

教育者通过定期阅读这些专业期刊，可以紧跟教育理论发展的步伐。例如，当前人工智能在教育中的应用研究是一个热点话题。教育者可以从期刊文章中了解到人工智能如何辅助教学评价，通过对学生学习数据的分析，为教师提供更精准的学习者画像，使教师能够根据学生的个体差异调整教学策略。基于脑科学的学习理论研究则为教育者揭示了学生学习过程中的大脑活动机制，比如不同年龄段学生的注意力集中时间与大脑发育的关系，这有助于教师合理安排教学时间和教学强度，提高教学活动的科学性。

2. 教育类研讨会与学术会议

教育类研讨会和学术会议是教育领域知识交流与碰撞的盛宴，它们为教育者搭建了一个广阔平台，让来自不同地区、不同背景的教育人士汇聚一堂，共同探讨教育问题，分享教育智慧。

国际教育技术大会(ISTE)是全球教育技术领域的盛会。在这个大会上，教育者可以领略到世界范围内教育技术应用的最新成果和发展趋势。从虚拟现实(VR)在教学中的应用为例，参会者可以体验到利用 VR 技术创建的沉浸式学习环境。例如，在历史学科教学中，学生可以通过佩戴 VR 设备模拟穿越时空回到古代战场或历史事件发生的现场，身临其境地感受历史的氛围。这种体验式学习方式能够极大地激发学生的学习兴趣，增强他们对历史知识的理解和记忆。对于在线学习平台的优化展示，大会展示了最新的平台功能，如智能化的学习路径推荐系统。该系统根据学生的学习数据，利用算法为学生量身定制个性化的学习路线，包括推荐合适的课程、学习资料和练习题目，提高学习效率。除了前沿技术应用展示外，国际教育技术大会还会涉及教育技术与教育理念融合的讨论。例如，在利用技术提高教学效率的同时，如何培养学生的数字素养和信息筛选能力。教育者可以在会议中了解到国际同行在这方面的实践经验，如设计专门的数字素养课程，将信息检索、评估和利用等技能融入日常教学中，引导学生在信息爆炸的时代成为明智的信息使用者。

国内的各类教育研讨会也有着独特的价值。以全国课程与教学论学术年会为例，它聚焦于本土教育的课程改革和教学方法改进问题。在课程改革方面，会议会深入解读国家课程标准的修订背景和核心理念。教育者可以了解到课程改革是如何响应时代发展需求，如当前强调培养学生的核心素养，这一理念如何在各个学科课程标准中体现。例如，在语文课程中，核心素养包括语言建构与运用、思维发展与提升、审美鉴赏与创造、文化传承与理解。年会的报告和讨论可以帮助教师深入理解这些素养在教学目标、教学内容和教学评价中的具体落实方式。在教学方法改进的研讨中，一线教师和教育学者会分享他们在实践中探索出的新方法和新经验。例如，在小组合作学习方法的改进方面，有的教师可能会分享如何通过优化小组构成，根据学生的学习能力、性格特点等因素进行合理分组，提高小组合作的效率。同时，还会介绍如何设计更具挑战性和开放性的小组任务，有效激发学生的合作动力和创新思维。参会教师可以在小组讨论环节与同行们交流自己在小组合作学习实践中遇到的问题，如小组内成员分工不合理、部分学生参与度不高的情况，共同探讨解决方案。

此外，研讨会中的工作坊活动为教育者提供了实践操作和深入学习的机会。比如，在一个关于新教材使用的工作坊中，教师可以亲身体验新教材的内容编排特点，学习如何利用教材中的素材设计教学活动。工作坊主持人可能会引导教师们分组进行教学设计，并在小组间分享和评价，通过这种互动式的学习方式，教师们能够更好地掌握新教材的使用方法，将新的教学理念融入教学设计中。

3. 在线教育资源平台

互联网的蓬勃发展催生了大量的在线教育资源平台，这些平台为教育者获取教育理论知识带来了前所未有的便利，打破了时间和空间的限制，使教育者可以随时随地接触到全球范围内的优质教育资源。

Coursera 和 edX 这两个国际知名在线课程平台汇聚了世界各地顶尖大学的课程资源。以教育心理学课程为例，其课程可能由哈佛大学等知名学府的教授主讲。课程内容不仅涵盖了教育心理学的基本理论，如行为主义、认知主义、建构主义和人本主义学习理论，还会深入讲解这些理论在不同教育场景中的应用。教授们会通过丰富的案例分析，如在特殊教育环境中如何运用行为矫正技术帮助学习障碍的学生，让学习者深刻理解教育心理学理论与实践的紧密联系。课程的教学形式多样，包括视频讲座、在线讨论、作业和考试等。学习者可以在视频讲座中聆听教授生动的讲解，也能通过在线讨论与来自不同国家和地区的同学交流学习心得，还能完成作业和考试来检验自己的学习效果。在课程开发方面，这些平台上的相关课程会介绍课程设计的基本原则和流程。从需求分析开始，教授会介绍如何通过调查研究了解学生的学习需求和兴趣点，进而确定课程目标。例如，在设计一门针对职场人士的职业技能提升课程时，要考虑到他们的工作背景和职业发展需求，将实际工作中的案例和问题融入课程内容。在教学内容组织上，课程会讲解如何根据学习理论合理安排知识点的顺序和呈现方式。如采用螺旋式上升的课程内容编排，让学生在不同阶段对同一知识点有更深入的理解。同时，还会涉及课程评价的设计，包括形成性评价和终结性评价的方法，如利用在线作业、项目实践进行形成性评价，通过期末考试等方式进行终结性评价，以全面评估学生的学习成果。

教育领导力课程则关注教育管理者如何在学校或教育机构中发挥领导作用。课程内容包括教育领导力的理论模型，如变革型领导、交易型领导等理论，并分析不同领导风格在教育组织中的优缺点。通过实际案例展示教育领导者如何制定战略规划、引领教育改革、促进教师专业发展以及提升组织文化等。学习者在学习过程中可以将这些理论和案例与自己所在的教育管理岗位相结合，思考如何提升自己的领导能力，推动教育机构的发展。

国内的主流教育平台如网易云课堂、中国大学 MOOC 等平台也为教育者提供了丰富的教育课程资源。这些平台上有许多针对基础教育阶段教师的课程，如学科教学方法培训课程。以数学学科为例，有专门讲解如何提高数学课堂趣味性的课程，教师在课程中可以学习到通过数学游戏、趣味数学故事等方式激发学生对数学的兴趣。还有关于数学思维培养的课程，介绍如何在日常教学中渗透逻辑思维、空间想象思维、数据分析思维等数学思维能力的训练方法。

教育类的专业网站和论坛也是教育者日常学习和交流的空间。教育技术学自留地等网站汇聚了大量教育工作者分享的文章、案例和学习资源。在这些网站上，教育者可以找到关于最新教育技术工具使用的教程，例如如何使用一款新的在线教学软件进行直播教学、如何利用一款绘图软件制作生动的教学课件。同时，网站上的案例分享涵盖了各个学科和学段，教育者可以从他人的成功经验中获取灵感。例如，一篇关于小学科学实验教学创新案例的文章，可能会介绍教师如何利用生活中的废旧物品设计低成本但高效的科学实验，这种实践经验可以启发其他教师在自己的教学中开展类似的创新活动。论坛则为教育者提供了交流互动的平台，他们可以在论坛上提出自己在教学中遇到的问题（如在使用某种新的教学方法时遇到学生适应难题)发起讨论,其他教育者可以分享自己的看法和解决方案,形成一个互帮互助的学习社区。

4. 教育实践反思与研究

教育实践是教育知识的源泉,教师在日常教学过程中的反思与研究是推动教育理论与实践相互促进、共同发展的关键环节。

在实际教学中,教师会面临各种各样的问题,而对这些问题的反思和研究能够促使他们更新教育知识体系。以小组合作学习为例,当教师在实施过程中发现学生参与度不均衡的问题时,这就引发了他们对小组合作学习有效性的深入思考。教师首先会查阅相关的教育理论资料,了解小组合作学习的原理和有效策略。从教育心理学角度来看,小组合作学习需要满足成员之间的积极互赖关系,即每个成员的成功都依赖于小组的共同努力。教师会意识到可能在小组任务设计或评价机制上存在问题,导致部分学生缺乏参与动力。结合自己的教学实际,教师可能会发现小组任务的难度设置不合理:如果任务过于简单,能力较强的学生可能会觉得无趣而参与度降低;如果任务太难,能力较弱的学生可能会望而却步。于是,教师可以调整任务难度,设计分层任务,让每个学生都能在自己的能力范围内为小组做出贡献。在评价机制方面,教师可以从只关注小组整体成果转变为同时关注个体在小组中的表现,如设置个人贡献奖,鼓励每个学生积极参与。通过这种对教学实践问题的反思和改进,教师不仅解决了当前的问题,还深化了对小组合作学习理论的理解,将新的理论观点融入后续的教学实践中。

行动研究是教师在教育实践中进行研究的重要方法。例如,教师发现班级学生在数学应用题解题能力方面存在不足,便可以将这个问题作为行动研究的课题。教师首先会对问题进行分析:通过对学生作业、测试情况的观察和分析,以及与学生的交流,确定问题的具体表现和可能的原因。可能发现学生在理解题意、建立数学模型或计算等环节存在困难。然后,教师制定研究计划,尝试不同的教学干预措施。比如,在理解题意环节,教师可以引入情境教学法,将应用题与生活实际情境相结合,帮助学生更好地理解题目中的数量关系;在建立数学模型方面,加强对典型应用题类型的归纳和解题思路的训练。在实施研究计划的过程中,教师持续观察学生的学习情况,收集数据,如学生在课堂练习、作业和小测验中的表现数据。通过对这些数据的分析,评估教学干预措施的效果。如果发现某些措施效果不佳,教师会及时调整,继续观察和分析。通过这样一个完整的行动研究过程,教师不仅提高了学生的数学应用题解题能力,还对数学教学方法有了新的认识,进一步完善了自己的教育知识体系。

5. 观摩优秀教学案例

观摩优秀教学案例是教育者获取实践知识的直接且有效的途径。无论是现场观摩还是观看教学录像,都能让教育者从中汲取宝贵的教学经验和智慧。

学校内部的公开课、示范课是教育者身边最便捷的观摩资源。在这些课堂中,优秀教师展现出了精湛的教学设计能力。以一节初中语文公开课为例,教师在设计《背影》这篇课文的教学时,可能会从情感教育入手,通过引导学生分析文中父亲爬月台的细节描写,让学生体会父子之间深沉的情感。在教学环节设计上,教师先通过播放一段关于父爱的短视频导入课程,迅速吸引学生的注意力,激发学生们的情感共鸣。在讲解课文过程中，采用问题引导式教学，如“文中哪些描写最能打动你？为什么？”这样的问题能够促使学生深入文本，自主思考。同时，教师还会巧妙地整合教学资源，除了课本内容外，引入作者朱自清的生平背景资料，帮助学生更好地理解课文的创作背景和情感内涵。在课堂组织方面，优秀教师能够营造积极活跃的课堂氛围，鼓励每个学生参与课堂讨论。在这节语文课上，教师组织小组讨论环节，让学生分享自己对父爱的理解，并结合自己的生活经历进行阐述。教师在小组间巡视，适时参与讨论，引导学生从不同角度思考问题。对于课堂突发情况，如个别学生提出一些偏离主题但又有一定思考价值的问题时，教师能够巧妙引导，将问题与教学内容相关联，既不打击学生的积极性，又能保证教学进度的正常进行。

全国性的教学比赛录像更是展示了各个学科、各个学段的优秀教学实践。以全国中小学青年教师教学竞赛为例，参赛教师在教学设计和教学实施上都展现出了极高的水平。在一节小学数学竞赛课中，教师在教授几何图形面积计算时，通过巧妙的教具使用，将抽象的几何概念具象化。教师自制了可拆分组合的几何图形教具，让学生亲自操作，通过将三角形拼接成平行四边形等方式推导三角形面积公式。这种直观的教学方法不仅让学生理解了公式的由来，还培养了他们的动手能力和空间思维能力。

在教学方法运用上，教师结合游戏教学法，设计了与面积计算相关的数学游戏。例如，让学生分组比赛，计算不同形状组合图形的面积，通过竞赛机制激发学生的学习兴趣和竞争意识。在教学资源整合方面，教师利用多媒体展示了生活中各种几何图形应用的实例，如建筑设计中的几何图形运用、艺术品中的几何图案等，让学生感受到数学与生活的紧密联系。同时，教师在面对课堂突发情况，如多媒体设备临时出现故障时，能够迅速调整教学策略，继续利用教具和黑板进行教学，保证教学活动的顺利开展。

教育者在观摩这些优秀教学案例时，要用心观察和分析其中的每个细节。从教学环节的设计逻辑，到教学方法与教学内容、学生特点的匹配度；再到教学资源的选择和合理利用，以及教师对课堂各种情况的应对策略等。通过深入学习这些优秀案例中的实践智慧，并将其应用到教学中，可以有效提升自己的教学水平。

6. 师徒结对与同行交流

师徒结对和同行交流是教育实践中传承经验和共同成长的重要方式，它们在教育者的专业发展中发挥着不可替代的作用。

师徒结对这种传统的教育传承模式有着深厚的教育价值。当新教师踏入教育领域时，往往面临着诸多困惑和挑战。经验丰富的老教师作为师傅，可以在教学的各个环节给予他们悉心指导。在备课环节，师傅会教导新教师如何深入解读教材和课程标准。例如，在备一节高中物理课“牛顿第二定律”时，师傅会向新教师详细讲解如何分析教材中知识点的逻辑关系，如何根据课程标准确定教学目标，包括知识与技能目标（学生理解牛顿第二定律的内容、表达式和应用）、过程与方法目标（通过实验探究培养学生的科学探究能力）和情感态度与价值观目标（培养学生对科学的热爱和严谨的科学态度）。师傅还会分享自己多年积累的备课资料和经验，如一些优质的教学案例、实验设计方案等，帮助新教师快速构建自己的备课资源库。

在上课环节，师傅会向新教师传授课堂教学的技巧。比如，如何通过生动的导入吸引学生的注意力。在讲解抽象的物理概念时，师傅可能会建议新教师利用生活中的实例进行类比。在讲解牛顿第二定律中力、质量和加速度的关系时，可以将力比作推动物体运动的“动力”，质量比作物体的“惰性”，加速度比作物体运动状态改变的“快慢程度”，这样能让学生更形象地理解三者之间的关系。同时，师傅会指导新教师如何关注学生的课堂反应，根据学生的表情、回答问题的情况等及时调整教学节奏。如果发现学生对某个知识点理解困难，师傅会告诉新教师如何放慢速度，增加更多的例子或者换一种讲解方式。在课堂管理方面，师傅会教导新教师如何建立良好的课堂秩序，比如如何处理学生的违纪行为，既不影响课堂氛围又能让学生遵守纪律。对于上课开小差的学生，可以通过走到他身边轻轻提醒或者用眼神示意等方式，避免过度批评影响学生的学习积极性。

在批改作业环节，师傅会指导新教师如何从作业中发现学生的问题。例如，通过分析学生作业中的错误类型，判断是对知识点的理解错误还是解题方法的错误。如果是对物理公式的理解错误，师傅会建议新教师在课堂上针对这个问题进行再次讲解和强化练习。在班级管理方面，师傅会传授给新教师很多实用的经验。比如如何选拔和培养班干部：师傅会告诉新教师要观察学生的责任心、组织能力等品质，选择合适的学生担任班干部，并定期召开班干部会议指导他们如何管理班级。对于班级中出现的学生之间的矛盾，师傅会教导新教师如何公平、公正地处理，先了解事情的全貌，再引导学生换位思考，最终化解矛盾。

同行之间的交流也是教育实践知识更新的重要途径。集体备课是同行交流的重要形式之一。在集体备课时，不同教师对同一教学内容有着不同的设计思路，这些思路相互碰撞能产生新的智慧火花。例如，在准备一节初中英语阅读课时，一位教师可能提出以问题链的形式引导学生理解文章：从文章的主旨问题开始，逐步深入到细节理解、推理判断等深层次问题；另一位教师可能建议采用思维导图的方式，让学生在阅读过程中梳理文章的结构和内容，这样有助于提高学生的整体理解能力；还有教师可能会提出结合角色扮演的方式，让学生扮演文章中的角色进行对话，加深对文章的理解。通过讨论，教师们可以综合各种方法的优点，共同优化教学设计，比如可以先通过问题链引导学生初步理解文章，然后让学生制作思维导图梳理内容，最后通过角色扮演进一步深化理解。

教学研讨也是同行交流的重要环节。在教学研讨中，教师们可以分享在教学过程中遇到的问题和解决方法。例如，在新教材使用过程中，有的教师提出新教材中的一些内容对学生的综合能力要求较高，学生学习时可能会有困难。这时，其他教师可能会分享自己的经验，如可以在教学之前先对相关的基础知识进行复习和铺垫，或者设计一些过渡性的练习帮助学生逐步适应新教材的难度。此外，在课后交流中，教师们可以分享在课堂上的各种情况。比如，有的教师在课堂上尝试了一种新的教学方法，但效果不太理想，其他教师可以一起分析原因，可能是方法本身不适合学生的学习风格，或者是在实施过程中没有把握好关键环节。教师们可以根据分析结果提出改进建议，如调整方法的具体实施步骤或者改变教学情境等。这种同行之间的交流能够让教师们从彼此的经验中学习，共同解决教学中的难题，提升教学实践能力。

7. 参与教育实践项目

参与教育实践项目为教师提供了深入探索教育实践知识的宝贵机会。无论是课程改革项目、校本课程开发项目还是教育教学改革实验项目，都能让教师在实践中获得丰富的经验和深刻的认识。

在课程改革项目中，教师能够深入了解课程标准的修订背景和理念。以当前基础教育课程改革为例，课程标准的修订是为了适应时代发展对人才培养的新要求。教师参与其中，可以明白为什么要从强调知识传授向注重核心素养培养转变。例如，在科学课程改革中，教师了解到要培养学生的科学探究能力、科学思维、科学态度等核心素养。在这个过程中，教师需要重新审视自己的教学内容和教学方法，他们会参与到课程资源的开发中，根据新的课程标准，筛选和整合合适的教学素材。比如，在开发科学课程资源时，教师会收集最新的科学研究成果、生活中的科学现象案例、有趣的科学实验视频等，并将这些素材融入教学内容中，使课程更加生动有趣且富有时代感。同时，教师还要参与课程评价环节，学习如何设计科学合理的评价体系来衡量学生核心素养的发展。这不仅仅是传统的考试成绩评价，还包括对学生在科学探究过程中的表现评价，如学生提出问题的质量、设计实验的合理性以及数据分析的能力等。

校本课程开发项目则让教师能够根据学校的特色和学生的需求，设计具有针对性的课程内容和教学活动。例如，一所位于历史文化名城的学校，教师可以开发以地方文化为主题的校本课程。在课程设计过程中，教师首先要深入挖掘地方文化资源，包括当地的历史古迹、传统手工艺、民间故事等。然后根据学生的年龄特点和兴趣爱好，将这些文化资源转化为教学内容。对于低年级学生，可以设计以故事、绘画为主的课程内容，如讲述当地民间故事，让学生根据故事内容创作绘画作品，培养他们的想象力和对家乡文化的热爱；对于高年级学生，可以开展更深入的研究性学习，如让学生分组探究当地某一传统手工艺的历史渊源、制作工艺和传承现状，通过实地采访手工艺人、查阅资料等方式完成研究报告，从而提高学生的综合实践能力和对地方文化的理解。在教学活动设计方面，教师可以组织学生参观历史古迹，并在参观过程中安排讲解和互动环节，让学生亲身体验地方文化的魅力。

参与教育教学改革实验项目，如探究式学习实验或项目式学习实践，能让教师在实践中探索新的教学方法和模式。在探究式学习实验项目中，教师要引导学生像科学家一样思考和探索问题。例如，在生物课上开展“探究种子萌发的条件”实验，教师首先提出问题：“种子萌发需要哪些条件?”然后引导学生做出假设，学生可能会提出种子萌发需要适宜的温度、水分和空气等猜想。接着，教师指导学生设计实验方案，包括如何控制变量、设置实验组和对照组等。在实验过程中，学生自己动手操作，观察、记录种子萌发的情况。教师在这个过程中要关注学生的实验操作规范和探究过程中的问题，如有的学生可能在控制变量时不够准确，教师要及时给予指导。通过这样的探究式学习，学生不仅掌握了生物学知识，还培养了科学探究能力和解决问题的能力。

在项目式学习实践中，教师以项目为载体组织学生学习。以“设计一个校园环保方案”项目为例，教师引导学生成立项目小组，每个小组需要完成从项目规划、资料收集、方案设计到成果展示的整个过程。在这个过程中，学生要运用多学科知识，如科学知识(了解环境污染问题和环保措施)、数学知识(计算资源利用和成本)、语文知识(撰写方案报告和宣传文案)等。教师要指导学生如何进行团队协作，合理分工，如有的学生负责收集资料，有的学生负责设计具体的环保措施，有的学生负责制作展示海报。通过项目式学习，学生提高了综合运用知识的能力和团队合作能力，教师也积累了项目式教学的实践经验，为今后的教学改革提供了参考。

（二）专业技能进一步提升方向

教育者的专业技能对于教育质量有着至关重要的作用，以下是专业技能进一步提升的几个主要方向，如图7-2所示。

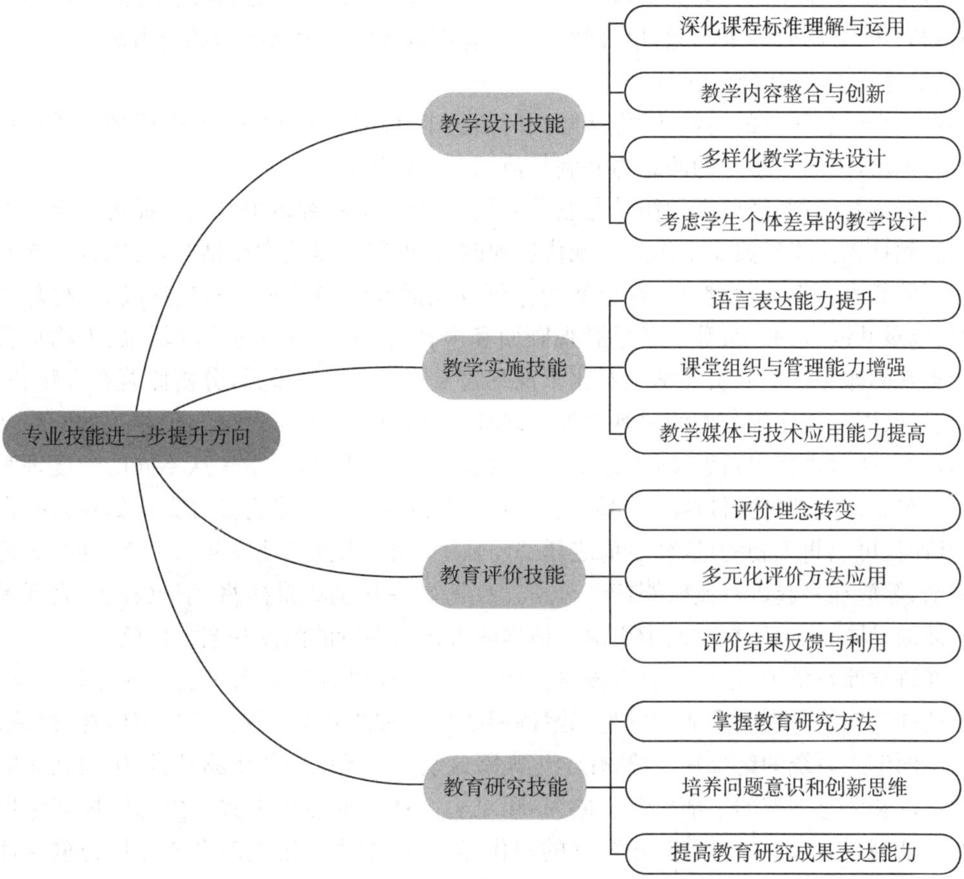

图7-2 专业技能进一步提升方向

1. 教学设计技能

（1）深化课程标准理解与运用

课程标准是教学设计的根本依据，它犹如一座灯塔，为教师在教学内容选择、教学目标设定等方面指引方向。深入理解课程标准对于不同学段、学科的要求，是提升教学设计质量的关键。

以数学学科为例，不同年级的数学运算能力要求差异显著。在小学低年级，课程标准重点关注学生对基本数字运算的掌握，如整数的加减法。教师在设计这一阶段的教学时，要围绕让学生理解数字概念、熟悉运算符号和掌握简单运算方法来安排内容。例如，通过使用实物教具(像小木棒、水果模型等)帮助学生直观地理解:加法是将两个或多个数量合并在一起,减法是从一个数量中拿走一部分。在练习设计上,多安排一些简单的、与生活实际相关的练习题,如“小明有3个苹果,妈妈又给了他2个,小明现在有几个苹果?”这种情境化的练习可以让学生更好地理解运算的意义。

随着年级升高,到了小学中高年级,课程标准对运算能力的要求扩展到多位数的乘除法、小数和分数的运算等。教师需要根据这些要求,合理调整教学内容的深度和广度。在讲解乘除法运算时,可以引入乘法口诀表的运用,并阐释除法是乘法逆运算的概念。在设计练习时,除了基本的计算练习,还要增加一些需要运用运算规则解决实际问题的题目,如购物算账、分配物品等问题,培养学生运用运算解决实际生活问题的能力。

(2) 教学内容整合与创新

在当今信息爆炸的时代,学生接触到的信息丰富多样,教师需要对教学内容进行精心整合与创新,以吸引学生的注意力并满足他们对知识的需求。

在语文教学中,经典文学作品是教学的重要内容,但单纯讲解经典作品可能会让部分学生感到枯燥。将经典文学作品与现代影视改编、网络文学元素相结合,可以为语文教学注入新的活力。例如,在教授《红楼梦》时,可以先播放一些经典的影视片段(如林黛玉进贾府、宝黛共读《西厢记》等),通过影视画面和声音,让学生对原著中的场景、人物形象有一个直观的印象。然后引导学生对比影视改编与原著之间的差异,分析原著在人物塑造、情节设计、语言表达等方面的精妙之处。同时,可以引入一些与《红楼梦》相关的网络文学作品,如一些以现代视角解读《红楼梦》中人物的文章或小说,让学生从不同的角度理解这部经典名著。此外,还可以将不同体裁、主题相似的文学作品进行整合。比如在教授古代送别诗时,可以将王勃的《送杜少府之任蜀州》、王维的《送元二使安西》、王昌龄的《芙蓉楼送辛渐》等放在一起进行比较阅读。分析这些诗歌在送别场景描写、情感表达、表现手法等方面的异同,让学生在对比中更深入地理解古代送别诗的内涵和艺术特色。

在科学课教学中,也可以整合多种资源。例如,在讲解生态系统这一内容时,可将教材中的理论知识与现实生活中的生态案例相结合。通过引入一些关于热带雨林、湿地、海洋等不同生态系统的纪录片片段,让学生观察这些生态系统中的生物种类、生物之间的相互关系以及生态系统的平衡机制。同时,可结合一些新闻报道中关于生态破坏和保护的案例,如巴西热带雨林的砍伐、珊瑚礁的白化等,组织学生讨论生态系统保护的重要性和人类在其中的责任。通过这种整合,使科学课的教学内容更加丰富、生动,贴近学生的生活实际。

(3) 多样化教学方法设计

多样化的教学方法能够满足不同学生的学习风格和需求,激发学生的学习兴趣和主动性,培养学生的综合能力。基于问题的学习和基于项目的学习等方法在现代教学中具有重要地位。以科学课上“设计一个环保型的城市交通方案”项目为例,这一项目需要学生运用多学科知识来解决实际问题。

在项目开始前,教师提出问题引导学生思考,如“当前城市交通面临哪些环境问题”“现有的交通方式对能源消耗有什么影响”等。学生通过查阅资料、实地观察等方式收集信息,了解到汽车尾气排放对空气质量的影响、交通拥堵导致的能源浪费等问题。然后,教师引导学生进行小组讨论，分析不同交通方式（如公共交通、自行车、步行等）的优缺点，以及如何优化这些交通方式来减少对环境的影响。

在小组讨论过程中，学生们积极交流，各自发挥自己的优势。有的学生擅长数学，负责计算不同交通方案的成本和能源消耗；有的学生对地理环境熟悉，负责分析城市地形对交通规划的影响；有的学生有较强的美术能力，参与设计交通方案的示意图。接下来，学生们根据讨论结果制作模型，如用废旧材料制作城市交通模型，展示他们设计的环保型交通方案，包括设置更多的自行车道、优化公交线路、推广电动公交车等措施。

在整个过程中，教师的角色是引导者和促进者。教师要为学生提供必要的资源和指导，帮助学生解决在项目实施过程中遇到的问题，如资料查找途径、模型制作技术等。同时，教师要关注每个小组的进展情况，鼓励学生之间的合作与交流，培养学生的团队协作能力、问题解决能力和创新思维能力。

除了项目式学习，在其他学科中也可以运用多样化的教学方法。在历史课教学中，可以采用角色扮演法。例如，在教授古代历史事件时，让学生扮演历史人物，模拟历史场景。在讲解"商鞅变法"时，学生分别扮演商鞅、秦孝公、贵族等角色，通过角色扮演，学生可以深入体会历史人物的思想和情感，理解变法的背景、内容和影响。在英语教学中，可以采用情景教学法，创设各种真实的语言交流情景，如餐厅点餐、机场问路等，让学生在情景中练习英语口语表达，提高语言运用能力。

（4）考虑学生个体差异的教学设计

每个学生都有其独特的学习能力、学习风格和学习需求，因此教学设计要充分考虑学生的个体差异，实施分层教学和个性化学习路径设计。

在分层教学方面，教师可以根据学生的学习水平将学生分为不同层次。以英语阅读教学为例：对于基础较弱的学生，教师可以选择一些简单易懂、词汇量适中、语法结构较为简单的阅读材料，如儿童英语故事书。在教学过程中，应重点帮助这些学生掌握基本的词汇和简单的句子结构，培养他们的阅读兴趣和自信心。教师可以设计一些简单的阅读理解问题，如询问故事中的人物、事件等，让学生在阅读后回答。

对于中等水平的学生，阅读材料可以适当增加难度，包括一些含有一定量的新词汇和复杂语法结构的文章，但文章主题要贴近学生的生活或兴趣点，如关于青少年成长、校园生活等题材的文章。教学中，除帮助学生理解文章内容外，还要引导他们分析文章的结构和作者的写作意图。可以设计一些需要学生进行推理、判断的阅读理解问题，如"根据文章内容，你认为主人公接下来会怎么做？"

对于学习能力较强的学生，提供一些具有挑战性的阅读材料，如经典英文文学作品的简写版、英文新闻报道等。教师在教学中注重培养学生的批判性思维能力和自主学习能力，引导学生对文章中的观点进行分析和评价。可以设计一些开放性的问题，如"你对文章中提到的社会现象有什么看法""你认为作者的观点有哪些局限性"等。同时鼓励这些学生自主拓展阅读范围，推荐一些相关的英语书籍或网站。

在个性化学习路径设计方面，教师可以利用现代教育技术手段。例如，通过在线学习平台，为学生提供个性化的学习任务和学习资源。平台根据学生的学习数据（如平时的作业完成情况、测试成绩、学习时间等）分析学生的学习特点和薄弱环节，为每个学生推荐适合他们的学习内容。比如，对于在数学几何部分学习有困难的学生，平台会推送一些几何基础知识讲解视频、专项练习题以及相关的学习游戏等；而对于在数学运算速度方面需要提高的学生，平台会提供一些速算技巧训练的资源。教师可以根据平台的数据反馈，进一步调整对学生的指导和教学计划，确保每个学生都能在自己的学习路径上取得进步。

2. 教学实施技能

（1）语言表达能力提升

教师清晰、准确、生动且富有感染力的语言表达是教学实施成功的关键因素之一。良好的语言表达能够将抽象复杂的知识转化为学生易于理解的内容，帮助学生更好地掌握知识。

在语文教学中，语言表达的生动性和感染力可以更好地传达文学作品的情感和意境。在讲解古诗词时，教师可以通过富有感情的朗诵和生动的描述，将学生带入诗词的世界。例如，在讲解李白的《将进酒》时，教师以激昂的语调朗诵："君不见，黄河之水天上来，奔流到海不复回。君不见，高堂明镜悲白发，朝如青丝暮成雪。"同时，用生动的语言描绘诗句中的画面："同学们，你们看那黄河之水，就像从天上倾泻而下，汹涌澎湃，一去不返，这是多么壮观的景象啊！而人生就像这黄河水一样，转瞬即逝，当我们对着镜子，看到父母那原本乌黑的头发渐渐变白，就像早晨还是青丝，晚上就变成了白雪，这是多么令人感慨啊！"通过这样的方式，让学生感受到古诗词的韵律美和情感内涵。

（2）课堂组织与管理能力增强

课堂组织与管理能力直接影响教学活动的顺利开展和教学效果。教师需要在把控课堂节奏、应对突发情况和营造良好课堂氛围等方面不断提升能力。

在把控课堂节奏方面，教师要根据教学设计和学生的课堂反应灵活调整教学进度。在讲解新的知识点时，如果发现大部分学生理解困难，教师要放慢速度，增加更多的例子或详细解释；如果学生对某个知识点掌握得较好，反应积极，教师可以适当加快进度，增加一些拓展性的内容或进行更深入的讨论。在面对课堂突发情况时，教师需要保持冷静、迅速地处理。例如，当学生之间发生冲突时，教师要第一时间制止，避免事态扩大。然后，将冲突双方带到教室外冷静，并了解事情的经过。教师要公平、公正地处理问题，引导学生换位思考，理解对方的感受。如果是因为争抢文具等小事引发的冲突，教师可以引导学生学会分享和尊重他人。对于设备故障等情况，教师要有备用方案，例如投影仪突然出现问题，教师可以使用黑板进行板书讲解，或者利用提前准备的纸质资料继续教学。

营造积极向上、民主和谐的课堂氛围对于学生的学习积极性和参与度至关重要。教师要鼓励学生积极参与课堂讨论和活动，尊重每个学生的想法。课堂讨论可以采用小组讨论、全班讨论等多种形式。对于学生提出的问题和观点，无论对错，教师都要给予鼓励和回应。例如，在社会科学课上讨论一个社会现象时，学生可能会提出一些独特的见解，即使这些见解不太成熟，教师也可以说："你的想法很有新意，这是一个很好的思考角度，我们可以进一步探讨一下。"同时，教师要引导学生之间相互尊重和倾听，在小组讨论中，要求学生认真听取其他同学的发言，不打断，然后再发表自己的意见。通过这种方式，让课堂成为学生积极思考、自由表达的场所。

(3) 教学媒体与技术应用能力提高

随着现代教育技术的飞速发展，教师需要熟练掌握各种多媒体教学设备和教育软件的使用，并关注新兴技术在教育中的应用趋势，将其融入教学实践以提高教学效果。

多媒体教学设备，如投影仪、电子白板等，已经成为现代课堂教学的常用工具。教师要熟练掌握投影仪的操作，包括如何连接电脑、调整投影画面的大小、清晰度和亮度等参数。在使用电子白板时，教师要了解其各种功能，如书写、擦除、批注等。通过电子白板，教师可以更加灵活地展示教学内容，例如在讲解数学几何图形时，可以直接在电子白板上绘制图形，进行图形的平移、旋转、缩放等操作，让学生更直观地观察图形的变化规律。

教育软件的应用也为教学带来了更多的便利和创新。以几何画板为例，数学教学中，教师可以利用几何画板动态展示几何图形的性质和变化。在讲解三角形内角和定理时，可以通过几何画板制作一个可动态变化的三角形，让学生任意改变三角形的形状，观察其三个内角的度数变化，发现无论三角形如何变化，内角和始终是 180 度。这种动态演示能够帮助学生更好地理解抽象的几何定理。

在线作业平台则改变了传统的作业布置和批改方式。教师可以在平台上根据教学内容和学生的实际情况布置作业，平台可以自动批改一些客观题，如选择题、填空题等，并及时反馈学生的作业完成情况。教师可以根据平台数据了解学生对知识点的掌握程度，而平台对于学生的错题可以进行统计和分析，帮助教师发现学生的薄弱环节。同时，平台还可以为学生提供个性化的学习建议和辅导资源。

此外，教师要关注新兴技术在教育中的应用趋势。人工智能辅助教学可以为教师和学生提供更多的支持。例如，智能辅导系统可以根据学生的学习情况为学生提供个性化的学习路径和辅导内容。如果学生在某个知识点上频繁出错，智能辅导系统会推送相关的讲解视频、练习题和解题技巧。虚拟现实(VR)和增强现实(AR)技术在教学中的应用潜力巨大。在地理教学中，利用 VR 技术可以让学生仿佛身临其境般地参观世界各地的名胜古迹、自然景观，如让学生在虚拟环境中登上珠穆朗玛峰，观察其地形地貌和气候特征；在生物教学中，通过 AR 技术可以将虚拟的生物模型叠加在现实环境中，学生可以近距离观察生物的结构和功能，如观察人体器官的三维模型，了解它们之间的相互关系。教师要积极学习和尝试这些新兴技术，为教学注入新的活力。

3. 教育评价技能

(1) 评价理念转变

教育评价理念从单一的结果性评价向过程性评价与结果性评价相结合的转变，是教育发展的必然趋势。这种转变更加全面、客观地反映了学生的学习情况，有助于教师更好地指导学生学习和改进教学。结果性评价主要关注学生在学习结束后的成绩，如期末考试成绩、学业水平测试成绩等。然而，这些成绩只能反映学生在某个特定时间点对知识的掌握程度，无法体现学生在学习过程中的努力、进步和能力发展。过程性评价则侧重于学生在整个学习过程中的表现，关注学生是如何学习的，包括课堂参与度、作业完成情况、小组合作能力等多个方面。

课堂参与度是过程性评价的重要内容之一。教师可以观察学生在课堂上的表现，如是否积极回答问题、提出问题、参与讨论等。对于积极参与课堂的学生，教师可以给予及时的肯定和鼓励。例如，在课堂讨论中，当学生提出有价值的观点或独特的见解时，教师可以表扬学生："你的想法非常棒，这表明你在认真思考，这种积极思考的态度值得大家学习。"同时，教师可以通过记录学生的课堂参与情况，如发言次数、参与讨论的质量等，作为评价学生学习过程的依据之一。

作业完成情况也是过程性评价的关键环节。教师不仅要关注学生作业的正确率，还要看学生完成作业的态度、方法和努力程度。例如一个学生在作业中虽有一些错误，但他认真完成了作业，并且尝试了多种方法解决问题，教师应该给予肯定和指导。如在数学作业中，学生可能在一道难题上尝试了几种不同的解法，虽然最终没有得到正确答案，但教师可以在作业评语中写道："你认真思考和尝试多种解法的精神非常好，这种努力会让你在学习中不断进步。对于这道题，我们可以一起看看问题出在哪里。"

小组合作能力在现代教育中越来越受到重视。在小组合作学习过程中，教师要观察学生是否能够与小组成员有效沟通、协作，是否积极承担自己的任务，是否尊重他人的观点和想法等。比如在一个项目式学习小组中，有的学生能够主动组织小组讨论、合理分配任务，积极协调小组成员之间的关系，促进小组顺利完成任务，这样的学生在小组合作能力方面就表现出色。教师可以通过观察每个学生在小组中的行为表现，给予相应的评价，如："你在小组中发挥了很好的领导作用，使得小组的讨论和工作有序进行，这是非常宝贵的能力。"

通过建立学生学习档案袋来记录学生在整个学习过程中的点滴进步和问题是实施过程性评价的有效方法。学习档案袋可以包含学生的课堂作业、测验试卷、小组项目成果、自我评价、教师评语等多种资料。例如，在艺术课上，学生的学习档案袋中可以有每次绘画作业、手工制作作品的照片或原件，以及学生对自己作品的创作思路和自我评价，还有教师对作品在创意、技巧、表现力等方面的评语。通过定期回顾学习档案袋，教师和学生都能清晰地看到学生在一段时间内的学习轨迹，发现学生的成长和需要改进的地方。这种过程性评价与结果性评价相结合的方式，能更全面地了解学生，为教学提供更有针对性的指导。

(2) 多元化评价方法应用

采用多元化的评价方法是现代教育评价的重要特征，它能从多个维度对学生的学习进行评估，使评价结果更加准确和公平。

除了传统的考试成绩外，课堂观察是教师了解学生学习情况的重要途径。在课堂观察中，教师可以关注学生的学习状态、行为表现和情感反应等。例如，在科学课实验操作环节，教师可以观察学生是否按照实验步骤正确操作仪器、是否认真观察实验现象、是否积极思考实验结果等。如果发现某个学生操作不规范，教师可以及时给予指导并记录下来，作为评价的依据之一。同时，教师还可以观察学生在课堂上的情感反应，如对学习内容是否感兴趣、在遇到困难时表现出沮丧还是积极应对等，这些情感因素也会影响学生的学习效果。

学生自评和互评也是多元化评价的重要组成部分。学生自评可以促进学生的自我反思和自我管理能力。教师可以引导学生定期进行自我评价，例如在完成一个单元的学习后，让学生回顾自己在这个单元中的学习表现，包括在知识掌握、学习方法、学习态度等方面的优点和不足。学生可以通过填写自评表或写学习小结的方式进行自我评价。在互评方面,教师可以组织学生进行小组互评或全班互评。例如,在语文作文评价中,学生可以互相交换作文,根据文章结构、语言表达、内容丰富度等评价标准,对同伴的作文进行评价。在这个过程中,学生可以从不同的角度看待自己和他人的作品,学习他人的优点,同时也能提高自己的批判性思维能力。

项目作品评价在一些基于项目的学习中具有重要作用。在评价学生的项目作品时,要综合考虑多个维度。以设计一个校园环保方案的项目为例,对于学生的作品评价要包括方案的可行性、创新性、对环保问题的理解深度以及团队协作的体现等方面。如果一个小组的方案不仅提出了切实可行的环保措施,如垃圾分类回收系统、雨水收集利用设施等,而且在设计中融入了创新元素,如利用太阳能驱动的环保交通工具,同时在项目展示中体现出团队成员之间的良好协作,那么这个项目作品就应该得到较高的评价。通过多元化的评价方法,教师可以更全面地了解学生的学习成果和能力发展情况。

(3) 评价结果反馈与利用

评价结果的反馈和利用是教育评价中至关重要的环节,它直接关系到教学质量的改进和学生学习效果的提升。

教师要及时、准确地向学生反馈评价结果,让学生清楚自己的优势和不足。在反馈方式上,可以采用多种形式。对于考试成绩,教师可以在试卷上详细批改并写下评语,指出学生在各个知识点上的掌握情况和存在的问题。例如,在数学试卷上,教师可以针对学生做错的题目,写出"这道题你在计算过程中出现了失误,需要更加细心哦",或者"你对这部分知识点的理解有偏差,我们可以在课后进一步讨论"。除了书面反馈,教师还可以与学生进行面对面的交流反馈。在交流过程中,教师可以更深入地了解学生在学习过程中的困惑,同时给予针对性的建议。例如,在与学生讨论英语写作问题时,教师可以针对学生文章中的语法错误、词汇运用不当等问题,当场给予正确的示范和讲解,并鼓励学生在今后的写作中注意这些问题。

评价结果不仅是对学生学习情况的判断,更是教师调整教学策略的依据。如果在评价中发现大部分学生在某个知识点或技能上掌握得不好,教师就要反思自己的教学方法和教学内容是否合适。例如,在物理课上,如果学生在力学实验题的解答中普遍存在问题,教师可以分析是实验教学环节不够详细,学生对实验原理理解不深,还是在解题方法指导上有所欠缺。然后,教师可以在后续的教学中增加实验演示的次数,加强对实验原理的讲解深度,或者专门安排时间讲解实验题的解题思路和技巧。同时,教师还可以根据评价结果对教学设计进行调整,如重新安排教学进度、调整教学内容的难度等,以更好地满足学生的学习需求,提高教学质量。

4. 教育研究技能

(1) 掌握教育研究方法

教育研究方法是教师开展教育研究的重要工具,掌握多种研究方法能够使教师从不同角度深入探究教育问题,为教育实践提供科学依据。

教育调查法是一种常用的研究方法,它通过对教育现象的调查来收集数据资料。在进行教育调查时,设计合理的调查问卷和访谈提纲是关键。调查问卷的设计要围绕研究问题，做到内容清晰、简洁、无歧义。例如，在研究学生学习动机问题时，问卷题目可以包括“你学习的主要目的是什么？（A. 为了取得好成绩　B. 对知识感兴趣　C. 为了将来找个好工作）”“你在学习过程中最感兴趣的学科是什么？为什么？”等。同时，要注意问卷的结构和排版，避免问题过于复杂或冗长，影响调查对象的回答意愿。在访谈提纲设计方面，问题要具有开放性和引导性，能够深入挖掘调查对象的想法和感受。例如，在访谈学生关于学习困难的问题时，可以问“你在学习过程中遇到的最大困难是什么？你尝试过哪些方法来解决这些问题？”

科学地选取样本也是教育调查法的重要环节。样本要具有代表性，能够反映研究总体的特征。如果研究对象是某所学校的学生，教师可以采用分层抽样的方法，按照年级、性别、学习成绩等因素将学生分成不同层次，然后从每个层次中随机抽取一定数量的学生作为样本。在数据收集完成后，要准确地进行数据分析。对于问卷数据，可以使用统计学方法（如计算平均数、标准差、相关性等）来分析不同变量之间的关系。对于访谈数据，要进行内容分析，提炼出关键主题和观点。

教育实验法是通过人为地控制某些因素，观察和分析教育现象变化的研究方法。在设计教育实验时，要明确实验目的、实验变量和控制变量。例如，在研究某种新的教学方法对学生学习成绩的影响时，新的教学方法是自变量，学生的学习成绩是因变量，而学生的原有学习水平、学习环境等其他可能影响学习成绩的因素就是控制变量。教师要通过随机分组等方法将学生分成实验组和对照组：实验组采用新的教学方法，对照组采用传统教学方法。在实验过程中，要严格控制实验条件，确保实验的科学性。在实验结束后，通过对实验组和对照组学生学习成绩的比较分析，来判断新教学方法的有效性。

行动研究法是一种将教育实践与研究紧密结合的方法，它强调教师在自己的教学实践中发现问题、解决问题，并不断改进教学。教师要能够将教学实践中的问题转化为研究课题，如在发现班级学生课堂注意力不集中的问题后，可以将其确定为研究课题“提高学生课堂注意力的策略研究”。然后制定研究计划，包括研究目标、研究步骤、研究方法等，在教学过程中实施研究，尝试不同的教学策略来解决问题，如调整教学内容的趣味性、改进教学方法的多样性等。在实施过程中，要不断反思和改进，根据学生的反应和学习效果调整策略。例如，如果发现某种增加课堂趣味性的方法并没有明显提高学生的注意力，教师就要分析原因，是方法本身的问题还是实施过程中的问题，然后继续尝试其他方法，直到找到有效的解决策略。

（2）培养问题意识和创新思维

问题意识和创新思维是教育研究的核心要素，教师只有善于发现教育实践中的问题，并能提出创新性的解决方案，才能推动教育研究的深入发展。

在日常教育教学中，问题无处不在。例如，学生学习动机不足是一个常见的问题。教师要深入分析导致这一问题的原因，可能是教学内容枯燥、教学方法单一、评价方式不合理等。从教育理论的角度来看，根据马斯洛的需求层次理论，学生的学习动机可能与他们的自我实现需求、尊重需求等未得到满足有关。从实践角度分析，教师可以观察到学生在课堂上的表现，如对学习缺乏热情、作业敷衍了事等。针对这些问题，教师可以提出创新性的解决方案。例如，为了激发学生的学习动机，可以采用情境化教学，将学习内容与学生感兴趣的生活场景或实际问题相结合。在数学教学中，可以通过设计“商场购物打折计算”“家庭装修面积计算”等情境，让学生感受到数学知识的实用性，从而提高学习动机。

教学方法效果不佳也是一个普遍存在的问题。教师在教学过程中可能会发现，某种传统的教学方法在当前的教育环境下无法达到预期的教学效果。这时，教师要从教育理论和实践的角度思考创新的方法。例如，在传统的英语语法教学中，单纯的讲解和练习可能让学生感到枯燥且难以掌握。教师可以尝试采用游戏化教学方法，将语法知识融入有趣的游戏中。比如设计“语法接龙”游戏，每个学生要说出一个包含特定语法结构的句子，下一个学生要在前一个句子的基础上继续，通过这种方式让学生在游戏中学习和巩固语法知识。

此外，教师还要关注教育领域的新趋势和新问题，如随着信息技术在教育中的广泛应用，如何培养学生的数字素养问题成为一个重要课题。教师可以研究如何将数字素养教育融入日常教学中，开发相关的课程资源和教学活动，如开展“网络信息搜索与评估”主题活动，让学生学会在海量的网络信息中筛选出有价值的信息，并判断信息的真实性和可靠性。

(3) 提高教育研究成果表达能力

教育研究成果的表达是教育研究的重要环节，它能够使教师的研究成果得到更广泛的传播和应用，为教育界同行提供参考和借鉴。

学会撰写教育研究论文是教师表达研究成果的主要方式之一。在撰写教育研究论文时，要注意论文的结构和内容。论文一般包括标题、摘要、关键词、引言、正文、结论、参考文献等部分。标题要简洁明了，能准确反映研究的核心内容，如《基于项目式学习的初中科学教学实践研究》。摘要部分要简要概括论文的研究目的、方法、结果和结论，一般不超过 500 字，让读者在短时间内了解论文的主要内容。关键词要选择能够准确反映论文主题的词汇，如“项目式学习”“初中科学教学”“教学实践”等。

引言部分要阐述研究问题的背景和意义，说明为什么要进行这项研究。例如，在引言中可以提到当前初中科学教学中存在的问题，如学生对科学知识的理解和应用能力不足；而项目式学习被认为是一种能够提高学生综合能力的教学方法，因此开展本项研究具有重要的现实意义。

正文部分是论文的核心，要详细阐述研究方法、研究过程和研究结果。在阐述研究方法时，要清楚地说明是采用教育调查法、教育实验法还是其他方法，并详细介绍方法的实施过程，如调查问卷的设计、样本的选取、实验的步骤等。在呈现研究结果时，可以使用图表、数据等形式，使结果更加直观清晰。例如，在展示实验前后学生学习成绩对比结果时，可以用柱状图或折线图来表示。

结论部分要总结研究的主要成果，回答研究问题，提出研究的建议和展望。例如，在结论中可以指出项目式学习在提高初中学生科学学习兴趣、知识理解和应用能力等方面有显著效果，并针对项目式学习在实施过程中存在的问题，如项目设计难度、教师指导时间等提出建议。参考文献部分要列出论文写作过程中引用的所有文献资料，按照一定的格式规范书写，方便读者查阅相关资料。

除了撰写论文外，教师还可以通过撰写研究报告的形式来表达研究成果。研究报告的内容和结构与论文相似,但更侧重于对研究过程和结果的详细描述。研究报告可以包括研究背景、研究目标、研究方法、研究过程、研究发现、结论与建议等部分。研究报告通常用于向教育部门、学校领导或其他教育机构汇报研究情况,为教育决策和教育实践改进提供依据。此外,教师还可以在教育研讨会、学术会议等场合通过口头报告的形式分享研究成果,与同行进行交流和讨论,推动教育理论和实践的共同发展。

二、教育职业发展路径探索

(一) 教育行业内不同角色尝试与选择

教育是一个庞大而多元的行业,其中包含了多种不同的角色,每个角色都有其独特的职责和发展机会,教育者可以根据自己的兴趣和能力进行尝试与选择,如图 7-3 所示。

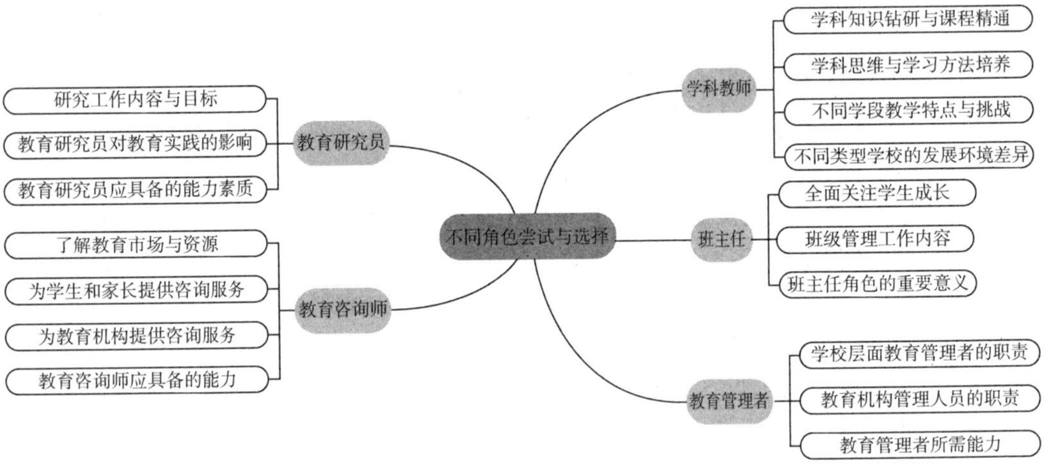

图 7-3 不同角色尝试与选择

1. 学科教师

学科教师作为教育行业的基石,在学生的知识获取和能力培养过程中扮演着至关重要的角色。他们所承担的责任不仅仅是知识的简单传递,更是对学生学科思维和学习方法的精心塑造。

(1) 学科知识钻研与课程精通

学科教师需要对所教学科的知识体系有深入且全面的理解。以数学学科为例,这是一个逻辑严密、结构复杂的知识领域。例如,在小学阶段,课程标准要求学生掌握整数、小数、分数的基本运算,教师就要围绕这些内容精心设计教学活动,确保学生能够熟练掌握运算规则。在中学阶段,随着代数、几何、函数等知识板块的引入,教师要深入理解这些知识如何在课程体系中逐步深化和拓展。在教授函数概念时,要能从初中阶段的一次函数、二次函数,引导学生逐步理解高中阶段更复杂的指数函数、对数函数和三角函数等。对于教材内容,教师更是要了如指掌,不仅要知道教材编写的逻辑顺序,还要清楚每一个例题、习题的设计意图。例如，教材中的某些例题可能是为了引出新的知识点，而一些拓展性的习题则是为了培养学生的综合应用能力。

(2) 学科思维与学习方法培养

培养学生的学科思维能力是学科教师教学工作的核心。数学教师在教学过程中，引导学生建立逻辑思维至关重要。在讲解数学定理的证明过程中，教师要展示如何从已知条件出发，通过一步步严谨的推理得出结论。同时，培养学生的数学建模能力也是数学教学的重要目标。教师可以通过实际问题引导学生建立数学模型，如在讲解应用题时，将行程问题、工程问题等转化为数学方程模型。以行程问题为例，教师可帮助学生分析速度、时间和路程之间的关系，建立相应的方程来求解问题，让学生学会用数学的思维方式解决实际生活中的问题。

语文教师则侧重于培养学生的阅读理解和写作表达能力。在阅读理解教学中，教师要引导学生掌握不同类型文本(如记叙文、说明文、议论文等)的阅读方法。对于记叙文，要让学生学会分析人物形象、情节发展和主题思想；对于说明文，要理解说明对象、说明方法和说明顺序；对于议论文，要把握论点、论据和论证过程。教师通过课堂讲解、阅读练习等方式，提高学生的阅读理解能力。在写作教学方面，教师要从基础的写作技巧训练开始，包括如何立意、选材、组织文章结构等。例如，在指导学生写记叙文时，教师会引导学生从生活中选取有意义的事件作为素材，通过合理的情节安排和生动的细节描写来展现主题。同时，教师还要注重培养学生的语言表达能力，鼓励学生运用多样化的词汇和修辞手法，使文章更加生动形象。

(3) 不同学段教学特点与挑战

小学阶段的学科教学是基础知识的启蒙阶段，这个时期的学生好奇心强，但注意力集中时间较短。教师需要采用大量生动有趣的教学方法来吸引学生的注意力，激发他们的学习兴趣。例如，在语文识字教学中，教师可以通过儿歌、故事、游戏等方式让学生轻松愉快地学习汉字；在数学教学中，可以利用实物教具，如小棒、计数器等，帮助学生理解数的概念和运算。同时，小学阶段注重学习习惯的培养。教师要引导学生养成良好的预习、复习、书写等习惯。比如，教师可以通过制定简单的预习任务清单，让学生在预习时了解将要学习的内容，提出自己的问题；在复习时，可引导学生回顾当天所学的知识点，并通过简单的练习巩固知识。中学阶段学科知识的深度和广度都有了显著提升，高中阶段面临高考等选拔性考试的压力，学科教师的教学任务更加艰巨。教师不仅要完成教学大纲规定的教学内容，还要针对高考的要求进行有针对性的复习指导。

(4) 不同类型学校的发展环境差异

公立学校、私立学校和国际学校在教育理念、教学模式和课程设置等方面存在显著差异，为学科教师提供了多样化的发展环境。

公立学校通常遵循国家统一的教育方针和课程标准，强调教育的公平性和普及性。公立学校的课程设置较为稳定，教师在教学过程中有明确的教学大纲指导。在这种环境下，教师更注重基础知识的传授和学生综合素质的培养。例如，公立学校的语文教师会按照国家规定的教材进行教学，同时积极组织学生参加各种语文实践活动，如朗诵比赛、作文比赛等，以提高学生的语文素养。公立学校的教师还有更多机会参与教育行政部门组织的教研活动和培训项目,这有助于教师提升自己的专业水平。

私立学校在教育理念上可能更加灵活多样,注重个性化教育和特色课程开发。私立学校的课程设置往往会在国家课程标准的基础上进行拓展和创新。例如,一些私立学校会开设国际理解课程、领导力课程等特色课程。在教学模式上,私立学校可能更倾向于小班化教学,教师可以有更多的时间和精力关注每个学生的学习情况。对于学科教师来说,在私立学校任教需要具备更强的课程开发能力和创新精神,以适应学校的特色发展需求。

国际学校则以国际化教育为目标,其课程体系通常采用国际课程标准,如IB课程、A-Level课程、AP课程等。国际学校的教师需要熟悉国际教育理念和课程体系,并具备跨文化教育能力。在教学过程中,国际学校强调培养学生的全球视野、国际交流能力和批判性思维。例如,国际学校的科学教师在教学中可能会引导学生关注全球环境问题,通过国际合作项目让学生了解不同国家在环境保护方面的措施和经验。国际学校的教师还需要具备良好的英语水平,因为大部分课程都是用英语授课,同时要能够引导学生适应国际化的学习环境和评价体系。

2. 班主任

班主任是教育领域中一个特殊而重要的角色,他们在学生的成长过程中发挥着全方位的引导作用,是连接学生、家长和其他任课教师的重要纽带。

(1) 全面关注学生成长

班主任的工作涉及学生学习、生活和心理等各个方面。在学习上,班主任要关注每个学生的学习成绩和学习状态的变化。当发现某个学生成绩突然下降时,班主任要及时与学生沟通,了解是学习方法不当、家庭因素还是其他原因导致的问题。如果是学习方法问题,班主任可以组织学习经验交流会,邀请成绩优秀的同学分享学习经验,或者与任课教师沟通,为该学生提供针对性的学习建议。在生活方面,班主任要关心学生的日常生活情况,包括学生的饮食、住宿等问题。对于住校生,班主任要定期到宿舍看望学生,了解他们的生活需求,确保学生在学校有一个良好的生活环境。在心理层面,班主任要敏锐地察觉到学生的情绪变化和心理问题。例如,当学生面临考试压力、人际关系困扰等问题时,班主任要及时进行心理疏导,帮助学生缓解压力,建立积极向上的心态。

(2) 班级管理工作内容

制定班级规章制度是班级管理的重要基础。班主任要根据学校要求和班级学生特点,制定一套合理、可行的班级规章制度。这些规章制度涵盖了学习纪律、考勤制度、值日制度、奖惩制度等方面。例如,在学习纪律方面规定上课不能迟到、早退或交头接耳等;在考勤制度上明确请假的流程和要求;在值日制度中安排学生轮流负责教室的清洁卫生工作。通过这些规章制度,培养学生的纪律意识和责任感。

培养班干部队伍是班级管理的关键环节。班主任要选拔有责任心、有组织能力、在同学中有一定威望的学生担任班干部。例如,班长要具备较强的领导能力和沟通协调能力,能够协助班主任管理班级日常事务;学习委员要学习成绩优秀,能够组织同学开展学习互助活动;纪律委员要公正严明,能够维护班级的学习纪律。班主任要定期召开班干部会议,指导班干部如何履行职责,同时听取班干部的反馈以及时了解班级情况。

组织班级活动是增强班级凝聚力和促进学生全面发展的重要途径。主题班会是一种常见且有效的班级活动形式。班主任可以根据不同的教育主题组织班会，如爱国主义教育、文明礼仪教育、心理健康教育等。在爱国主义教育主题班会上，班主任可以通过播放爱国主义影片、讲述英雄事迹等方式激发学生的爱国情感，培养学生的民族自豪感。文体活动也是深受学生喜爱的班级活动形式，如运动会、文艺汇演、班级篮球赛等。通过这些活动不仅可以增强学生的身体素质，还能培养学生的团队合作精神和竞争意识。例如，在运动会上，每个学生都为班级的荣誉而努力，参加比赛的同学在赛场上奋力拼搏，其他同学则在一旁加油助威，集体荣誉感能够让班级更加团结。

协调任课教师之间的关系也是班主任的重要工作内容。班主任要与各科任课教师保持密切沟通，了解学科的教学情况和学生在课堂上的表现。例如，当某门学科的任课教师反映班级学生对该学科的学习积极性不高时，班主任可以与任课教师共同商讨解决方案，如组织学科兴趣小组、开展学科知识竞赛等，以提高学生的学习兴趣。同时，班主任要协调好各科作业量，避免学生因负担过重而影响学习效果和身心健康。

处理学生之间的矛盾和问题是班级管理中不可避免的工作。学生在相处过程中可能会因为各种原因产生矛盾，如争抢文具、课间打闹等。当出现这些问题时，班主任要及时、公正地处理。首先，班主任要了解事情的经过，听取双方学生的陈述，不偏袒任何一方；然后，引导学生换位思考，理解对方的感受；最终帮助学生化解矛盾。例如，在处理两个学生因争抢篮球场地而发生争吵的问题时，班主任可以先让学生冷静下来，然后询问他们争吵的原因，引导他们认识到在集体活动中要相互尊重、相互谦让，最后让他们协商解决场地使用问题。

（3）班主任角色的重要意义

班主任是与学生接触最多、最了解学生的教育者，其与学生之间建立的深厚情感联系对学生的成长有着深远的影响。一个优秀的班主任能够成为学生成长道路上的良师益友，在学生遇到困难时给予支持和鼓励，在学生犯错时给予耐心的引导和教育。班主任的言传身教对学生的品德养成和人格塑造起着潜移默化的作用。例如，班主任诚实守信、关爱他人的品质会在日常相处中传递给学生，让学生在潜移默化中受到熏陶。在学生的学习生涯中，班主任的鼓励和支持可能会成为他们克服困难、努力学习的动力源泉。比如，当学生在学习上遇到挫折，对自己失去信心时，班主任的一句鼓励的话可能会让他们重新振作起来，继续努力。此外，班主任对班级文化的建设和班级氛围的营造也会影响学生的学习和生活态度。一个积极向上、团结友爱的班级氛围能够让学生感受到集体的温暖，有效增强他们的归属感和学习积极性。

3. 教育管理者

教育管理者在整个教育体系中处于领导和决策的关键地位，他们的工作涉及学校或教育机构的各个层面，对教育教学活动的顺利开展和持续发展有着至关重要的作用。

（1）学校层面教育管理者的职责

在学校层面，校长、教导主任等教育管理者承担着制定教育政策、规划学校发展战略的重要使命。他们要深入理解国家教育方针，结合学校的实际情况，确定学校的办学理念和发展目标。例如，在当前强调素质教育和学生核心素养培养的背景下，校长要思考如何将这些理念融入学校的办学实践中。若学校位于文化底蕴深厚的地区，校长可能会提出以传承和弘扬地方文化为特色的办学理念，将地方文化元素融入课程设置和校园文化建设中。

制定课程计划是教育管理者的核心工作之一。他们要根据国家课程标准和学校的发展目标，设计适合本校学生的课程体系，包括确定课程的种类、课时安排及先后顺序等。例如，在设计校本课程时，教导主任要组织教师团队进行课程开发，综合考虑学校的资源优势和学生的兴趣需求。如果学校有丰富的科技教育资源，就可以开设机器人编程、科技创新等校本课程；如果学校周边有丰富的自然景观资源，就可以开设自然观察、地理探索等课程。同时，教育管理者还要制定教学管理制度以规范教师的教学行为。例如，制定教学常规检查制度，定期检查教师的教案、听课记录、作业批改情况等，确保教学质量的稳定。

协调学校各部门之间的工作是教育管理者保证学校正常运转的关键任务。学校是一个复杂的组织系统，包括教学部门、德育部门、后勤部门等。校长要协调这些部门之间的关系，确保各部门工作相互配合、相互支持。例如，在组织大型活动（如校园文化节）时，教学部门要调整教学安排，德育部门要组织学生参与活动，后勤部门要提供场地、设备等方面的支持。教育管理者要统筹安排，保障活动顺利开展的同时不影响正常的教学秩序。

（2）教育机构管理人员的职责

在教育机构中，管理人员的工作内容更加侧重于机构的运营管理。市场推广是教育机构获取生源和提升知名度的重要手段。管理人员要了解教育市场的需求和竞争情况，制定有效的市场推广策略。例如，针对当前家长对少儿编程教育的需求增加，教育机构管理人员可以通过线上线下相结合的方式进行推广。在线上，可以利用社交媒体平台、教育类网站等发布机构的课程信息、教学成果展示等广告；在线下，可以在学校周边、社区等地方发放传单，举办免费的编程体验课等活动，吸引潜在学员。

招生工作是教育机构生存和发展的关键环节。管理人员要制定合理的招生计划和政策，确保机构有稳定的生源。具体包括确定招生的年龄范围、招生人数及时间等。同时，要建立有效的招生渠道，如与学校合作、通过家长推荐等。在招生过程中，要做好咨询接待工作，为家长和学生提供详细、准确的课程信息和机构优势介绍。例如，当家长咨询课程设置和师资情况时，招生人员要能够专业地回答问题，展示机构的课程特色和教师的专业资质，从而增强家长对机构的信任。

教学质量监控是教育机构持续发展的保障。管理人员要建立完善的教学质量评估体系，定期对教师的教学质量进行评估，评估内容包括教师的教学方法、教学效果、学生满意度等。例如，可以通过学生问卷调查、课堂观察、学生成绩分析等方式来评估教师的教学质量。对于教学质量存在问题的教师，管理人员要及时与其沟通，提供培训和改进建议，确保教学质量的稳定和提升。

（3）教育管理者所需能力

教育管理者需要具备宏观的教育视野，能够站在教育发展的前沿，了解国内外教育发展的趋势和动态。例如，关注国际上先进的教育理念和教学方法，并思考如何将这些有益的经验引入到本校或本机构的教育实践中。同时，教育管理者要具备卓越的领导能力，能够引领团队朝着既定的目标前进。在学校改革过程中，管理者要能够团结教师团队，克服改革过程中的困难和阻力，推动教学改革的顺利实施。

良好的沟通协调能力是教育管理者顺利开展工作的必备条件。在与上级教育行政部门沟通时，要准确传达学校或机构的情况和需求，争取政策支持；在与教师沟通时，要能够理解教师的工作压力和需求，为教师提供必要的支持和指导；在与家长沟通时，要及时反馈学生的学习情况，听取家长的意见和建议。此外，教育管理者还需要较强的决策能力，在面对复杂的教育问题和突发情况时，能够迅速做出正确的决策。例如，在学校面临师资短缺、教学资源不足等问题时，校长要能够权衡利弊，制定合理的解决方案，确保教育教学活动的正常开展。

4. 教育研究员

教育研究员作为教育领域的理论探索者和实践指导者，在推动教育改革和发展方面发挥着不可替代的作用。他们通过深入研究，为教育政策的制定、教学方法的改进和课程改革等提供科学依据和实践建议。

(1) 研究工作内容与目标

教育研究员的主要工作是设计和开展教育研究项目。这些项目通常围绕教育领域的前沿问题和热点话题展开。例如，在当前教育信息化快速发展的背景下，教育研究员可能会开展关于“信息技术与学科教学深度融合的实践研究”项目。在项目设计阶段，研究员要明确研究目标、研究问题、研究方法等。例如，研究目标可能是探索信息技术在不同学科教学中有效融合的模式和策略；研究问题包括信息技术如何改变教师的教学方式、对学生的学习效果有何影响等；研究方法可以包括教育实验法、调查研究法、行动研究法等。在“信息技术与学科教学深度融合的实践研究”中，可以选择若干所学校作为实验对象，将其分为实验组和对照组。实验组在教学中充分运用信息技术手段，如在线教学平台、教育软件、多媒体资源等；对照组则采用传统教学方法。通过对两组学生的学习成绩、学习兴趣、学习能力等方面进行对比分析，来评估信息技术与学科教学融合的效果。

收集和分析教育数据是教育研究员工作的重要环节。在研究过程中，他们需要通过多种途径获取数据。例如，对于教育公平问题的研究，研究员可能会通过问卷调查、访谈、统计数据收集等方式来获取资料。在问卷调查方面，设计的问卷内容涵盖学生家庭经济状况、所在地区教育资源分布情况、学校的师资力量、教学设施配备等方面。例如，询问学生家庭是否拥有电脑、网络等学习设备，以了解不同家庭背景学生在获取信息资源方面的差异。访谈则针对教育行政部门官员、学校校长、教师、家长和学生等不同群体，了解他们对教育公平的看法和体验。从教育行政部门官员那里获取教育政策在促进教育公平方面的实施情况；从校长和教师那里了解学校在资源分配和教学过程中的公平性问题；从家长和学生那里了解他们对教育资源差异的感受。同时，研究员还会收集国家和地方的教育统计数据，如不同地区的教育经费投入、学校数量、学生入学率等数据。

在获取数据后，教育研究员要运用科学的方法进行分析。对于量化数据，如学生成绩、教育经费投入等，可以采用统计学方法，包括计算平均数、标准差、相关性分析、回归分析等。例如，通过计算不同地区学生成绩的平均数和标准差，可以分析教育资源差异对学生学习成绩的影响；通过相关性分析，研究教育经费投入与学校教育质量之间的关系。对于质性数据，如访谈内容、观察记录等，要进行编码、分类和主题分析。在分析关于教师对教育公平看法的访谈内容时，将教师提到的各种观点进行编码，将涉及资源分配不均的内容归为一类，将对不同学生个体差异关注不够的内容归为另一类，然后提炼出主题，总结出教师眼中教育公平问题的主要表现和原因。

撰写研究报告和学术论文是教育研究员将研究成果呈现给教育界的主要方式。研究报告通常详细阐述研究项目的背景、目标、过程、结果和建议等内容。在《信息技术与学科教学深度融合的实践研究》报告中，应先介绍当前教育信息化的发展趋势和背景，说明开展此项研究的目的是为了解决信息技术在教学中应用时存在的问题，如应用形式单一、缺乏与学科内容深度整合等。在过程部分，需详细描述实验学校的选择标准、实验过程中的教学干预措施、数据收集方法等。结果部分应呈现实验组和对照组在各项指标上的对比数据，通过图表、表格等形式直观展示信息技术融合教学对学生学习效果的影响。最后，根据研究结果提出建议，如教师要加强信息技术培训，提高信息技术应用能力，教育软件开发者要根据学科教学特点优化软件功能等。

学术论文则更侧重于对研究问题的深入理论分析和创新性观点的阐述。在论文中，教育研究员会对研究问题进行更深入的文献综述，梳理前人在相关领域的研究成果和不足，为自己的研究奠定理论基础。例如，在关于教育公平问题的论文中，应回顾国内外学者对教育公平概念的界定、测量方法、影响因素等方面的研究，指出当前研究在关注弱势群体教育机会公平方面的不足。然后，详细阐述自身的研究方法和研究结果，与前人研究进行对比分析，突出研究的创新性。在结论部分，提出具有理论和实践价值的观点和建议，如提出构建基于公平视角的教育资源分配模型，为教育政策制定者提供参考。

（2）教育研究员对教育实践的影响

教育研究员对教育政策的制定有着重要的影响。他们通过对教育公平问题的研究，可以为政府部门提供决策依据。例如，研究发现城乡教育资源差距较大，尤其是在优质师资和教学设施方面。基于这些研究结果，政府可以制定相关政策，如实施城乡教师交流轮岗制度，加大对农村学校教学设备的投入等，以促进教育公平。在教育经费分配政策方面，研究员通过研究不同地区教育发展水平与经费投入的关系，提出合理的经费分配建议，确保教育资源能够向教育薄弱地区倾斜。

在教学方法改进方面，教育研究员的研究成果为教师提供了新的思路和方法。以教育技术应用研究为例，研究员探索出的新技术在教学中的有效应用模式可以直接指导教师教学。如果研究发现虚拟现实（VR）技术在地理学科教学中能够显著提高学生对地形地貌的理解，研究员可以向教师推荐相关的 VR 教学资源，并指导教师如何在课堂上有效运用。同时，研究员可以为教师提供技术培训，帮助教师掌握新的教学技术，提高教学效率。例如，开展在线教学平台使用培训，让教师学会利用平台进行课程设计、作业布置和批改、与学生互动等功能。

对于课程改革，教育研究员的研究也起着关键作用。在课程标准修订过程中，研究员通过对学科知识发展趋势、学生学习需求变化等方面的研究，为课程内容的更新和调整提供依据。例如，在科学课程改革中，研究员基于对现代科技发展和学生科学素养培养需求的研究，提出增加人工智能、基因工程等前沿科技内容的建议。在课程评价改革方面，研究员通过研究不同评价方法对学生学习的影响，提出多元化评价的方案。如在艺术课程评价中，建议除了传统的作品评价外，增加学生创作过程中的表现评价，包括创意构思、材料运用、团队协作等方面，以更全面地评价学生的艺术素养。

(3) 教育研究员应具备的能力素质

教育研究员需要具备扎实的教育理论基础，这是开展研究工作的前提。他们要熟悉教育心理学、课程与教学论、教育管理学等多方面的理论知识。例如，研究员在研究学生学习动机问题时，要依据教育心理学中关于学习动机的理论，如马斯洛的需求层次理论、约翰·阿特金森的成就动机理论等，分析影响学生学习动机的因素；在设计课程改革方案时，要运用课程与教学论中的课程设计原理、教学方法选择原则等理论知识。同时，教育研究员要掌握严谨的科学研究方法，包括定量研究方法和定性研究方法。在定量研究中，要熟练掌握实验设计、数据统计分析等方法；在定性研究中，要掌握访谈技巧、观察方法、案例分析方法等。例如，在进行教育实验研究时，要科学地设计实验组和对照组，通过合理控制实验变量来确保实验结果的可靠性；在进行访谈时，要能够营造良好的访谈氛围，提出恰当的问题，并准确记录访谈内容。

较强的创新能力也是教育研究员必备的素质。教育领域不断发展变化，新的问题和挑战层出不穷，研究员需要有创新思维，提出新的研究问题和研究思路:例如，在面对在线教育快速发展的现状，研究员要敢于突破传统教育研究的局限，研究在线教育环境下学生的学习行为特征、教师的教学模式创新、教育评价方式变革等新问题。在研究方法上也要创新，如利用大数据分析技术研究海量在线学习数据，挖掘学生学习规律。此外，教育研究员要有敏锐的问题意识，能够从教育实践中发现有价值的研究问题。当发现学校普遍存在的学生作业负担过重问题，研究员可以深入分析其原因，是教学内容过多、教学方法不当还是评价机制不合理等原因导致的，进而开展相关研究，为解决这一问题提供理论支持和实践建议。

5. 教育咨询师

教育咨询师在教育市场中扮演着重要的角色，他们作为连接学生、家长和教育机构的桥梁，通过专业的咨询服务，满足各方在教育方面的需求。

(1) 了解教育市场与资源

教育咨询师需要对教育市场的动态和需求有敏锐的洞察力。他们要关注国家教育政策的变化对教育市场的影响。例如，当国家出台鼓励发展职业教育的政策时，咨询师要了解这一政策会导致职业教育市场需求的变化，包括职业领域的教育需求的增长方向，如新兴的人工智能、大数据等相关职业技能培训需求可能会增大。同时，咨询师要关注社会经济发展对教育的影响:随着经济水平的提高，家长对子女教育的投入不断增加，对教育质量和教育资源多样性的要求也越来越高。在一些经济发达地区，家长更倾向于为孩子选择国际化教育、个性化教育等高端教育服务。

熟悉各类教育资源是教育咨询师为客户提供优质服务的基础。他们要了解不同类型学校的特点和优势。对于公立学校，咨询师要清楚其教育资源的稳定性、师资队伍的构成情况、课程设置的特点等。例如，公立重点中学在师资方面具有优势，教师教学经验丰富，课程设置上遵循国家统一标准，注重基础知识的扎实传授和综合素质的培养。对于私立学校，咨询师要掌握其独特的教育理念、特色课程和教学模式。一些私立国际学校采用国际课程体系，注重培养学生的全球视野和跨文化交流能力，其课程设置可能包括国际文凭课程(IB)、美国大学先修课程(AP)等，教学模式强调探究式学习、小组合作学习等。

此外，咨询师还要了解各类培训机构的情况，包括学科类、艺术类和体育类培训机构等。在学科培训机构方面，要知道不同机构的师资力量、教学质量、课程体系等。例如，某些知名机构拥有自己的教研团队，能够根据不同年级、不同学科的教学大纲和考试要求开发针对性的教材和课程，其教师经过系统培训，教学方法多样。在艺术培训机构中，要了解其开设的艺术课程种类、教学水平和培养目标；对于体育培训机构，要清楚其提供的体育项目培训的教练资质、训练设施和培训效果等。此外，咨询师对留学机构也要有深入的了解，包括留学国家的教育体系、院校申请要求、签证办理流程等信息。

(2) 为学生和家长提供咨询服务

为学生制定个性化的学习计划和升学方案是教育咨询师的核心工作之一。在制定学习计划时，咨询师要综合考虑学生的成绩、兴趣爱好、学习风格等因素。例如，对于一个成绩中等但对科学实验有浓厚兴趣的初中学生，咨询师可以建议其在保证基础知识学习的同时，参加一些课外的科学兴趣小组或实验课程(如学校的科技社团、校外的科学探究营等)，以提高其科学素养和实践能力。在升学方案制定方面，咨询师要根据学生的学业水平和职业规划为其选择合适的学校和专业。如果学生在高中阶段成绩优秀，对数学和计算机有浓厚兴趣，并且有将来从事软件开发工作的职业规划，咨询师可以为其推荐一些在计算机科学领域有优势的大学，并指导学生选择相关的专业，如软件工程、计算机科学与技术等。

同时，咨询师要指导学生准备升学考试和申请材料。对于准备中考的学生，咨询师可以根据当地的中考政策和考试大纲，为学生制定复习计划，包括各个学科的复习重点、复习方法和模拟考试安排等；对于准备高考的学生，咨询师可以针对不同的高考模式(如文科、理科、新高考模式等)，为学生提供选科建议和备考策略；在申请国外大学时，咨询师要帮助学生准备各种申请材料，如个人陈述、推荐信、简历等；在撰写个人陈述时，咨询师要引导学生突出自己的优势和特色，展示自己的学术能力、社会实践经历和个人品质。推荐信的准备要选择合适的推荐人，一般为熟悉学生学习和品德情况的教师，咨询师要告知推荐人推荐信的写作要求和重点。

为家长提供教育投资建议也是教育咨询师的重要工作内容。咨询师要根据家长的经济状况和对子女教育的期望，为其提供合理的教育投资方案。对于经济条件较好且希望孩子接受国际化教育的家长，咨询师可以建议其选择国际学校或考虑出国留学，可介绍不同国际学校的学费标准、留学国家的费用情况(包括学费、生活费、住宿费等)。同时，要向家长分析不同教育投资的回报情况，虽然国际化教育和留学投资较大，但可能会为孩子带来更广阔的国际视野和更好的职业发展机会。对于经济条件一般的家长，咨询师可以建议其关注公立学校的优质教育资源，同时合理利用一些性价比高的课外辅导机构或兴趣培养课程，提高孩子的综合素质。

(3) 为教育机构提供咨询服务

教育咨询师为教育机构提供市场分析和发展战略咨询服务，帮助教育机构在激烈的市场竞争中取得优势。在市场分析方面，咨询师要研究教育市场的竞争态势，包括同行业竞争对手的数量、规模、市场份额、竞争优势等因素。例如，在分析学科培训机构市场时，咨询师要了解当地有多少家同类机构及其招生规模、师资力量、课程价格、品牌知名度等信息。通过市场调研，咨询师可以绘制市场竞争地图，为教育机构直观地呈现市场竞争格局。同时，咨询师要分析市场需求的变化趋势，如随着家长对素质教育的重视，艺术、体育等素质教育培训机构的市场需求呈上升趋势，而传统的学科辅导机构可能需要调整业务方向，增加素质教育相关课程。

协助教育机构制定招生策略是咨询师的重要工作之一。咨询师要根据教育机构的定位和目标客户群体，制定针对性的招生方案。如果教育机构主打高端艺术培训，目标客户群体为中高收入家庭且对孩子艺术培养有较高要求的家长，咨询师可以建议其采用邀请制招生、举办高端艺术展示活动等方式吸引目标客户。在课程设置方面，咨询师要根据市场需求和机构的特色，为机构优化课程体系。例如，对于以英语培训为主的机构，咨询师可以根据市场对英语口语、雅思/托福等考试培训的需求，建议机构增加口语实战课程、雅思/托福专项培训课程等，并合理安排课程的难度级别和课时。

在品牌推广方面，咨询师要帮助教育机构提升品牌知名度和美誉度。可以通过制定品牌宣传策略，如社交媒体平台进行广告投放、与知名教育博主合作推广、举办线下品牌体验活动等方式，提升品牌的曝光度。同时，咨询师要注重品牌形象的塑造，包括机构的名称、标志、宣传口号等要体现机构的教育理念和特色。例如，一家注重培养学生创新思维的教育机构，其品牌名称可以体现创新元素，宣传口号突出创新教育的价值，通过这些方式让家长和学生在众多教育机构中更容易识别和记住该机构，从而提升机构的市场竞争力。

(4) 教育咨询师应具备的能力

教育咨询师需要具备广泛的教育知识，涵盖从学前教育到高等教育各个阶段的教育内容、教育政策、教育方法等方面。例如，在学前教育阶段，咨询师要了解幼儿的身心发展特点、幼儿园的教育课程设置(如游戏化课程、启蒙课程等)；在高等教育阶段，要掌握不同大学的专业设置、学科优势、招生政策等。同时，咨询师要了解各种教育方法在不同学科和不同年龄段学生中的应用效果，以便为学生制定合适的学习计划。

敏锐的市场洞察力是教育咨询师的关键能力之一。他们要能够准确预测教育市场的变化趋势，并及时发现新的市场机会。例如，在线教育兴起初期，具备敏锐洞察力的咨询师就能意识到这一新兴市场的潜力，提前了解在线教育平台的发展情况、课程类型、师资来源等信息，为客户提供在线教育相关的咨询服务。此外，咨询师要能够根据市场变化调整自己的咨询策略，当发现某个地区对某种特色教育(如编程教育)需求突然增加时，要迅速调整服务内容，重点关注编程教育相关的资源和咨询服务。

良好的沟通能力是教育咨询师与客户建立信任关系的重要保障。与学生沟通时，咨询师要能够用通俗易懂的语言与不同年龄段的学生交流，了解他们的真实想法和需求。例如，在与小学生沟通时，要使用亲切、生动的语言，通过游戏、故事等方式引导学生说出自己对学习的喜好和困惑；在与高中生沟通时，要以平等、尊重的态度与他们讨论学业压力、大学选择等问题；与家长沟通时，咨询师要能够耐心倾听家长的期望和担忧，用专业的知识和经验为家长提供合理的建议。例如，当家长对孩子的学习成绩下降感到焦虑时，咨询师要通过分析孩子的学习情况，以平和、专业的语气向家长解释原因，并提出可行的解决方案。

此外，教育咨询师还需要具备较强的咨询技巧。咨询过程中，咨询师要善于提问，以了解客户的需求和问题的关键所在。例如，在为学生制定学习计划时，咨询师要问清楚学生的学习目标、学习习惯、平时的学习时间安排等问题。同时，咨询师要能够准确地分析客户提供的信息并提供针对性的建议。面对复杂的教育问题时，咨询师要有清晰的思维逻辑，将问题分解，逐步为客户提供解决方案。例如，在为家长制定教育投资计划时，要综合考虑家庭经济状况、孩子的教育阶段、教育市场的变化等多种因素，通过合理的分析和判断，为家长提供最优的投资方案。

（二）跨学科融合与创新教育实践展望

在当今教育发展的趋势下，跨学科融合与创新教育实践正逐渐成为教育领域的重要发展方向，为教育带来了新的活力和机遇，如图 7-4 所示。

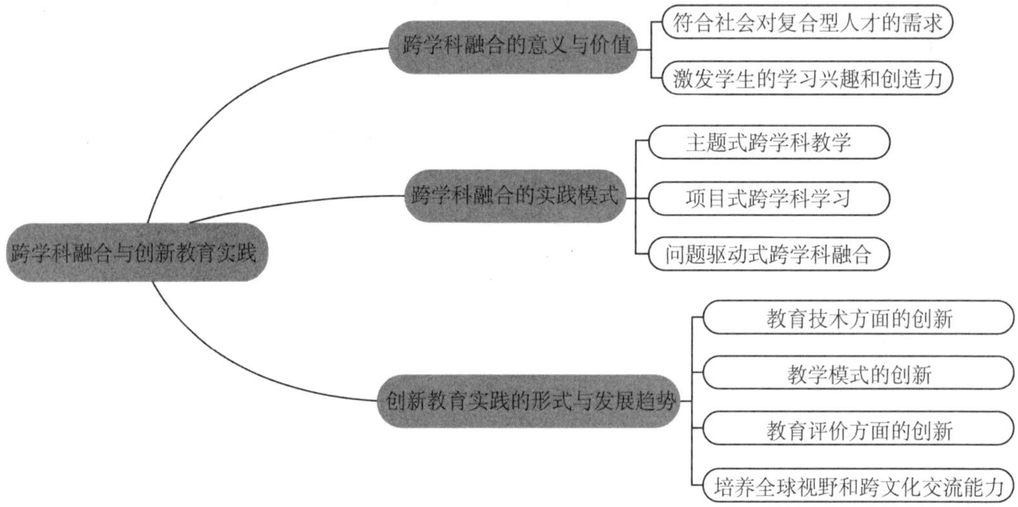

图 7-4　跨学科融合与创新教育实践

1. 跨学科融合的意义与价值

（1）符合社会对复合型人才的需求

跨学科融合打破了传统学科之间的壁垒，这一举措在当今社会具有深远意义，尤其与现代社会对复合型人才的迫切需求相契合。现代社会的复杂性决定了单一学科知识已无法满足解决实际问题的需要。以环境问题为例，这是一个涉及多层面、多领域的综合性难题。从科学领域来看，化学知识对于理解污染物的成分、性质以及它们在环境中的化学反应至关重要。例如，研究大气污染时，需要了解二氧化硫、氮氧化物等化学物质的产生、转化过程，这涉及化学平衡、氧化还原反应等化学原理。生物学知识则帮助我们认识环境变化对生物多样性的影响，以及生物在生态系统中的作用，如某些生物对污染物质的吸收和分解能力等。而在社会科学领域，经济学在环境问题中也扮演重要角色。解决环境问题需要考虑成本效益分析，例如实施环保政策可能会对产业经济产生影响，需要权衡减少污染的收益与企业环保投入的成本之间的关系。社会学则关注人类社会行为与环境的相互作用，包括人们的消费模式、生活方式对环境的影响，以及不同社会群体对环境问题的认知和态度。人文科学中的伦理学为环境决策提供了价值判断的依据。例如，在权衡经济发展与环境保护的关系时，需要从伦理角度思考我们对后代的责任、对其他生物的道德义务等。历史学则能从过去的环境变迁和人类应对经验中吸取教训，为当前的环境治理提供参考。通过跨学科融合教育，学生能够接触并整合这些不同学科的知识，培养跨学科思维能力，从而更好地应对未来社会中类似复杂问题的挑战。

(2) 激发学生的学习兴趣和创造力

传统的单一学科教学模式往往存在局限性，容易使学生在学习过程中感到单调和乏味。而跨学科融合为教育注入了新的活力，能够极大地激发学生的学习兴趣和创造力。以"桥梁设计"这一主题为例，它将多个学科的知识巧妙融合，展现出跨学科教育的魅力。

美术学科的设计美学元素为桥梁设计增添了独特的魅力。学生可以从色彩搭配、造型设计等方面发挥创造力，使桥梁不仅具有实用功能，还具有审美价值。他们可以学习不同历史时期和文化背景下桥梁的艺术风格，如中国古代的赵州桥，其独特的石拱造型和精美的雕刻体现了中国古代建筑艺术的高超技艺；西方的金门大桥以其雄伟壮观的红色外观成为旧金山的标志性建筑，融合了现代工程技术与艺术设计。

历史学科中著名桥梁的文化内涵也为项目增色不少。每一座著名的桥梁都承载着特定的历史文化信息，比如卢沟桥见证了中国近代历史上的重大事件，其狮子雕刻蕴含着丰富的文化寓意。学生在了解这些历史文化背景的过程中，能够更好地理解桥梁在人类社会发展中的作用，从而将文化元素融入自己的设计中。这种跨学科的融合让学生发现学科之间的紧密联系，感受到知识的实用性和趣味性，点燃他们的学习热情，激发创新思维，使他们不再将学习视为枯燥的任务，而是一个充满乐趣和挑战的探索过程。

2. 跨学科融合的实践模式

(1) 主题式跨学科教学

主题式跨学科教学是一种富有成效的教学模式，它围绕一个特定的主题，将不同学科的知识和技能进行有机整合。以"海洋探索"主题为例，它涵盖了多个学科领域，为学生提供了一个全面而深入的学习体验平台。

在地理学科方面，学生可以深入了解海洋的地理位置和地形地貌。他们将学习海洋在地球表面的分布情况，了解四大洋的位置、面积、深度等信息，以及海洋地形的多样性，如大陆架、大陆坡、海沟、海岭等。通过地图、地球仪、卫星图像等工具，学生能够直观地观察海洋地理特征，理解海洋与陆地的相互关系，以及这些地理因素对海洋生态和人类活动的影响。

科学学科在"海洋探索"主题中主要聚焦于海洋生物和海洋生态。学生将接触到丰富多样的海洋生物知识，从微小的浮游生物到巨大的鲸鱼，了解它们的形态、习性、生存环境和生态位。同时，学生还将学习海洋生态系统的构成和运行机制，包括生产者、消费者、分解者之间的能量流动和物质循环，以及海洋生态平衡的重要性。例如，他们会研究珊瑚礁生态系统，了解珊瑚与共生藻类的关系，以及珊瑚礁在海洋生物多样性保护中的关键作用。

语文学科则通过海洋主题的文学作品丰富学生的情感体验和语言表达能力。学生可以阅读古今中外关于海洋的诗歌、散文、小说等文学作品，如海明威的《老人与海》，感受作品中对海洋的描绘、对人与自然关系的思考，以及主人公在与大海搏斗过程中展现出的坚韧精神。在阅读过程中，学生不仅可以提高阅读理解能力，还可以学习作者运用语言来塑造形象、营造氛围的技巧，同时受到文学作品中蕴含的思想情感的熏陶，培养对海洋的敬畏和热爱之情。

艺术学科在这个主题下为学生提供了发挥创造力的空间。在绘画方面，学生可以创作海洋主题的绘画作品，运用色彩、线条等绘画元素来表现海洋的波澜壮阔、神秘莫测，或者描绘海洋生物的美丽姿态。在音乐方面，学生可以欣赏以海洋为灵感的音乐作品，如德彪西的《大海》，感受音乐如何通过旋律、和声、节奏来描绘海洋的动态和氛围，同时也可以尝试自己创作简单的海洋主题音乐，表达对海洋的独特理解。

教师围绕“海洋探索”主题设计一系列丰富多彩的教学活动，如举办海洋知识讲座，邀请海洋专家或学者为学生讲解最新的海洋研究成果；组织海洋生物标本制作活动，让学生亲手触摸和观察海洋生物，加深对它们的认识；开展海洋主题诗歌朗诵会，让学生在朗诵中体会文学作品的魅力；举办海洋绘画比赛，激发学生的艺术创造力。通过这些活动，学生在“海洋探索”这一主题下全面深入地学习和体验不同学科的知识和技能，培养跨学科思维和综合素养。

（2）项目式跨学科学习

项目式跨学科学习为学生提供了一个真实而富有挑战性的学习情境，让他们通过完成一个具体的项目来整合多学科知识。以“设计一个智能校园”项目为例，这一项目涉及多个学科领域，要求学生运用多种知识和技能来实现项目目标。

在信息技术领域，编程和传感器应用是关键。学生需要学习编程语言，如 Python 等，来编写程序实现智能校园系统的各种功能。例如，他们可以编写程序实现校园门禁系统的智能化，通过人脸识别技术判断人员身份，实现自动开门功能；利用传感器技术，学生可以在校园环境中部署温度传感器、湿度传感器、光照传感器等，实时收集环境数据。这些传感器收集到的数据通过网络传输到服务器后，学生可以编写程序对这些数据进行处理和分析，以便实现对校园环境的智能调控，如根据光照强度自动调节教室灯光亮度，根据温度和湿度自动调节空调系统。

建筑学在智能校园设计中主要涉及校园布局设计。学生需要考虑校园的功能分区，如教学区、生活区、运动区等的合理布局，以满足师生的日常学习、生活和活动需求。他们要运用建筑设计原理，确保校园建筑的空间利用效率最大化，同时要考虑建筑之间的交通流线设计，保证人员和车辆的顺畅通行。例如，在设计教学区时，要考虑教学楼的朝向、间距，以保证充足的采光和通风；在设计生活区时，要合理安排宿舍、食堂、超市等设施的位置，方便学生的生活。

管理学知识在人员流动管理方面发挥重要作用。学生需要分析校园内人员的流动规律，如学生在不同时间段的上下课路线、食堂就餐的高峰时段和流量分布等。根据这些分析结果，他们可以设计智能导视系统，通过在校园内设置电子显示屏为师生提供实时的人流信息和最佳路径建议，以缓解校园内人员拥堵问题。在校园安全管理方面，学生可以利用监控系统和数据分析技术，实现对校园内异常行为的预警和监控，保障校园安全。

在项目实施过程中，学生组成项目小组分工合作。他们首先进行资料收集，通过网络搜索、实地调研、访谈等方式获取有关智能校园建设的相关资料，包括现有的智能技术应用案例、校园规划设计范例、人员管理经验等。然后根据收集到的资料进行方案设计，绘制校园布局图、系统架构图等设计图纸，并详细阐述智能系统的功能设计和实现原理。最后，制作模型来展示他们的设计方案，模型可以是实物模型，也可以是利用计算机软件制作的虚拟模型。通过这种项目式跨学科学习，学生在实践中培养了解决实际问题的能力，学会将不同学科的知识融会贯通，有效提升了他们的综合素养和团队协作能力。

(3) 问题驱动式跨学科融合

问题驱动式跨学科融合以实际问题为导向，引导学生运用多学科知识寻找解决方案，这种模式能够激发学生的探索欲望和创新能力。以"如何减少城市交通拥堵"这一问题为例，它涉及多个学科的知识和方法。

在数学学科方面，涉及交通流量计算。学生需要运用数学模型来分析城市道路上的车流量、人流量等数据。例如，他们可以通过统计不同时间段、不同路段的车辆通过数量，建立交通流量的时间序列模型，分析交通流量的高峰低谷时段、周期性变化规律等。同时，利用数学中的概率论和排队论知识，可以对路口的车辆排队长度、等待时间等进行建模和分析，为交通信号控制和道路规划提供依据。

物理学在这个问题中涉及交通工具的运行原理。学生需要了解汽车、公交车、地铁等交通工具的动力学原理，如车辆的加速、减速、制动过程，以及不同速度下车辆的能耗情况。这有助于他们思考如何通过优化交通工具的性能来提高交通效率，例如研究新型节能汽车技术、改进公共交通车辆的动力系统等。此外，物理学中的流体力学知识也与交通拥堵问题相关，例如研究道路上车辆的空气阻力对车速和能耗的影响，以及如何通过改善道路设计减少车辆之间的气流干扰。

社会学在解决交通拥堵问题中关注人们的出行习惯和需求。学生需要通过调查研究了解城市居民的出行方式选择、出行时间分布、出行目的等信息。例如，通过问卷调查和访谈发现，很多居民在短距离出行时仍然选择开车，这可能是由于对公共交通便利性的认知不足或者对自行车道等慢行交通设施安全性存在担忧。基于这些社会学研究结果，可以提出针对性的交通引导政策，如推广绿色出行理念、改善慢行交通设施、优化公共交通服务以吸引更多人选择公共交通或非机动交通方式出行。

在解决这个问题的过程中，学生通过调查研究、数据分析、提出方案等一系列步骤实现跨学科学习。他们首先收集交通流量数据、居民出行习惯调查数据等各种资料，然后运用数学和物理学知识对数据进行分析，找出交通拥堵的关键节点和原因。最后，结合社会学研究结果提出综合性的解决方案，如优化交通信号设置、调整公交线路、建设更多的停车场或鼓励拼车等措施，通过这种方式，学生得以培养跨学科思维和解决实际问题的能力。

3. 创新教育实践的形式与发展趋势

(1) 教育技术方面的创新

随着科技的飞速发展，虚拟现实(VR)、增强现实(AR)、人工智能等新兴技术正逐渐融入教育实践，为教育带来了前所未有的变革。

虚拟现实(VR)技术通过创建沉浸式的学习环境，极大地增强了学生的学习体验。例如，在历史课学习古代战争时，学生可以戴上 VR 设备，瞬间进入到古代战场，亲眼目睹士兵们的战斗场面，感受战争的紧张氛围，观察古代兵器的使用和军事战术的运用。这种身临其境的体验使学生对历史事件有更深刻的理解，不再局限于书本上的文字描述。在科学实验场景中，VR 技术也发挥着重要作用。对于一些危险、昂贵或者微观的实验，如化学实验中的爆炸反应、物理实验中的核裂变模拟、生物实验中的细胞内部结构观察等，通过 VR 技术可以创建虚拟的实验环境，让学生在安全的前提下进行操作和观察，不仅能提高学生的学习兴趣，还能加深他们对实验原理和过程的理解。

增强现实(AR)技术则将虚拟信息与现实世界相结合，为教育提供了新的互动方式。在地理学科中，学生可以使用 AR 设备观察地球的地形地貌。将设备对准地面时，可以看到虚拟的地形图层叠加在现实场景中，直观地了解山脉、河流、平原等地形特征的分布和形态。在艺术教育中，AR 技术可以让静态的艺术作品"活"起来。例如，当学生欣赏一幅古代壁画时，通过 AR 应用程序，壁画中的人物可以开始活动，讲述壁画背后的故事，使学生更好地理解艺术作品的内涵和文化背景。

人工智能在教育中的应用为学生提供了个性化的学习路径和辅导。通过收集和分析学生在学习过程中的大量数据，如学习时间、答题情况、学习习惯等，人工智能系统可以了解每个学生的学习状态和特点。例如，在语言学习中，如果学生在某个语法知识点上频繁出错，人工智能辅导系统会自动为其推送针对性的讲解视频、练习题和相关的拓展阅读材料。同时，根据学生的学习进度和能力水平，人工智能可以动态调整教学内容和难度。对于学习能力较强的学生，系统会提供更具挑战性的学习任务，如在数学学习中增加一些拓展性的难题或竞赛题；对于学习进度较慢的学生，系统会放慢教学节奏，重新讲解重点知识点，并提供更多的基础练习题，确保每个学生都能在适合自己的学习路径上取得进步。

(2) 教学模式的创新

除了传统的课堂教学外，在线教育、混合式学习、翻转课堂、体验式学习、探究式学习等创新教学模式正日益受到广泛关注，它们各自具有独特的优势和特点，为教育带来了新的活力。

在线教育打破了时间和空间的限制，使学生可以随时随地获取教育资源。在线教育平台上汇聚了来自世界各地的优质课程，涵盖了各个学科领域。例如，学生可以在 Coursera、edX 等国际知名平台上学习顶尖大学的课程，无论是计算机科学、经济学还是人文艺术等专业课程都一应俱全。这些课程通常由知名教授授课，课程内容丰富、形式多样，包括视频讲座、在线讨论、作业提交和批改等环节。在线教育为那些无法参加传统线下课程的学生提供了学习机会，比如偏远地区的学生、在职人员等群体，他们可以根据自己的时间安排自主学习，提升自己的知识水平和技能。

混合式学习则将线上和线下教学相结合，充分发挥两者的优势。在混合式学习模式中，教师可以在课堂上进行面对面的讲解、讨论和实践操作，同时利用在线学习平台布置预习任务、发布补充学习资料、开展在线测试和作业批改等。例如，在一门数学课程中，教师在课堂上讲解重点知识点和例题，然后在课后通过在线学习平台为学生提供相关的数学游戏、拓展练习题、在线视频教程等资源，让学生巩固所学知识。这种模式可以增加学生的学习灵活性和自主性，同时教师也可以通过线上平台更好地跟踪学生的学习情况，及时给予反馈和指导。

翻转课堂颠覆了传统的教学顺序，将知识传授环节放在课前，而课堂时间则用于学生的讨论、实践和答疑。在翻转课堂模式下，教师提前录制好教学视频或选择合适的在线教学资源，让学生在课前自主观看学习。例如，在物理课程中，教师将关于某个物理概念或实验的讲解视频发布在学习平台上，学生在课前观看视频，了解基本原理和操作步骤。在课堂上，学生们分组讨论对知识的理解，分享自己在预习过程中的问题和想法，然后一起进行实验操作或解决实际问题。在这个过程中教师主要起引导和答疑的作用，这种模式能够提高学生的自主学习能力和课堂参与度。

体验式学习让学生通过亲身参与实践活动获得知识和技能，具有很强的直观性和趣味性。以户外探险课程为例，学生在参与过程中可以学习到丰富的生存技能和地理知识。在野外生存技能方面，他们要学会搭建帐篷、寻找水源、辨别方向、野外烹饪等技能，而这些技能的学习是通过实际操作和实践经验积累而来的。在地理知识方面，学生可以在探险过程中观察和了解不同的地形地貌、植被类型、气候特征等自然地理要素，以及这些要素对人类活动的影响。这种亲身体验式的学习方式能够让学生深刻地记住所学知识，并且培养他们的实践能力和解决问题的能力。

探究式学习则鼓励学生自主提出问题、寻找答案，旨在培养学生的科学思维和创新能力。例如在研究植物生长与环境的关系时，学生自主设计实验、观察记录并得出结论。他们首先根据自己的观察和思考提出问题，比如“光照强度对植物生长有什么影响?”“不同土壤类型对植物生长速度有何差异?”然后，学生自主设计实验方案，选择合适的植物品种、控制变量(如光照、温度、水分、土壤等条件)、设置实验组和对照组，并准备相应的实验设备和材料。在实验过程中，学生认真观察植物的生长状态，记录植物的高度、叶片数量、颜色变化等数据。最后，根据实验数据进行分析和总结，得出结论。通过这种探究式学习过程，学生不仅掌握了科学研究的方法，还培养了批判性思维和创新能力。例如，学生发现某种植物在特定光照强度下出现了异常生长现象，他们可能会思考这背后的生理机制，进而查阅资料、请教专家，深入探究这个新问题。这种以学生为中心的探究式学习模式激发了学生的内在学习动力，使他们在探索知识的过程中体验到乐趣和成就感。

(3) 教育评价方面的创新

创新教育实践倡导多元化、动态化的评价体系，这一体系超越了传统的以考试成绩为主要依据的评价方式，更全面地考量学生在学习过程中的表现。

除了传统的考试成绩，过程性评价得到了更多的重视。通过学习档案袋的方式，可以详细记录学生在项目式学习、小组合作、日常作业中的表现。学习档案袋就像是学生学习历程的“成长记录册”，里面包含了学生在各个学习阶段的作品、作业、反思等资料。例如，在项目式学习中，学生完成的项目计划书、项目实施过程中的阶段性报告、最终的项目成果展示等都可以放入档案袋。在小组合作环节，记录学生在小组中的角色担当、对团队的贡献、与小组成员的沟通协作情况等。日常作业则反映了学生对基础知识的掌握和运用能力，包括作业的完成质量、解题思路、创新性解法等。通过分析这些资料，教师可以全面了解学生的学习过程，评估学生提出问题的质量、解决问题的思路以及团队协作能力等多方面的素养。

同时，大数据分析技术在教育评价中的应用为全面评价学生提供了更丰富的依据。在线学习平台上学生的每一次登录、浏览的学习资源、停留时间、参与的讨论、完成的作业和测试等学习行为都会被记录下来，形成海量数据。利用大数据分析技术，可以对这些数据进行深度挖掘。例如，可以分析学生在某个知识点上花费的学习时间与最终掌握程度之间的关系，发现学生的学习困难点和兴趣点。通过对学生学习路径的分析，了解学生的学习习惯和策略，比如学生是倾向于按照课程顺序依次学习，还是跳跃式地选择自己感兴趣的内容学习。这些分析结果可以帮助教师更好地了解每个学生的学习特点，从而为个性化的教学和评价提供有力支持。此外，还可以通过对不同学生群体的数据对比分析，发现教学过程中的共性问题和差异，为教学改革和课程优化提供参考依据。

(4) 培养全球视野和跨文化交流能力

在全球化的背景下，创新教育实践注重培养学生的全球视野和跨文化交流能力，使学生能够适应国际环境的发展变化。

国际教育交流项目日益增多，如国际交换生、国际联合办学等，为学生提供了宝贵的跨文化学习体验机会。国际交换生项目让学生有机会在国外的学校学习和生活一段时间，亲身感受不同国家的教育体系、教学方法和校园文化。在这个过程中，学生需要适应新的学习环境，包括不同的课程安排、教学风格和评价方式。例如，在一些欧洲国家的学校，课程设置可能更加注重学生的自主学习和实践能力培养，教学方法可能以讨论式、项目式为主，这与国内的传统教学方式有所不同。学生通过参与当地的课堂讨论、小组项目等活动，不仅提高了自己的学术能力，还锻炼了跨文化沟通和适应能力。国际联合办学则是一种更长期、深入的国际教育合作形式，通过引进国外优质教育资源，结合国内教育实际情况，共同培养具有国际竞争力的人才。在联合办学的课程中，通常会融合国际课程标准和国内教育要求，使学生在学习过程中接触到不同文化背景下的知识体系和价值观念。同时，在课程设置中融入国际理解教育内容，也是培养学生全球视野的重要途径。通过学习世界历史、文化、经济等方面的知识，学生可以了解不同国家和地区的发展历程、文化特色和经济模式。例如，在世界历史课程中，学生学习古代文明的起源与发展，如古埃及、古希腊等文明的辉煌成就，以及它们之间的相互交流与影响；还能了解近代以来世界各国在政治、经济、科技等方面的变革，如工业革命如何从英国传播到其他国家，改变了世界的经济格局。在文化课程中，学生学习不同国家的语言、文学、艺术、宗教等文化元素，体会文化的多样性和丰富性。例如，通过学习不同国家的传统音乐、舞蹈、绘画等艺术形式，感受艺术背后所蕴含的民族精神和价值观念。在经济课程中，学生研究世界经济体系的形成与发展，分析不同国家在国际贸易、金融等领域的角色和地位，培养对国际经济形势的分析和理解能力。通过这些课程内容的学习，学生能够尊重不同文化，理解国际事务，培养全球视野和跨文化交流能力，更好地在全球化背景下发展自己的综合素质。

未来，跨学科融合与创新教育实践将进一步深化和拓展。随着社会发展和科技进步，新兴学科领域和交叉学科将不断涌现，教育将更加注重培养学生的适应性和终身学习能力。学校和教育机构之间的合作将更加紧密，共享教育资源，共同开展跨学科项目。同时，教育将与社会各行业深度融合，企业、科研机构等将更多地参与到教育过程中，为学生提供真实的实践场景和项目，促进教育与社会需求的无缝对接，为学生的未来发展创造更广阔的空间。而且，教师在跨学科融合与创新教育实践中的角色也将发生变化。教师不仅要成为本学科的专家，还要具备跨学科知识和跨学科教学能力，能够引导学生进行跨学科学习和创新实践。教师培训体系将更加注重培养教师的这些新能力，包括提供跨学科课程培训、创新教学方法培训等，以适应教育发展的新趋势。同时，教师自身也需要不断学习和探索，积极参与跨学科教研活动，与不同学科教师合作，共同推动跨学科融合与创新教育实践的发展。

参考文献

[1] 王萍. 学前特殊儿童教育[M]. 2 版. 北京：清华大学出版社，2023.

[2] 袁媛. 小学语文教师成长阶梯：教育教学工作理论与实践[M]. 北京：龙门书局，2016.

[3] 曹才翰，章建跃. 数学教育心理学[M]. 2 版. 北京：北京师范大学出版社，2006.